GERESO
FORMATION | CONSEIL | ÉDITION

Le Grand Livre des Réseaux Sociaux

Le Grand Livre des Réseaux Sociaux

Toutes les techniques professionnelles sur Facebook, Instagram, Twitter, LinkedIn et Pinterest

Auteur : Samuel BIELKA

Édition 2022

Direction de collection : Catherine FOURMOND
Suivi éditorial et conception graphique intérieure : GERESO Édition
Illustration : © treety/gettyimages.fr

www.gereso.com/edition
e-mail : edition@gereso.fr
Tél. 02 43 23 03 53 - Fax 02 43 28 40 67

Dépôt légal : Janvier 2022
ISBN : 979-10-397-0078-8
EAN 13 : 9791039700788

GERESO SAS au capital de 465 920 euros - RCS Le MANS B 311 975 577
Siège social : 38 rue de la Teillaie - CS 81826 - 72018 Le Mans Cedex 2 - France

GERESO
FORMATION I CONSEIL I ÉDITION

Pour Laetitia, Louise, Nathanaël et Abel.

Sommaire

Introduction

Désormais, les réseaux sociaux sont l'affaire de tous, et plus seulement d'un community manager*[1] spécialisé qui centralise toute l'activité. D'ailleurs, la plupart des entreprises n'ont pas les moyens de payer un professionnel pour s'occuper des réseaux sociaux. De même, les associations qui souhaitent se faire connaître font surtout appel à des bénévoles qui ne savent pas toujours comment bien utiliser Facebook ou Twitter. Pourtant, tous ces acteurs ont pleinement conscience du potentiel énorme des réseaux sociaux, pour attirer de nouveaux clients, augmenter leur notoriété ou communiquer pour trouver de nouveaux partenaires. Si de nombreuses petites structures ne sont pas présentes sur les réseaux sociaux, il s'agit rarement d'un choix, mais plutôt d'une contrainte.

Et même dans les structures qui ont les moyens de travailler avec un community manager professionnel, il devient nécessaire d'inciter l'ensemble des collaborateurs à être actifs sur ces réseaux sociaux. Sophie Attia, dans son ouvrage *Le social selling*, montre bien que tous les commerciaux d'une entreprise doivent avoir une activité sur les réseaux sociaux, pour démultiplier la communication de l'entreprise.

Cela ne signifie pas la disparition des community managers professionnels : il faudra toujours des spécialistes à plein temps pour gérer les pages de l'entreprise sur les réseaux sociaux, former en interne et proposer du contenu. Mais à l'avenir les réseaux sociaux seront davantage décentralisés : la parole de l'ensemble des collaborateurs aura plus de poids que celle de l'entreprise elle-même. Savoir utiliser les réseaux devient par conséquent une compétence importante, qui sera de plus en plus valorisée dans les entreprises.

Je suis convaincu que les réseaux sociaux sont un réservoir de croissance à la fois pour les TPE-PME, mais aussi pour les associations, pour les institutions, pour les événements et projets locaux. Et même pour un simple blogueur qui souhaite faire connaître ses articles, un enseignant qui présente ses réalisations pédagogiques

1. *Les termes dont la première occurrence est suivie d'un * sont définis dans le glossaire en fin d'ouvrage.*

sur Internet ou un musicien amateur qui diffuse ses chansons. Tout projet, même petit, même local, peut être épaulé efficacement par les réseaux sociaux.

Ce livre s'adresse donc à tous ceux qui veulent utiliser les réseaux sociaux pour aider leurs projets à se faire connaître. Le contenu de l'ouvrage est par conséquent très concret, tourné vers la pratique quotidienne, quel que soit votre niveau. Vous allez découvrir les techniques utilisées par les professionnels de la communication sur les réseaux sociaux, afin de dynamiser votre activité.

Car bien utiliser les réseaux sociaux n'est pas si facile. Ces dernières années, nous avons assisté à une complexité croissante, avec l'apparition de nouvelles fonctionnalités. Il y a de quoi être perdu, il manquait donc un livre qui servirait de boussole pour ne pas se perdre dans les méandres des réseaux sociaux. D'où l'idée de cet ouvrage, afin d'offrir de façon accessible les meilleures astuces et les bons réflexes pour ajouter cette compétence à votre arc et vous ouvrir de nouvelles possibilités.

Mon idée a été de partir des besoins réels exprimés par celles et ceux qui souhaitent se lancer sur les réseaux sociaux. Lors d'une conférence, j'ai discuté longuement avec les membres de l'auditoire, et ce qu'ils appréciaient le plus dans ma présentation étaient les conseils pratiques et les exemples. Les grands discours généraux des gourous de la communication numérique ont un intérêt très limité pour les nombreuses personnes qui veulent utiliser efficacement les réseaux sociaux.

Ce livre regorge donc d'exemples. Sur Internet, on nous donne souvent des conseils du type : « Dans vos messages Facebook, utilisez des formules qui captent vos lecteurs et qui attirent l'attention. » D'accord, mais c'est aussi utile qu'une recette de cuisine qui dirait : « Surtout, faites en sorte que votre plat soit bon. » Les exemples montrent concrètement comment faire, quels sont les ingrédients à utiliser, et en quelle quantité.

Vous trouverez souvent des exemples tirés des comptes dont je m'occupe, ce que je préfère dès maintenant préciser par souci de transparence. Que ce soit la Fédération française des échecs, Témoignage chrétien, le champagne Ernest Remy ou l'Histoire en citations, j'ai pioché dans mon propre travail des messages qui servent à illustrer les techniques proposées, tout en essayant de varier au maximum les exemples suggérés pour qu'ils soient parlants pour tous. Les exemples proviennent souvent des réseaux sociaux de grandes entreprises, pour que vous puissiez découvrir les techniques des professionnels. Et bien souvent, vous vous rendrez compte qu'il est possible de les reproduire ! La preuve : lorsque je n'ai pas obtenu l'autorisation de reproduire les messages de certaines entreprises, j'ai alors créé moi-même un exemple avec mes comptes personnels sur les réseaux sociaux.

Car ma démarche a été de partir des besoins réels des gens. J'ai pour cela sillonné les forums et groupes de discussion consacrés aux réseaux sociaux. Certaines questions qui semblent basiques à un professionnel reviennent souvent : logique, car elles appellent des réponses concrètes qui figurent rarement dans les ouvrages.

Tout ce qui se trouve dans ce livre est, j'imagine, disponible sur Internet, éparpillé dans des dizaines voire des centaines de blogs ou de forums. Quelqu'un qui souhaiterait se mettre à la page y passerait un temps fou, et raterait sans doute beaucoup en chemin de nombreuses techniques. Comme je suis community manager professionnel et que je mène une veille active et rigoureuse, j'ai la chance d'être au courant de toutes les astuces (ou presque !). Cette énorme masse de contenu n'a pas été facile à organiser, et vous constaterez parfois des redites, mais cela tombe bien, on apprend bien par la répétition !

Terminons cette introduction par trois précisions essentielles.

D'abord, je ne parlerai pas de tous les réseaux sociaux, et en particulier de Youtube et Snapchat. Youtube car les techniques à maîtriser y sont très particulières, et relèvent plus de la réalisation vidéo et de l'*entertainment* que de la gestion des réseaux sociaux. Snapchat ensuite, car je ne l'utilise pas dans mon travail, or je ne veux donner dans ce livre que des techniques et des conseils testés en situation réelle. Je préfère ne rien dire sur le sujet, plutôt que d'inventer ! De plus, Snapchat s'adresse à un public très spécifique - les jeunes de moins de 18 ans. Or, dans la plupart des cas, vous allez chercher à vous adresser à un public qui dispose déjà d'un réel pouvoir d'achat, pour que votre communication numérique présente un impact direct sur votre entreprise. Ensuite, il ne s'agit pas d'un livre pour booster ses réseaux sociaux personnels (comment avoir plus d'amis...), mais bien pour l'usage en entreprise, association, pour son commerce, son institution, son projet personnel. L'important, dans son utilisation personnelle des réseaux sociaux, est d'être soi-même. Et aucun livre ne pourra vous aider à le faire.

Enfin, ce livre n'est pas exhaustif. Impossible pour moi de recenser toutes les techniques et toutes les bonnes pratiques, d'autant que les réseaux sociaux sont en permanence en mouvement. De nouvelles tendances apparaissent, des techniques évoluent... C'est pourquoi j'essaie à chaque fois d'expliquer la logique qui se cache derrière l'astuce que je propose, afin que vous faire découvrir les bonnes pratiques même si la technique en elle-même devient obsolète. Face à ces évolutions rapides, une réédition de cet ouvrage me semblait indispensable. Le livre que vous tenez dans vos mains a ainsi été mis à jour fin 2021 et comporte d'importants ajouts par rapport à l'édition originale, afin de vous apporter un contenu actualisé, en particulier pour tenir compte du développement récent mais rapide des stories, que ce soit sur Instagram ou sur Facebook. J'ai également créé une page Internet qui recense tous les conseils du livre (http://votrecm.com/maj/). Elle sera mise à jour régulièrement afin de vous proposer des techniques pour remplacer celles qui auraient disparu.

Je vous souhaite de prendre beaucoup de plaisir sur les réseaux sociaux. Lancez-vous sans crainte, n'ayez pas peur de tâtonner et surtout amusez-vous !

Je souhaite remercier tous les community managers qui ont conçu les exemples présentés dans ce livre, et tous les autres. Sur les réseaux sociaux, l'intelligence est collective, et c'est en lisant leurs messages que j'ai pu illustrer de façon concrète les conseils que je donne dans cet ouvrage. C'est pourquoi je vous invite à suivre sur les réseaux sociaux les comptes suivants, qui figurent dans mon livre :

- ABC Kidz
- Absol Vidéos
- Acer France
- Agen 2017 FFE
- Alternatives économiques
- ATD Quart-Monde
- Biocoop
- BlaBlaCar
- Cédric Faiche
- Champagne Ernest Remy
- Club Échecs du Pays de Brive
- Décathlon
- Escapades dans les Yvelines
- Fédération française des Échecs
- GERESO
- L'Express
- LDLC
- Libération
- Mathilde Larrere
- Michel et Augustin
- Michelin
- Microsoft France
- Musée d'Orsay
- O'Gaming TV
- Oasis
- Parc Astérix

- Sciences et Avenir
- Selectionnist_fr
- Stade de Reims
- The Laughing Cow USA

Chapitre 1

Conseils généraux qui s'appliquent à tous les réseaux sociaux

Si chaque réseau social présente des caractéristiques spécifiques, tous ont un grand nombre de points communs. Ce premier chapitre a donc pour objectif de les recenser, et de vous donner des astuces qui fonctionneront à la fois sur Facebook, Twitter, Instagram, Pinterest, TikTok et LinkedIn. Mais avez-vous vraiment besoin de vous lancer sur tous les réseaux sociaux ?

Choisir sur quel réseau social intervenir

Commençons par une évidence : plus vous serez présent sur de nombreux réseaux sociaux, plus votre communication portera car vous trouverez des lecteurs différents sur chaque réseau social. Mais en pratique, publier sur un réseau social et faire grandir sa communauté prend du temps. Vos ressources ne sont pas illimitées, et le temps sera sans doute ce qui vous manquera le plus au quotidien. D'où la nécessité de choisir.

Facebook

J'ai beau réfléchir, je ne vois aucune raison de ne pas faire de Facebook votre priorité. Avec près d'un Français sur deux qui s'y connecte chaque mois, c'est sur Facebook que vous toucherez le plus grand nombre de personnes. Or, le but de la communication est bien de diffuser votre message.

Contrairement à une idée reçue, Facebook n'est pas un réseau social de jeunes, au contraire. Les jeunes sont davantage sur TikTok ou Snapchat. Toutes les générations sont présentes sur Facebook. Et si la qualité du contenu y est parfois médiocre, il ne tient qu'à vous de faire le choix de la qualité. Même une enseigne prestigieuse, en adaptant son discours, peut concilier la communication de masse sur Facebook et la préservation de son image de marque.

En outre, l'outil publicitaire est redoutable et vous offre des capacités de ciblage unique. Et heureusement, car Facebook se rapproche de plus en plus d'un média payant. Le nombre de pages et de publications augmente, et payer devient souvent nécessaire pour être lu. Un aspect à prendre en compte dès maintenant...

Malgré ce bémol, dans 99 % des cas, vous devez aller sur Facebook, et ce réseau doit être votre priorité.

Pourtant, le « tout Facebook » montre ses limites. Les messages des entreprises sont de moins en moins visibles sur le fil d'actualité Facebook des utilisateurs. Tout miser sur Facebook est donc dangereux, car cela revient à mettre tous ses œufs dans le même panier. Quand bien même ce panier est joli, vous êtes alors à la merci de Facebook, qui pourrait décider du jour au lendemain de ne plus diffuser vos messages qu'avec des pincettes... ou contre de l'argent. Bien des entreprises en font actuellement l'amère expérience. Ne faites pas cette erreur et diversifiez votre présence sur les réseaux sociaux, vous n'avez que l'embarras du choix !

Twitter

Plus d'un Français sur dix va sur Twitter au moins une fois par mois. On voit déjà une belle différence avec Facebook ! L'énorme avantage de Twitter est qu'il est devenu un outil d'information en temps réel utilisé par les influenceurs (journalistes, hommes politiques, chefs d'entreprise). Par conséquent, vos messages peuvent toucher des cibles très intéressantes.

Autre avantage : un message peut facilement devenir viral s'il est repris par un influenceur.

En résumé : vous toucherez beaucoup moins de monde que sur Facebook, mais potentiellement des personnes plus intéressantes en termes de retombées (notoriété, ventes, contacts...). Idéal donc dans votre quête de notoriété...

Instagram

Instagram est le réseau social qui monte ! Il vous propose de publier des images, accompagnées d'un petit texte. Au départ, Instagram doit son succès aux filtres que vous pouvez appliquer sur vos photos, afin de les rendre plus jolies.

Il faut surveiller Instagram, car le nombre d'utilisateurs augmente, et il pourrait même tuer Snapchat avec ses nouvelles fonctionnalités. Instagram a rattrapé Twitter, avant de le dépasser récemment.

Un défaut majeur cependant: vous ne pouvez pas intégrer de lien ou de *call to action** (bouton qui incite à l'action, par exemple un lien vers votre site ou votre boutique en ligne) à vos publications Instagram, sauf si vous payez. Or, votre présence sur les réseaux sociaux vise généralement à obtenir du trafic sur votre site Web ou dans votre boutique en ligne. Le bénéfice se mesurera surtout en termes d'image, de réputation. Mais pour beaucoup, cela n'est pas suffisant!

Je vous conseille donc d'aller sur Instagram à deux conditions:

Si vous n'avez pas un impératif d'augmentation immédiat de votre trafic Web et de vos ventes.

Si vous avez de jolies photos à publier. Certains secteurs ont des facilités évidentes sur Instagram (boutique de mode par exemple, ou artiste), pour d'autres la tâche s'annonce nettement plus ardue (vendeur de saucisson danois ou producteur de joints en caoutchouc pour robinets).

Pinterest

Sur Pinterest, vous créez des tableaux virtuels sur lesquels vous « épinglez » des images piochées sur Internet. Un principe simple mais efficace, et idéal pour valoriser vos contenus.

Là encore, il vous faudra disposer d'un contenu visuellement exploitable pour sortir du lot.

Gardez aussi à l'esprit que l'audience est majoritairement féminine, et que les tableaux qui fonctionnent le mieux concernent le *lifestyle*, la mode, l'art, la cuisine... Ce n'est pas du sexisme ordinaire, simplement ces thématiques collent très bien à ce média organisé autour de petites vignettes.

LinkedIn

Je décrirais LinkedIn comme un Facebook pour le monde professionnel. On y parle compétences, RH, management, actualité des entreprises. On y cherche aussi un emploi, on y recrute.

J'aime, j'adore LinkedIn. Il s'agit tout d'abord d'une sorte de Facebook sur lequel les gens sont généralement civilisés. Ensuite, contrairement à Facebook, les messages y sont encore bien diffusés: les personnes qui vous suivent voient généralement vos messages. Enfin, c'est un outil très intéressant pour faire des affaires.

Si vous avez des thématiques professionnelles à mettre en avant, ou si vous cherchez des prospects pour votre entreprise, foncez. Misez sur LinkedIn, créez une page entreprise, publiez régulièrement. Les résultats sont excellents en *Business to business**, mais même pour du *Business to customer** ou de l'associatif, cela vaut le coup.

TikTok

Impossible d'échapper à TikTok! Sa croissance fulgurante en fait désormais un réseau social de masse, capable de concurrencer Facebook ou Instagram. Le concept est simple: des vidéos courtes et très créatives s'enchaînent, l'utilisateur pouvant à tout moment passer à la suivante.

Au départ réservé à un public jeune, TikTok s'ouvre désormais à une audience plus large, et plus âgée. Cette nouvelle maturité fait de TikTok un réseau social très intéressant pour votre entreprise ou association, en particulier si vous avez une appétence pour le format vidéo.

Par sa tonalité légère et son style décalé, TikTok détonne dans l'univers des réseaux sociaux, reprenant leurs codes pour mieux les contourner. Je vous conseille donc de tester ce réseau social afin de voir si vous l'appréciez. Certaines personnes sont en effet assez hermétiques à son fonctionnement. Mais si vous l'appréciez, alors publiez des vidéos pour tirer profit de l'énorme potentiel de TikTok, en particulier si vous vous adressez à un public de moins de 40 ans.

Les autres réseaux sociaux

Faut-il aller sur les réseaux sociaux en devenir? Car outre les « gros » comme Facebook, Twitter, LinkedIn et Instagram, des réseaux émergents pourraient bien devenir les stars de demain. Y aller dès à présent vous permettrait d'avoir un coup d'avance: les pionniers sur TikTok se frottent aujourd'hui les mains...

D'ailleurs, Instagram fut un jour un petit réseau en croissance, et on voit le résultat aujourd'hui. Quelqu'un qui lancerait aujourd'hui son compte Twitter devra beaucoup travailler pour espérer avoir une communauté comparable à celle d'un acteur présent sur ce réseau depuis dix ans.

Investir ces réseaux est un pari: si vous avez le temps et trouvez un réseau social agréable, faites-le. Mais neuf fois sur dix, vous n'en tirerez rien! Il n'y a donc pas de honte à être un suiveur, surtout si votre emploi du temps est serré.

Par contre, si un réseau social commence à décoller, alors ne ratez pas le train en marche!

En résumé

- Allez sur Facebook, et travaillez votre présence sur le roi des réseaux sociaux.
- Si vous avez un peu de temps disponible après cela, allez sur LinkedIn si vos thématiques sont professionnelles.
- Si vous aimez le format vidéo et êtes créatif, TikTik est la meilleure solution, car son potentiel est immense.
- Vous avez encore du temps et de l'énergie ? Investissez Twitter et Instagram qui sont des poids lourds.
- Enfin, si vous n'en avez pas encore assez, testez d'autres réseaux moins connus.

J'ajouterai une ligne sur Youtube. Difficile à dire si cette plateforme de vidéos en ligne est véritablement un réseau social. Avec son système de commentaires, de *likes* et de partages, cela y ressemble fortement. Mais la vidéo étant sa raison d'être, j'en parlerai très peu ici. Si vous avez des ressources pour produire des vidéos et investir sur Youtube, vous en obtiendrez des avantages importants : référencement, image, trafic Web... Youtube talonne même Facebook au niveau du nombre d'utilisateurs, c'est vous dire si son potentiel est énorme.

Vous savez désormais sur quel réseau social publier vos messages. Reste à déterminer une stratégie, car réussir sur les réseaux sociaux demande une bonne préparation en amont.

Mettre au point une stratégie

Se lancer sur les réseaux sociaux est une aventure très excitante, et l'on souhaite tout de suite se jeter dans le grand bain et diffuser des messages. Pourtant, je vous recommande de ronger votre frein quelque temps, et de commencer par mettre au point une stratégie solide.

Avant de publier, réfléchissez

L'erreur la plus classique, sur les réseaux sociaux, consiste à partir la fleur au fusil et à publier des messages au petit bonheur la chance. Or, pour obtenir des résultats et atteindre vos objectifs, vous devez réfléchir à un plan d'action, sans quoi vous improviserez au jour le jour sans véritable fil conducteur.

L'absence de stratégie est la faute la plus fréquente. Beaucoup se passent de cette phase de réflexion préalable, car elle demande de travailler et de réfléchir, ce qui n'est pas toujours agréable. Pourtant, élaborer une bonne stratégie n'est pas si compliqué, car vous devez vous poser des questions simples et de bon sens.

Commencez par un diagnostic de votre présence sur les réseaux sociaux

- Quels sont les points forts de vos comptes sur les réseaux sociaux, sur lesquels capitaliser ? (une communauté active sur Facebook, une page LinkedIn en croissance régulière, des ambassadeurs* qui vous retweetent*...) ?
- Quels sont les messages qui fonctionnent bien, et qui pourraient donc vous donner des idées pour la suite ?
- Vos profils sont-ils à jour ? (« au secours ma *cover** Facebook date de 2015 », ou encore « la biographie Twitter est obsolète car des informations ont changé »).
- Avez-vous déjà le réflexe de relayer sur les réseaux sociaux le contenu publié sur votre site Web ?
- Quels sont vos points faibles à améliorer ? (Peu de fans sur Instagram, manque d'interactions sur Twitter, peu de contenu original à disposition...).

En vous posant ces questions basiques, vous allez immédiatement obtenir des pistes intéressantes pour déterminer votre stratégie.

Poursuivez en faisant une analyse de la concurrence

- Qui sont vos concurrents ? Sont-ils présents sur les réseaux sociaux ?
- Que publient-ils sur les réseaux sociaux ? Quels sont leurs messages fonctionnent bien ? Et ceux qui ne marchent pas ?
- Quel est leur positionnement ? La tonalité adoptée ?

L'étude de vos concurrents vous donne des idées sur ce qu'il faut faire, ce qu'il faut éviter, et surtout comment occuper un positionnement unique pour sortir du lot.

Rédigez noir sur blanc votre plan marketing et de communication

- Quelles sont vos cibles ? Vous pouvez distinguer le cœur de cible que vous chercherez à toucher en priorité, des cibles secondaires.
- Quel est votre objectif ? Pourquoi utilisez-vous votre temps pour aller sur les réseaux sociaux ? Est-ce pour vendre directement vos produits ? Pour gagner en visibilité et accroître votre notoriété ? Pour diriger des internautes vers votre site Web ? Pour donner une image positive de votre entreprise ? Pour informer les utilisateurs et faciliter le SAV* ?
- Quel est le message que vous souhaitez faire passer ? Essayez de synthétiser en une phrase l'idée que vous voulez faire passer à vos lecteurs. Elle doit résumer votre entreprise et ses produits, sa proposition de valeur, et ce qui la rend préférable aux autres entreprises.

Le triptyque cibles/objectif/message est la pierre angulaire de toute stratégie marketing, et les réseaux sociaux n'y échappent pas. Surtout, n'essayez pas de toucher tout le monde et d'atteindre dix objectifs différents, cela ne fonctionnera pas.

Il faut hiérarchiser, trancher dans le vif si nécessaire, et être réaliste. Tout vouloir est la meilleure façon de ne rien obtenir.

Élaborez un plan d'action très concret

- Sur quels réseaux sociaux allez-vous publier? Tout dépend de vos cibles et de leurs pratiques.
- Quand allez-vous publier? Quel est le rythme de publication adapté à votre stratégie?
- Quels sont les moyens à votre disposition? Il s'agit de définir les moyens humains (combien de personnes peuvent s'occuper de vos réseaux sociaux, et combien de temps peuvent-elles y consacrer) mais aussi financiers, pour diffuser des publicités ou faire réaliser des contenus spécifiques par des professionnels (vidéos, photos...).
- Quels sont les sujets dont vous allez parler sur vos réseaux sociaux? Là encore, les centres d'intérêt et les goûts de vos cibles déterminent très largement votre territoire éditorial.
- Quelle sera la tonalité générale? Légère, sérieuse, humoristique?

Il faut vraiment prendre quelques heures pour se poser ces questions, et tenter d'y répondre le plus rigoureusement possible. Le travail d'équipe est généralement utile, car une personne seule peut ne pas penser à tout. De même, utiliser vos données marketing (des tests de satisfaction par exemple, des statistiques d'inscription...) permet d'améliorer votre plan stratégique en le faisant reposer sur des éléments objectifs.

Il ne vous reste plus qu'à suivre au quotidien votre stratégie, et surtout à l'évaluer afin de voir si vos objectifs sont atteints. Si ce n'est pas le cas, il n'est jamais trop tard pour corriger le tir. Le pire est bien sûr de s'entêter et de ne pas se remettre en cause. Le dernier mot revient toujours à vos lecteurs et à vos clients...

Or, pour mieux connaître vos cibles et leurs attentes, il existe une méthode simple mais efficace: les personas.

Définissez avec précision à qui vous vous adressez sur les réseaux sociaux avec les personas

Sur les réseaux sociaux, vos priorités sont:

- D'avoir des cibles clairement identifiées. Votre communauté doit être composée de membres qui vous intéressent directement pour votre activité. Oui, un magasin de produits de sport n'a aucun intérêt à avoir 100000 fans sur sa page Facebook s'ils sont majoritairement âgés de plus de 85 ans.
- De publier du contenu qui intéresse vos lecteurs. Un message pour vous sembler passionnant, mais cela n'a aucune importance si vos cibles ne sont pas du

même avis. Il faut donc se mettre dans les chaussures de vos cibles et mettre vos goûts de côté. Encore faut-il savoir qui elles sont!

La méthode la plus simple est de créer des personas afin de vous aider à mieux les cerner. Cette technique provient du marketing: cela tombe bien, les réseaux sociaux ne peuvent se passer du marketing, qui n'est pas réservé aux grandes multinationales.

Un persona est un personnage que vous allez créer de façon très détaillée afin d'avoir le portrait-robot de votre cible idéale. À partir de questions toutes simples, vous allez réaliser une ou plusieurs fiches d'identité de cette cible rêvée:

- Donnez un prénom, un nom et une photo à vos personas. Cela peut sembler ridicule, mais le but est précisément d'humaniser un maximum vos lecteurs et vos cibles.
- Déterminez son âge, son sexe, son lieu d'habitation, sa profession... Bref, tous les éléments socio-professionnels importants.
- Racontez l'histoire de cette personne: ses envies, ses craintes, ses objectifs, son parcours professionnel...
- Quel est son lien avec vous? Aime-t-il votre entreprise, cherche-t-il de façon opportuniste des réductions? Bref, comment pouvez-vous le séduire?
- Quel est son parcours sur Internet? Visite-t-il votre blog? L'atteint-il par un moteur de recherche, les réseaux sociaux, le bouche-à-oreille?
- Quels sont les freins qui peuvent vous faire échouer à atteindre vos objectifs auprès de lui? Préfère-t-il un concurrent par exemple?

Vous allez obtenir un petit document qui vous servira de guide pour mener à bien votre communication sur les réseaux sociaux. Comment attirer de nouveaux fans? Quel contenu publier? La méthode des personas vous apporte de nombreuses solutions.

Ne multipliez pas les personas: un seul est parfois suffisant. Car c'est la simplicité de cette méthode qui explique son efficacité, multiplier artificiellement les cibles alors qu'elles sont proches n'apporte que de la confusion.

Comment connaître ces différents éléments?

- D'abord en ayant une idée précise des personnes que vous souhaitez toucher. Je radote, mais essayer de bien communiquer ou de vendre sans avoir au préalable fait un travail de ciblage précis est impossible.
- En s'intéressant aux membres de vos communautés: sexe, âge, propos tenus dans les commentaires, autres pages aimées... Les informations ne manquent pas.

- En posant tout simplement la question à votre communauté! N'ayez pas peur de demander aux gens quels sont leurs goûts, leurs habitudes, ce qu'ils aiment lire ou non. Cela est très bien vu sur les réseaux sociaux, les gens aiment qu'on s'intéresse à eux et qu'on leur donne la parole.

Vous obtenez des personas très différents, voire inconciliables? Vous devez alors vous poser deux questions fondamentales:

- Ai-je vraiment bien défini mes cibles? Ou ai-je tendance à ratisser trop large, ce qui explique le manque de cohérence de mes personas?
- Faut-il créer plusieurs pages Facebook et différents comptes Twitter, pour chacune de ces cibles? L'éparpillement est rarement une bonne idée, car il est préférable de concentrer ses efforts sur un compte, ce qui limite le travail et permet plus facilement aux internautes de vous trouver. De même créer un deuxième compte Twitter est une tâche monumentale: vous partez de zéro follower! Pourtant, cela peut s'avérer nécessaire dans certains cas. Vos deux personas sont Jean et Brian. Le premier est Français, le second Américain. Ne serait-ce qu'à cause de la différence linguistique, vous allez devoir créer un deuxième compte Twitter en anglais!

Pour illustrer mon propos, voici les différents comptes Twitter de Michelin. Certes, il s'agit d'un cas particulier, celui d'une très grande entreprise. On peut cependant en tirer une leçon instructive: chaque cible a sa page spécifique. Les anglophones ont un compte dédié (@Michelin est le compte Twitter Global de Michelin, uniquement en Anglais), presque tous les pays ont leur compte Twitter (@Michelintyres est par exemple le compte Twitter Michelin pour la Grande-Bretagne) et @Michelinrecrute est le compte Twitter Michelin dédié au recrutement. Une segmentation nécessaire, à laquelle vous pourriez devoir avoir recours si vos personas sont variés et présentent des problématiques distinctes.

Recherche par personne Michelin sur Twitter (12 octobre 2017)

Votre stratégie avance bien, mais au quotidien vous allez avoir besoin de documents plus concrets afin de vous guider dans vos publications. C'est pourquoi je vous recommande de poursuivre votre stratégie en mettant au point un calendrier de publications.

Anticipez vos messages à venir avec un calendrier de publications

Le flot d'informations sur les réseaux sociaux fait qu'il est difficile de ne rien oublier. Il est donc nécessaire de réaliser à froid plusieurs calendriers, afin de ne rater aucun événement qui pourrait donner lieu à un message de votre part.

Le calendrier annuel : sorte de boussole très générale réalisée à l'avance, le calendrier annuel récapitule les événements et les temps forts prévus durant l'année. Deux types d'éléments y figurent :

- Les événements généraux : journée de la femme, élections, changement de saison, Coupe du monde... les grands temps forts qui rythment l'actualité sont toujours importants à prévoir. Les anticiper vous permet dès à présent de prévoir du *news jacking*, c'est-à-dire des messages qui surfent sur l'actualité. Ils vous permettent aussi d'éviter de publier au mauvais moment : parler de votre nouvelle gamme de produit le jour de la finale de la Coupe du monde est évidemment une mauvaise idée. De nombreux calendriers types existent, je vous conseille par exemple celui proposé par Twitter que vous retrouverez par une recherche Google « Twitter plan the moment ». Essayez aussi de faire une autre recherche sur Google « Calendrier événements 2022 » vous offrira de nombreuses ressources.
- Les événements spécifiques à votre secteur : vous gérez la page Facebook d'un petit club de foot ? Notez dès à présent l'ensemble des matchs de la saison. Vous êtes caviste ? Alors les grandes dates du vin doivent figurer dans votre calendrier (salons, publications des revues, vendanges...).

Un calendrier clé en main n'existe pas ! Tout dépend de votre ligne éditoriale et de votre « territoire ». Vous devrez nécessairement le personnaliser afin qu'il colle le plus possible à votre stratégie, et qu'il reflète qui vous êtes. Vous seul savez quelles sont les thématiques importantes à aborder.

Il est toutefois préférable de voir trop large. Car un événement qui n'a *a priori* aucune raison de figurer dans votre calendrier peut en réalité être très utile. Vous êtes pâtissier ? Intégrer Roland Garros dans votre calendrier peut vous donner de bonnes idées : pourquoi ne pas réaliser un gâteau en forme de balle de tennis pour ensuite publier la photo ? Vous êtes maraîcher ? Le printemps est un événement à fort potentiel, en publiant une photo d'un panier de vos fruits dans la nature en fleur. Libre à vous de faire le tri le moment venu, et d'ignorer un élément qui figure dans votre calendrier si l'occasion n'est pas bonne.

En plus de ce calendrier annuel, il est très utile de créer un deuxième calendrier, hebdomadaire cette fois. Plus concret, plus détaillé, il sera votre plan de bataille pour la semaine et contiendra les thèmes à aborder jour après jour.

Un calendrier de publications spécifique à chaque réseau social est nécessaire : en effet, le rythme de publication sur Twitter est plus élevé que sur Facebook. De même, vos lecteurs ne sont pas forcément les mêmes, et les thématiques à aborder peuvent donc varier. Prévoyez donc une colonne différente pour chaque réseau social dans votre calendrier. Prenons un exemple : vous êtes à la tête d'une petite entreprise de produits cosmétiques. Vous avez repéré une émission qui évoque une thématique beauté sur une chaîne nationale. Votre façon d'en profiter ne sera pas la même sur les différents réseaux sociaux. Sur Facebook, vous allez annoncer un peu en avance l'émission, et éventuellement publier un lien vers le replay le lendemain. Sur Twitter, vous pouvez plutôt commenter l'émission en direct en utilisant le hashtag* de l'émission. Le contenu de vos messages sera différent, le timing de publication aussi, sans oublier le rythme. En résumé, un même événement noté sur votre calendrier va entraîner des actions totalement différentes selon vos réseaux sociaux.

Enfin, travaillez en équipe ! Seul, il est fréquent d'oublier un événement important. C'est humain, vous ne pouvez pas être partout. Une solution est de créer un calendrier Google collaboratif, en partageant l'accès à plusieurs personnes de votre équipe. Cette technique très simple n'est pas toujours facile à mettre en place car le travail collaboratif reste peu développé en France, mais si vous avez la chance de travailler avec des personnes motivées et réceptives, foncez.

Comment créer son calendrier ? Plusieurs outils existent, tout dépend de vos usages, de vos goûts et de vos besoins.

- Excel : oui, tout simplement ! Créez un tableau contenant les jours de la semaine et vos différents réseaux sociaux, et remplissez-le avec les thèmes à aborder et les messages à poster. Un peu *old school*, mais j'avoue adorer travailler de cette façon.
- Google agenda : déjà évoqué, cet outil est aussi très bon pour votre calendrier social media.
- Trello : une des nombreuses solutions créées pour la gestion de projets en équipe, et qui marche bien pour les réseaux sociaux. Un outil très puissant aux nombreuses possibilités, mais qui n'a pas ma préférence. Je considère que plus un outil est riche, plus il est complexe, et que par conséquent le temps passé pour exploiter ses fonctionnalités est parfois excessif. À vous de voir !

Votre stratégie avance bien, et à ce stade vous avez déterminé vos cibles, votre message, vos objectifs et même votre calendrier de publication. Pour autant, travailler sur les réseaux sociaux ne doit pas vous détourner de votre site Web. Voici pourquoi.

Les réseaux sociaux sont au service de votre site Web

« Pour avoir du succès sur les réseaux sociaux, travaillez sur votre site Web. »

Conseil

Ce conseil est évident, mais je préfère le rappeler: les réseaux sociaux ne sont pas une fin en soi. Obtenir des likes n'est pas votre objectif ultime. Votre objectif peut être de faire découvrir vos produits, de vendre, d'améliorer votre notoriété ou votre image... Bref, les réseaux sociaux sont un moyen, un outil.

Le premier contenu que vous allez publier sur vos réseaux vient donc de votre site Internet. À chaque nouvel article de blog, il faut penser à le relayer sur tous vos réseaux sociaux.

Facebook et Twitter doivent servir à attirer les lecteurs, à leur donner envie d'un savoir plus, et donc d'aller lire la suite sur votre site Internet. Et si ce dernier est bien réalisé, le tunnel de vente s'enclenche.

Cela appelle une réflexion fondamentale: si votre site Internet est rarement mis à jour, ou mal réalisé, vous allez avoir beaucoup de mal à obtenir du succès sur les réseaux sociaux. Vous manquerez de contenu, et les rares liens vers votre site ne seront pas franchement attractifs.

Les réseaux sociaux ne vivent pas dans un monde parallèle, ils sont liés à votre site Web. C'est pourquoi, pour obtenir de bons résultats sur les réseaux sociaux, vous devez commencer par travailler sur votre site Internet.

Reste à savoir quelle accroche choisir pour que vos lecteurs cliquent sur le lien. Plusieurs solutions sont possibles.

- Choisissez un passage fort de l'article, et copiez-le sous forme de citation. L'extrait doit contenir une idée forte, voire provocante, afin de faire réagir le lecteur et lui donner envie de découvrir la suite.

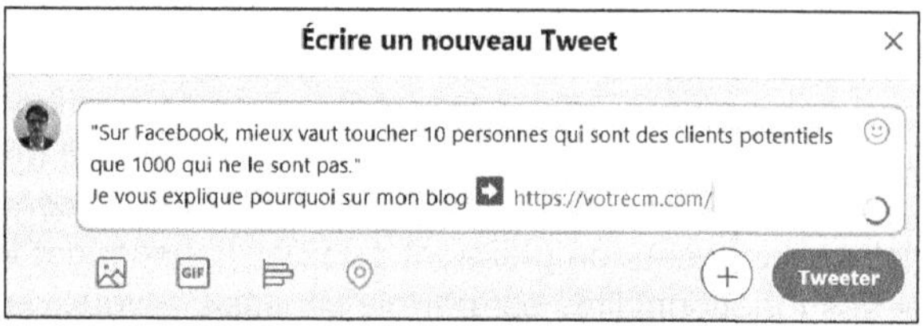

- Les points de suspension: placez un extrait de l'article, si possible percutant, puis coupez-le à un moment clé avec trois points de suspension. Il faudra cliquer pour lire la suite.

Tweet du 17 octobre 2017 par l'Histoire en citations (https://twitter.com/HistoCita)

- Mettre en avant une question à laquelle répond l'article.

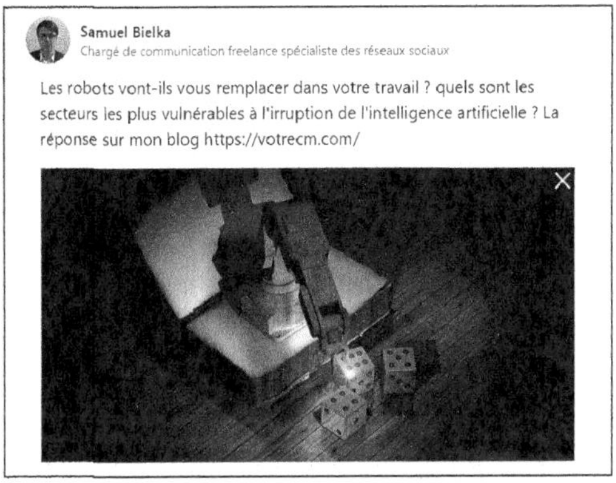

- Terminez votre message sur une promesse: « analyse », « bilan », « décryptage », « retour sur... », « interview »... une formule courte mais qui donne une indication sur ce que lecteur peut trouver en cliquant.

Tweet du 8 octobre 2017 par Témoignage chrétien (https://twitter.com/TChebdo)

Dans la course effrénée au clic et à l'audience, de plus en plus de pages Facebook utilisent des textes aguicheurs et trompeurs (« la suite va vous surprendre! »). Les techniques que je propose ne sont pas dans cet esprit, il s'agit de formuler de façon attractive votre message, mais sans jamais tomber dans la tromperie. Respectez votre lecteur car votre objectif est de nouer avec lui une relation à long terme. La déception serait la pire des choses. Il n'empêche, votre but est bien que l'internaute aille lire votre article, mettez donc honnêtement toutes les chances de votre côté!

Honnêtement... Voici un terme que l'on ne s'attend pas forcément à trouver dans un livre sur les réseaux sociaux. Pourtant, les qualités humaines sont importantes pour réussir, et vous devez dès maintenant cultiver une bonne attitude et connaître les bonnes pratiques.

Avoir la bonne attitude

Votre présence sur les réseaux sociaux sera un travail quotidien. Il est donc essentiel d'avoir une bonne attitude, exactement comme dans la « vraie vie ». Sinon, vous ne serez pas aimé, et votre communication échouera.

Poursuivons le parallèle entre la vie réelle et les réseaux sociaux: aimez-vous passer du temps avec quelqu'un de très inintéressant? Probablement pas. C'est exactement la même chose sur les réseaux sociaux. Votre priorité est par conséquent d'offrir du contenu de qualité.

Le contenu, rien que le contenu, toujours le contenu

Si on me demandait de résumer en un mot la clé du succès sur les réseaux sociaux, ma réponse serait: « Contenu ». Offrir à vos communautés du contenu de qualité et qui correspond à leurs attentes est crucial.

Continueriez-vous à lire chaque semaine un magazine dont le contenu est mauvais? Allez-vous vous abonner à ce magazine? Non. Sur les réseaux sociaux, vos lecteurs feront de même. Mais la qualité ne suffit pas, pour que votre contenu fonctionne, il faudra penser à de nombreux facteurs.

Je vais expliquer l'importance du contenu en faisant une métaphore volontairement caricaturale.

Vous entrez dans un bureau de poste, et une dame vous accueille au guichet. Vous sortez alors un livre sur la comptabilité à moitié mangé par votre chien. Vous adorez ce livre, et vous commencez tout naturellement à le présenter à la guichetière. Malgré votre enthousiasme, elle semble peu réceptive à votre discours, et vous demande de partir. Voici pourquoi:

- Le contenu était intrinsèquement mauvais, car votre chien en avait mangé la moitié. Pour intéresser quelqu'un, il faut quelque chose de soigné et bien présenté.
- Votre ciblage était mauvais: l'interlocuteur est postier, pas comptable. Un contenu n'est pas de qualité par nature, ce qui vous intéresse peut ennuyer terriblement la majeure partie de l'humanité.
- Le timing est désastreux, car la guichetière est au travail, et doit donc gérer le flux d'usagers. Même si votre contenu l'intéressait, elle n'aurait pas pu vous accorder la moindre attention.

La bonne façon de communiquer était ici très simple. Car qu'attendait votre interlocutrice? De la politesse et un colis à envoyer. Voilà le contenu de qualité qui vous aurait permis d'obtenir un bon résultat. C'est exactement la même chose sur les réseaux sociaux avec votre contenu.

Cet exemple vous paraît stupide? En réalité, on y retrouve toutes les erreurs fréquentes que j'ai observées sur les réseaux sociaux. Si l'exemple est simpliste, c'est parce que la gestion des réseaux sociaux est d'abord l'art de se poser des questions très simples. Qui va me lire? Qu'aiment mes lecteurs? Que puis-je leur apporter? Comment le présenter de façon agréable? Est-ce le bon moment?

Publier un contenu de qualité ne suffit pas pour réussir sur les réseaux sociaux, mais il s'agit de la première et de la plus fondamentale des conditions pour essayer d'avoir du succès. Plus facile à dire qu'à faire cependant, et vous devrez parfois tâtonner avant de trouver quel contenu intéresse vraiment vos lecteurs. Persévérer est alors la clé.

Publiez régulièrement sur les réseaux sociaux, sans vous décourager

Les réseaux sociaux donnent l'impression que le succès rapide est possible. Votre message fait le buzz*, et par le jeu de la viralité vous atterrissez en quelques jours dans les plus hautes sphères. Votre nombre de followers explose, sur Facebook tout le monde partage votre publication. Hum.

Ne vous découragez pas!

Votre quotidien ressemblera rarement à ça. Le buzz est rare, et souvent il repart aussi vite qu'il est arrivé. Chercher le buzz à tout prix est une mauvaise stratégie, car réussir sur les réseaux sociaux ressemble davantage à un marathon qu'à un sprint.

La première règle est de publier dans la durée. On connaît tous des blogs très actifs pendant quelques semaines qui deviennent inactifs, ou des pages Facebook fraîchement créées qui publient à tour de bras. Puis on se rend compte que la progression est lente, alors on se décourage et on arrête tout. La bonne pratique est l'inverse: publiez régulièrement, avec rigueur et sérieux, sans attendre des milliers de *likes*.

Votre notoriété sur les réseaux sociaux se construit jour après jour, message après message. Vous avez une ligne éditoriale, même rudimentaire, alors tenez-vous y. Vous verrez progressivement de nouvelles personnes rejoindre votre communauté. Cela prendra du temps, beaucoup de temps, mais c'est la seule façon durable de progresser.

Prenez chaque jour un peu de votre temps pour publier sur vos différents réseaux sociaux. Ce moment doit intégrer votre routine quotidienne. Au bout d'une année, vous verrez déjà les résultats arriver. La persévérance paie, ne cherchez pas de raccourcis. Sur Internet comme dans la « vraie vie », c'est par le travail régulier et sérieux que l'on obtient ce que l'on veut.

Publiez régulièrement

Une autre règle importante est de publier avec une certaine régularité. Rien n'est pire qu'un compte Twitter qui diffuse d'un seul coup quinze tweets, avant de s'illustrer par son silence pendant toute une semaine. Le risque d'agacer ses lecteurs est réel, car l'overdose est vite arrivée. Ils pourraient ne pas lire vos tweets (comment lire un contenu aussi important d'un seul coup?) voire se désabonner. Le bon réflexe est d'étaler dans le temps ses publications afin de maintenir une présence régulière et digeste à vos lecteurs.

Un autre effet négatif sur Facebook est le risque de voir vos messages se cannibaliser: un message publié peu après un autre lui « vole » la vedette et limitera sa diffusion. On estime que la durée de vie d'une publication Facebook est de plus de 10 heures...

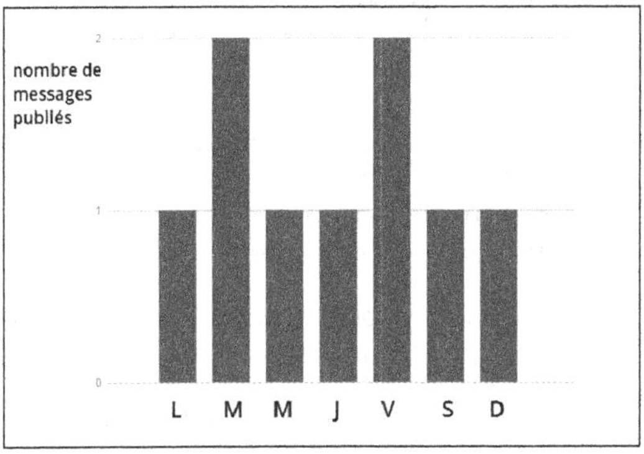

Voici l'exemple d'un bon rythme de publication sur une semaine: l'important ici c'est la régularité, les messages sont bien répartis sur les différents jours de la semaine. Par contre, nous verrons que le nombre de publications peut être plus dense dans certains cas. Mais par pitié, ne publiez pas trois messages sur Facebook en moins d'une heure!

Et voici l'exemple d'un mauvais rythme de publications, avec des périodes creuses durant lesquelles vos lecteurs n'entendent plus du tout parler de vous, suivies de périodes frénétiques qui risquent de générer la lassitude. Vous pourriez même passer pour un spammeur*...

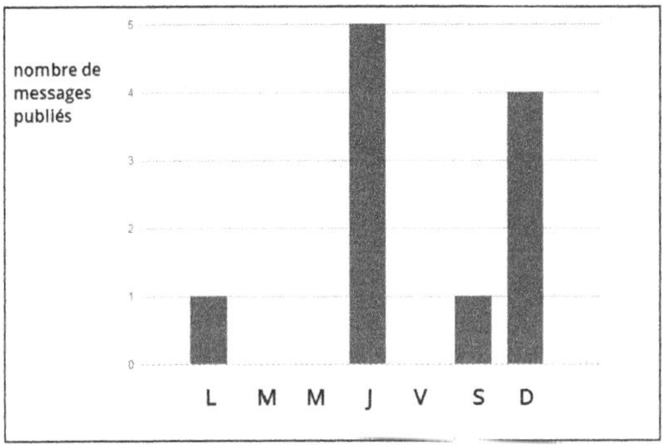

La bonne pratique consiste donc à lisser ses publications dans le temps. Cela n'est pas toujours possible, certains messages liés à l'actualité chaude et immédiate impliquent de transgresser cette règle. Mais la majorité de votre contenu n'est pas périssable, ne soyez donc pas impatient et reportez votre message!

En résumé: du contenu de qualité publié régulièrement. Reste à savoir ce qu'est du contenu de qualité, nous allons maintenant donner quelques secrets de fabrication.

Ne publiez pas de l'eau tiède

Sur les réseaux sociaux, de nombreuses entreprises ou institutions adoptent un ton purement factuel et descriptif, sans doute par peur de faire une gaffe ou de déplaire à une partie des lecteurs. Les messages apportent de nombreuses informations, mais toujours de façon tiède, pour ne choquer personne. Il s'agit d'un legs de la vieille communication des entreprises, policée et terriblement ennuyeuse, à laquelle plus personne ne s'intéresse.

Car personne ne va sur les réseaux sociaux pour lire un contenu totalement neutre et factuel. L'AFP occupe déjà ce créneau !

Vos messages doivent prendre parti, ou du moins contenir une touche personnelle et bien souvent subjective. Dans le monde des médias, on appelle ça une ligne éditoriale. Vos réseaux sociaux ont eux aussi une ligne éditoriale.

De plus, les réseaux sociaux sont humains, les messages purement factuels n'ont donc aucune chance de séduire. Votre plus-value, c'est votre touche personnelle, votre regard. C'est ce qui vous permettra de sortir du lot, de vous distinguer.

Car le risque, en voulant plaire à tout le monde, est de ne plaire à personne.

Lorsque j'étais étudiant, la principale difficulté lors des examens était de trouver une bonne problématique pour traiter le sujet. Le conseil de mes professeurs était le suivant : si votre problématique peut fonctionner pour d'autres sujets, alors elle n'est pas bonne ! Je retiens cette astuce, en l'adaptant légèrement : si votre message aurait pu être publié par une autre page, alors il n'est pas bon, car cela signifie qu'il ne vous reflète pas vraiment.

Pour autant, n'essayez pas de créer des polémiques pour tout, et ne dépassez pas les bornes : évitez les critiques à l'emporte-pièce ou les messages hystériques. On commence à se lasser des indignations éphémères. Essayez simplement de donner votre sentiment et de donner une interprétation propre, quitte à ne pas faire consensus.

La formulation même de vos messages ne doit pas être tiède. Au contraire, vous devez tenter de provoquer une réaction de la part de vos lecteurs :

- Trouvez l'angle saillant de votre message, c'est-à-dire celui qui fera réagir les lecteurs.
- Piquez en vif les internautes : si vous leur posez une question, précisez que la réponse est facile à trouver, ou au contraire difficile. Ils ne devraient pas rester indifférents...
- Idéalement, chaque message doit être associé à une émotion que vous allez essayer de transmettre à vos lecteurs : la joie, la nostalgie, la colère, l'empathie... Les émotions sont le moteur des réseaux sociaux et elles doivent guider la rédaction de vos messages.

Surtout, restez dans votre rôle. Si vous êtes une association sportive, vous n'avez aucune légitimité à commenter les négociations sur les accords de libre-échange. Votre petite entreprise de literie doit s'abstenir de prendre position au premier tour de l'élection présidentielle. Je me permets cette remarque car j'ai constaté que de nombreuses personnes confondent presque inconsciemment les comptes de leurs entreprises et leurs profils personnels. Les réseaux sociaux de votre entreprise ou association doivent rester dans leur rôle, mais aussi éviter de jouer un rôle.

Ne jouez pas un rôle, affirmez qui vous êtes

Les entreprises ont tendance à adopter sur les réseaux sociaux une communication *très corporate*, lisse et calculée. Cela n'a rien de surprenant, elles ont toujours fait ainsi, sur tous les autres supports. Mais sur les réseaux sociaux, il s'en dégage rapidement une impression de fadeur et de tiédeur propices à générer un ennui profond des lecteurs, comme nous venons de le voir.

Pour éviter les formules creuses, les poncifs vides de sens et les discours langue de bois, il n'existe qu'une seule solution : soyez vous-même. Contenez vos pulsions agressives si vous en avez, ou évitez les sujets polémiques si vous en raffolez, mais hormis ces précautions de base, dites ce que vous pensez.

Vos réseaux sociaux refléteront ainsi votre vraie personnalité, l'ADN de votre entreprise ou association. Même si vous publiez une information déjà reprise partout, votre façon d'en parler se distinguera naturellement des autres.

Ce conseil s'appuie sur l'histoire des réseaux sociaux : ils ont été créés pour favoriser les échanges entre personnes, avec des messages qui contiennent des informations, mais aussi des émotions. Ce n'est que dans un second temps que les entreprises se sont approprié ce moyen de communication à leur profit. Mais les codes restent ceux des origines, à savoir une communication humaine qui reflète la personnalité de l'émetteur.

Personne n'est l'ami d'une entreprise. Alors sur les réseaux sociaux, essayez au maximum de refléter la part d'humanité derrière vos messages, afin de vous rendre plus aimable ! Et bonne nouvelle, cela est beaucoup plus facile pour une association ou une petite entreprise que pour une multinationale !

Prenons l'exemple de *Biocoop*, qui n'hésite pas à réagir de façon engagée à la décision européenne sur l'autorisation du glyphosate (page suivante). De façon percutante, l'entreprise prend position, sur un sujet qui est dans son territoire (le bien manger), mais sans outrance et en cohérence avec son image de marque. Une belle façon d'affirmer son identité et ses valeurs, et de surfer sur l'actualité. Mon expérience me fait penser que les messages qui fonctionnent le mieux sont ceux qui permettent au lecteur d'affirmer et de faire connaître ses valeurs. Ce ressort est le plus efficace, car le besoin d'affirmation est devenu presque obsessionnel. L'autre ressort efficace étant bien sûr les photos de chatons.

Message Facebook de Biocoop du 27 novembre 2017 (https://www.facebook.com/Biocoop/)

Laissez les lecteurs sur leur faim pour qu'ils aillent plus loin

Dans la plupart des cas, votre message sur les réseaux sociaux est un moyen, et non une fin. Il a pour but d'inciter le lecteur à agir : visiter votre site Web, votre catalogue en ligne, à s'inscrire à votre newsletter, à partager... Or, si votre message est complet et offre toute l'information nécessaire, il satisfera l'internaute qui passera à autre chose.

J'ai créé cet exemple de message LinkedIn d'une université qui voudrait séduire de nouveaux étudiants. La formulation est attractive mais volontairement incomplète. L'internaute curieux a envie de cliquer sur le lien pour découvrir la suite. Si les cinq bonnes raisons étaient données dans le message, auriez-vous cliqué ? Moi non !

Une fois le lien cliqué, l'internaute arrive sur le site et découvre les offres de formation. Car on ne s'inscrit pas à une formation directement depuis les réseaux sociaux. Ces derniers ne sont qu'un tremplin pour valoriser le contenu et les offres présentes sur votre site Internet. Considérez donc les réseaux sociaux comme une première étape dans votre tunnel de vente.

Idem pour *Libération*, qui relaie son article sans pour autant révéler les dix fameuses conditions évoquées. L'internaute intéressé par le sujet devra cliquer.

Tweet du 27 novembre 2017 par Libération (https://twitter.com/libe)

Un bon message est donc un message incomplet : être perfectionniste est une erreur sur les réseaux sociaux, car vous devez volontairement cacher des éléments de façon à provoquer l'action du lecteur.

Cette technique ne vaut pas dans tous les cas :

- Si vous souhaitez informer d'un changement d'horaire d'ouverture par exemple : le but n'est pas de générer du trafic Web, mais bien de diffuser l'information.
- Si l'objectif du message concerne votre image ou votre notoriété : votre marque améliore la composition de ses produits et les rend plus écologiques ? Alors le but sera d'abord de bien faire passer le message, directement via Facebook s'il le faut.

Il faut bien réfléchir en amont au message que vous souhaitez faire passer, et surtout à son objectif, car la forme de votre message en dépendra.

Si des messages incomplets sont efficaces pour faire agir le lecteur, il existe d'autres leviers, plus positifs cette fois.

Être positif et optimiste : des leviers pour faire agir les lecteurs

Sur les réseaux sociaux, il existe trois grands types de tonalités. La première catégorie concerne les messages neutres, purement informatifs, sans émotion. Ils sont généralement à proscrire, sauf si vous abordez un sujet délicat. Vos lecteurs attendent rarement des contenus froids et sans âme, car ils se connectent à Facebook ou à Twitter pour ressentir des émotions.

La deuxième catégorie : les messages à tonalité négative. Ils pullulent jusqu'à l'écœurement, chacun allant de sa petite indignation provoquant des tempêtes de hashtags pendant quelques heures, avant de passer à l'indignation suivante... S'il est parfois bon d'exprimer sa colère, elle doit rester exceptionnelle et justifiée. Une certaine lassitude commence d'ailleurs à pointer le bout de son nez de la part des internautes, saturés de coups de gueule bon marché.

Enfin, la troisième et dernière catégorie rassemble les messages positifs, optimistes. Ils sont clairement le meilleur choix. Notre époque est parfois morose, et vos fans ou followers préfèrent toujours un contenu qui les sorte de la déprime ambiante. D'ailleurs, tenir un discours positif est en soi une façon de sortir du lot, car les commentaires négatifs sont très nombreux.

J'ai créé ce message LinkedIn pour une entreprise qui souhaiterait attirer de nouveaux collaborateurs sensibles au numérique. Dedans, j'utilise le ressort de l'optimisme pour inciter le lecteur à l'action. Les changements, qui peuvent être source de stress, sont ici présentés comme des opportunités. Cette façon positive de voir les choses introduit l'appel à l'action « Rejoignez-nous ! ».

En résumé, les sentiments positifs sont d'excellents leviers pour pousser les internautes à agir. En effet, l'optimisme est une marque de confiance en l'avenir, et les *call to action* visent précisément une action à venir. Au contraire, le négatif est statique, il ressasse le passé et freine toute action.

Idem pour l'exemple ci-contre, qui donne envie aux internautes de suivre la compétition. Je l'ai choisi car ici la tonalité positive est très communicative (« nous aurons le plaisir »). On ressent tout de suite la passion des commentateurs de la Web TV, qui veulent « embarquer » les fans avec eux. Car oui, la bonne humeur est contagieuse.

Le plus dur est parfois de trouver du positif. Si vous relayez une information négative, ne cachez pas la vérité, mais essayez quand même de trouver un aspect prometteur ou encourageant, afin de donner une coloration plus nuancée à votre message. Essayez aussi d'identifier un prochain événement qui pourrait changer la donne ou apporter de l'espoir, afin de tourner vos lecteurs vers l'avenir.

Vous subirez sans doute quelques railleries de la part d'une minorité, se moquant de votre façon de voir la vie en rose. Mais cela vaut aussi dans la « vraie vie » : voir le bon côté des choses fait de vous un « bisounours », et pourtant cela rend les choses beaucoup plus faciles. J'ai fait ce choix depuis un petit moment déjà...

Message Facebook d'Ogaming TV du 21 novembre 2017, rédigé par Timo Verdeil (https://www.facebook.com/OGamingTV)

Attention toutefois à ne pas tomber dans l'euphorie, votre optimisme doit rester mesuré. Ne voyez pas le verre plein, voyez-le à moitié plein. Mais surtout pas à moitié vide! Ainsi vous parviendrez à diffuser un discours positif propice à l'action, qui reste votre objectif principal.

Incitez clairement à l'action

Ce conseil est sans doute l'un des plus importants: vous devez dire aux internautes ce que vous attendez d'eux. En effet, votre présence sur les réseaux sociaux se justifie par vos objectifs: vendre davantage, faire découvrir vos produits, réaliser des devis, générer des inscriptions, accroître le trafic sur votre site Web...

Or, tous les spécialistes du webmarketing le savent, vous réaliserez ces objectifs en plaçant systématiquement des *call to action*, ou appels à l'action en français.

Dans l'idéal chaque message doit comporter ce type d'incitation à l'action. J'ai créé ici un exemple simple pour un tweet d'une Fédération sportive qui chercherait à faire venir des spectateurs lors du prochain match. Je ne me contente pas d'annoncer la rencontre, je propose clairement un lien pour réserver son billet.

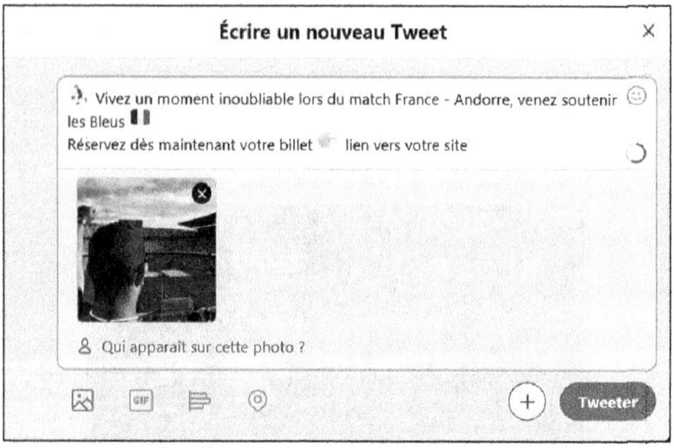

Ce qui est très étonnant avec cette technique, c'est qu'elle marche. Pour faire agir les internautes, le meilleur moyen est vraiment de leur demander, et de leur dire quoi faire. Pensez donc à proposer une action, avec une formule dynamique et un lien qui permet de la réaliser en toute simplicité.

Ce chapitre vous a donné une idée de la bonne attitude à avoir sur les réseaux sociaux. Reste à savoir comment la mettre en œuvre, car de nombreuses personnes ont recours – parfois sans le savoir – à de mauvaises pratiques.

Mémento: Avoir la bonne attitude sur les réseaux sociaux

- Votre principale préoccupation sera d'offrir à vos lecteurs du contenu de qualité. Sinon, ils ne liront plus vos messages.
- Publiez avec un rythme régulier: les internautes n'aiment pas recevoir dix messages d'un coup, et ils risquent de vous oublier si vous ne publiez rien pendant une semaine.
- Ne soyez pas totalement neutre, car en recherchant l'objectivité vous prenez le risque d'être insipide.
- Restez vous-même, vos messages sur les réseaux sociaux doivent refléter votre identité et votre personnalité.
- Ne donnez pas tout à vos lecteurs, les réseaux sociaux doivent servir d'appât.
- Soyez optimiste et tournez-vous vers l'avenir, car vous n'obtiendrez rien de vos lecteurs en ronchonnant.
- Expliquez clairement à vos lecteurs ce que vous attendez d'eux, sinon ils ne le feront jamais!

Les bonnes pratiques

On entend parfois dire que les réseaux sociaux n'obéissent à aucune règle: ni légale, ni orthographique, ni psychologique. Tout y est permis, car tout y est possible. Nous allons voir que ce n'est pas du tout le cas.

Le droit d'auteur s'applique les réseaux sociaux

Les réseaux sociaux sont une zone de non-droit, ce qui est regrettable car les règles de droit s'y appliquent comme partout ailleurs, et en particulier le droit d'auteur. Vous ne devez pas copier-coller un message rédigé par quelqu'un d'autre, ou utiliser ses images sans son autorisation.

Outre les problèmes juridiques, piller le contenu est un manque de respect évident. Sans croire au karma, je pense que faire de mauvaises actions sur Internet se termine toujours mal. Soit votre réputation en pâtira, soit on vous volera vos bonnes idées à vous aussi.

Si vous souhaitez reprendre une image publiée par quelqu'un d'autre, demandez-lui l'autorisation au préalable, et mentionnez la source. Il existe de plus de nombreuses banques d'images libres de droits.

Si vous empruntez le texte de quelqu'un, demandez-lui l'autorisation, placez-le entre guillemets et indiquez aussi la source.

Pensez aussi à respecter le droit à l'image: détenir une photo de quelqu'un ne vous donne pas automatiquement le droit de la publier sur les réseaux sociaux. Légalement, un document doit être signé par la personne afin de vous donner cette autorisation.

Vous pensez pouvoir échapper à toute sanction? Vous avez sans doute tort. Facebook a lancé l'outil rights manager (https://rightsmanager.fb.com/) qui permet de prendre des mesures contre ceux qui exploitent un contenu sans en avoir le droit. Vos messages peuvent alors être bloqués. D'ailleurs, si vos contenus sont régulièrement pillés, n'hésitez pas à utiliser cet outil.

Je ne m'attarde pas outre mesure sur ce sujet, car les considérations juridiques sont interminables. Je vous fais confiance pour agir en adulte respectueux du travail d'autrui!

Comment trouver des images libres de droit?

Voici une liste de sites bien connus sur lesquels vous trouverez des images réutilisables gratuitement, et sans avoir à mentionner l'auteur:
- https://pixabay.com/
- https://gratisography.com/
- https://isorepublic.com/
- http://www.lifeofpix.com/
- https://kaboompics.com/

Et j'en oublie! Les banques d'images libres de droits ne manquent pas, alors profitez-en.

Vous allez donc devoir utiliser vos images, et rédiger vous-même le texte de vos messages. Cela semble contraignant, mais ce n'est pas le cas, car il existe plusieurs techniques éprouvées pour écrire facilement un bon texte sur les réseaux sociaux. Nous les aborderons un peu plus loin dans ce livre.

De cette technique, retenez que vous n'êtes pas tout seul sur les réseaux sociaux: vous évoluez dans un écosystème composé de millions d'autres personnes. Il faut donc commencer par les respecter en reconnaissant la valeur de leur contenu, et même les valoriser pour exploiter pleinement la nature sociale de ces réseaux.

Ne parlez pas que de vous sur les réseaux sociaux

Les marques et les entreprises sont sur les réseaux sociaux avec un objectif commercial : générer du trafic sur leur site Internet, et des ventes. La tentation est donc forte de ne parler que de vous. C'est une erreur courante.

Les internautes sont rarement intéressés par votre entreprise, et ne se connectent pas quotidiennement sur Facebook ou Twitter pour avoir les dernières informations sur vos nouveaux produits. La plupart du temps, ils s'en moquent royalement. Vous allez donc devoir ruser.

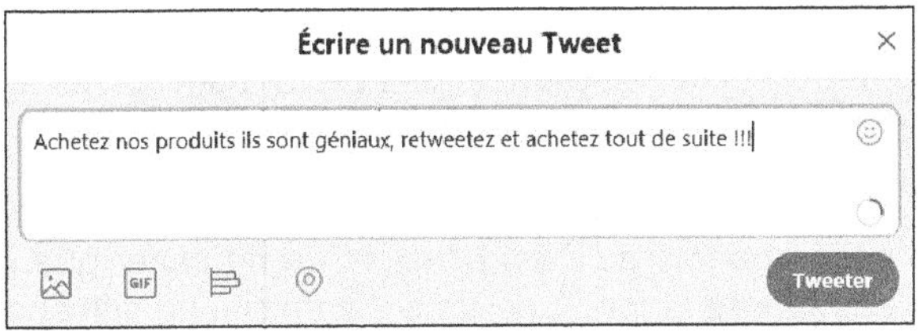

Voilà un tweet qui risque d'être contre-productif

Évoquez de nombreux sujets divertissants, insolites, ou tout simplement intéressants. Ce n'est qu'à la marge que vous pourrez mettre en avant vos produits.

Respectez l'ordre de grandeur 80-20 : ne parlez de vous que 20 % du temps. C'est déjà bien suffisant. Et si vous leur offrez 80 % du temps un contenu de qualité, une relation de confiance s'installera et les internautes seront beaucoup plus réceptifs aux messages promotionnels.

Cela semble contraignant, mais il s'agit au contraire d'une formidable opportunité pour faire passer des messages commerciaux, alors même que les consommateurs ne croient plus du tout les messages publicitaires et les arguments commerciaux classiques des entreprises.

Lorsque vous parlez de vous, faites-le subtilement : un restaurateur devra plutôt montrer la réalisation de ses nouveaux plats, plutôt que de faire de la réclame classique et lourdingue. Racontez l'histoire de vos produits, du processus de création et l'élaboration, et surtout des personnes qui les réalisent.

On ne valorise pas ses produits sur les réseaux sociaux comme le faisaient les publicitaires à la télé le siècle dernier. On présente son travail, et on donne naturellement envie aux lecteurs de le découvrir. Le tunnel de vente est plus complexe, plus raffiné. Tant mieux.

Si l'autopromotion trop fréquente est le pire des défauts, Sproutsocial (https://sproutsocial.com/) en a identifié quatre autres qu'il est bon de connaître :

1. Le vocabulaire vulgaire ou trop jargonneux : choisissez donc bien vos mots !
2. Le manque de personnalité : vos publications ne doivent pas être seulement factuelles et donc tièdes.
3. L'humour qui fait un flop : il n'est pas si facile d'être drôle, surtout à l'écrit. À l'oral, votre interlocuteur dispose de nombreux indices pour déceler le second degré, comme l'intonation de votre voix ou une mimique. Sur les réseaux sociaux, presque tout passe par le texte, et une blague peut donc rapidement être très mal interprétée. Soyez prudent.
4. L'absence de réponse aux messages : être performant sur les réseaux sociaux, ce n'est pas seulement publier des messages. Encore faut-il y répondre, et accepter de jouer le jeu de la conversation avec vos fans.

En résumé, on pense parfois qu'il est possible de ne parler que de soi, car certaines grandes entreprises le font. Les sites d'actualité ne diffusent que des liens vers leurs articles. Les grandes chaînes de restauration ne présentent que leurs menus, et pas ceux des autres. Mais il s'agit d'exceptions, car vous n'avez sans doute ni la notoriété, ni le contenu suffisant pour agir de la sorte.

D'ailleurs, même ces grandes entreprises ont à mon avis intérêt à partager du contenu tiers, car sur des réseaux qui sont par nature sociaux, l'autarcie est un contresens.

Ne vivez pas en autarcie, partagez !

L'une des erreurs les plus fréquentes sur les réseaux sociaux consiste à vouloir vivre en autarcie, sans jamais publier autre chose que son contenu, ses offres, ses articles, ses événements, ses produits.

Car la logique sociale est toute autre : vous devez sortir de votre isolement et accepter de consacrer un peu de votre puissance de communication au service des autres. Pensez-vous vraiment que d'autres personnes vont partager vos messages si vous ne partagez jamais les leurs ? Faites une bonne action, montrez que vous n'êtes pas égocentrique et faites-vous remarquer en partageant. Vous n'allez évidemment pas partager l'offre d'un concurrent, mais plutôt le message d'un site d'actualité qui traite de votre thématique ou celui d'un utilisateur qui propose une astuce.

L'autre avantage du partage est d'obtenir facilement du contenu de qualité, qui dans 99 % des cas se trouve ailleurs que chez vous ! Si vous suivez les bonnes personnes et les bonnes pages, alors votre fil d'actualité Twitter ou Facebook regorge de bonnes publications. Partagez-en certaines avec vos fans, qui apprécieront ce bon contenu.

Enfin, au moment du partage, il est possible d'insérer un commentaire personnalisé. Sur Facebook, cliquez sur le bouton « Partager » puis sur « Partager sur une page ».

Choisissez la bonne page si vous en gérez plusieurs, puis n'oubliez pas de rédiger un petit texte. Vous pouvez y apporter une information complémentaire, donner votre opinion, féliciter ou même placer un autre lien (et pourquoi pas, de temps en temps, vers votre site Internet ?).

Idem sur Twitter, le bouton « Retweet » vous permet de placer un commentaire avec votre partage.

Enfin, voici une pratique méconnue, mais tellement simple et utile que je préfère la mentionner. Sur les réseaux sociaux, l'union fait la force, et il existe forcément des partenaires avec lesquels un échange régulier de visibilité pourrait être profitable. Repérez vos possibles partenaires (sur Facebook ou Twitter), puis proposez-leur *un deal* gagnant-gagnant, en vous engageant à partager régulièrement vos messages respectifs. Il s'agit de formaliser par une prise de contact ce partenariat de visibilité, qui ne coûte pas un seul euro mais qui vous permettra d'amplifier votre communication. Les fans de l'autre page pourraient bien devenir fans de la vôtre. Les Youtubers à succès connaissent bien cette technique, puisqu'ils réalisent régulièrement des vidéos dans lesquelles ils s'invitent mutuellement, afin de se faire connaître et d'attirer les abonnés de l'autre Youtuber. Faites de même sur vos réseaux sociaux.

En résumé, ne pensez pas être le centre de la terre, ou même de Facebook. Autour de vous gravitent des personnes, et même des concurrents, et vous devez en tenir compte, voire en tirer profit.

Inspirez-vous de vos concurrents sur les réseaux sociaux puis démarquez-vous

Le temps est précieux, il est donc inutile d'essayer de réinventer la roue. Vous devez toujours garder un œil sur vos concurrents, c'est-à-dire l'ensemble des comptes sociaux des entreprises qui vendent des produits proches des vôtres.

Le premier réflexe est de faire la liste de ces entreprises. Pas très difficile !

Ensuite, étudiez attentivement pour chacune d'elles son activité sur les réseaux sociaux. Quel est le rythme de publication ? Quelle est la tonalité générale des messages ? De quoi parlent-elles ? À vous de voir les points forts et de vous en inspirer, et surtout de détecter les points faibles pour ne pas les reproduire.

Afin de mieux juger de la pertinence de leurs publications, jetez un petit coup d'œil aux interactions : les tweets génèrent-ils de l'engagement ? Les messages

Facebook sont-ils partagés ? Sur les réseaux sociaux, le meilleur indicateur reste l'avis des lecteurs eux-mêmes.

Une fois ce bilan réalisé, ne vous contentez pas de faire un copier-coller : cherchez à mettre en place une stratégie qui vous permettra de réellement vous démarquer. Que pouvez-vous apporter de plus que vos concurrents sur les réseaux sociaux ? Que font-ils peu ou mal ? Les internautes sont noyés dans le contenu, le plus important sera donc de vous démarquer pour capter l'attention.

N'oubliez pas de faire ce *benchmarking* régulièrement pour trouver de nouvelles sources d'inspiration.

Pour surveiller efficacement vos concurrents sur Facebook, vous pouvez ajouter les pages « rivales » dans la liste des pages à surveiller, qui se trouve en bas de vos statistiques.

Sur Twitter, créez des listes privées (sinon vos concurrents pourraient les voir !) qui contiennent toutes les entreprises proches de la vôtre. Puis créez une colonne sur TweetDeck qui comprend les messages de tous les comptes de cette liste. En un coup d'œil, vous verrez leurs publications. Vous ne connaissez pas TweetDeck ? Pas de panique, nous expliquerons un peu plus loin dans ce livre comment l'utiliser.

La concurrence vous offre donc une belle source d'inspiration. Avec le temps, vous remarquerez que leurs messages qui fonctionnent le mieux touchent généralement trois cordes sensibles.

Ego, sécurité, urgence : le trio gagnant sur les réseaux sociaux

Comment rédiger un bon message sur les réseaux sociaux ? Voici les trois ressorts psychologiques déterminants pour obtenir de l'internaute l'action souhaitée. Car mettre un *call to action* ne suffit pas !

1. **L'ego :** l'ère des réseaux sociaux est celle de l'hyper-personnalisation de la communication. Vous devez donc trouver un angle qui donnera immédiatement à l'internaute l'impression que le message est fait pour lui. Cela est assez simple car bien souvent les pages Facebook regroupent des communautés dont les membres sont liés par un intérêt commun. Vous devez apprendre quels sont leurs points d'intérêts et d'accroche, afin de taper juste. Rien n'est pire qu'un message général, qui brasse trop large et qui pourrait être publié partout. Votre priorité est de satisfaire l'ego du lecteur, lui faire sentir que vous vous adressez à lui, et seulement lui. Pensez au ciblage Facebook qui permet de diffuser votre message uniquement aux bonnes personnes : je pense en particulier aux critères géographiques, de sexe ou d'âge.

2. **Sécurité :** l'internaute ne fera aucune action s'il a le moindre doute concernant la sécurité. Cela vaut particulièrement si vous vendez quelque chose. Rappeler que le paiement est sécurisé, que l'offre est sans aucun engagement, que l'essai est gratuit, etc. est une bonne façon de lever certains freins à l'action.
3. **L'urgence :** l'internaute papillonne et reste rarement très longtemps sur la même page. Autrement dit, s'il n'agit pas tout de suite, il n'agira jamais : le but de votre message est donc de provoquer une action immédiate. La meilleure façon d'obtenir cette réaction est de jouer sur l'urgence. Soit en proposant une offre limitée dans la durée, soit en utilisant un champ lexical incitatif (« Profitez dès maintenant » ; « N'attendez pas pour découvrir... »).

Bien souvent, en travaillant sur ces trois leviers, vous devriez obtenir de bien meilleurs résultats ! J'en ajoute un autre : un bon message est simple, car tout le monde doit pouvoir le comprendre dès la première lecture, et en quelques mots. Cela est particulièrement vrai si votre message comporte une offre commerciale. L'attention de l'internaute est réduite, et il doit pouvoir rapidement comprendre l'avantage que vous lui offrez (la fameuse proposition de valeur).

Mais les internautes n'ont pas qu'un ego, ils ont aussi un cœur, et même un cerveau. Reste à savoir comment exploiter ce fabuleux don de la biologie.

Touchez le cerveau et le cœur

Les publicitaires le savent : il existe deux façons différentes de toucher les gens.

D'une part la raison, en avançant des arguments logiques pour convaincre votre lecteur d'agir. Vous jouez ici sur le cerveau, avec une démarche purement rationnelle.

Pour rassurer les futurs acheteurs, *Acer* communique régulièrement sur la qualité de son service après-vente pour lequel il a reçu un prix. Le registre argumentatif est rationnel, avec cette première place au classement des meilleurs SAV. C'est objectif, et le consommateur calculateur sera convaincu.

Message Instagram d'Acer France du 20 octobre 2017 (https://www.instagram.com/acerfrance/)

Si vous ne parvenez pas à toucher le cerveau du consommateur, utilisez le cœur. Nos émotions guident nos comportements, souvent de façon irrationnelle. Jouez donc sur ce registre, en suscitant de la nostalgie, du désir, ou encore en stimulant l'imagination.

Pour illustrer mon propos, je vous présente en page suivante un message Facebook que j'ai créé (illustration en page suivante : une pâtisserie, à l'approche de la Saint-Valentin, propose ses gâteaux mais plutôt que de mettre en avant le prix ou tout autre argument rationnel, elle mise plutôt sur la séduction et la gourmandise.

Notez que j'ai réalisé le visuel en quelques minutes seulement grâce au site https://www.canva.com/ dont je vous reparlerai plus tard dans ce livre. Même sans maîtriser Photoshop, vous pouvez obtenir des visuels agréables !

Au risque de passer pour un hérétique aux yeux des spécialistes des sciences cognitives, j'ai identifié un troisième registre qui permet de bien faire passer son message : l'humour. Je l'utilise d'ailleurs dans ma vie quotidienne, avec plus ou moins de succès.

Cela se rapproche de l'émotion, mais il s'agit davantage de toucher les zygomatiques que le cœur. J'ai créé l'exemple suivant qui pourrait être le tweet envoyé un lundi matin par le Service technique d'un opérateur téléphonique. La tonalité humoristique permet de dédramatiser les situations problématiques qui peuvent survenir, tout en rappelant la disponibilité au service de l'utilisateur.

Enfin, n'oubliez jamais que les internautes n'ont plus aucune confiance en vous ! La parole des marques et des entreprises est remise en cause. D'où la nécessité de donner la parole aux utilisateurs eux-mêmes, car leur pouvoir de prescription est bien plus crédible que le vôtre.

En résumé, faut-il toucher le cerveau, le cœur ou les zygomatiques? Les trois, sans hésiter! Variez les registres pour optimiser les chances de faire passer vos messages. Prenons un exemple: vous organisez un événement sportif:

- Mettez en avant les qualités objectives de l'événement: le prix, la qualité des infrastructures et des joueurs, la présence de nombreuses places de parking à proximité...
- Mais enrobez ces arguments d'un peu de magie: faites la promesse de moments inoubliables auprès de grands champions porteurs de belles valeurs, de rencontres avec d'autres passionnés, présentez votre événement comme une parenthèse dans la vie de tous les jours pour assouvir sa passion, etc.

Enfin, n'hésitez pas à partager les messages des internautes eux-mêmes, s'ils parlent de votre événement sur les réseaux sociaux. Le partage est sans doute la technique la plus simple, mais elle suscite à tort des réticences.

Les bonnes pratiques à connaître sont donc nombreuses. En les adoptant, vous allez sensiblement améliorer votre usage des réseaux sociaux. Mais le plus dur reste à faire: séduire les membres de votre communauté, ces internautes qui vous suivent et surveillent vos messages. Et leur pouvoir est tel que vous allez devoir les chouchouter.

Mémento: Les bonnes pratiques sur les réseaux sociaux

- Utilisez le contenu des autres en le partageant, mais pas en vous l'appropriant.
- Ne soyez pas égocentrique et ne parlez pas que de vous.
- Partagez le contenu des autres s'il est de bonne qualité et s'il rentre dans votre ligne éditoriale.
- Trouvez des bonnes idées chez vos concurrents, mais ne les mimez pas totalement car vous risqueriez de perdre toute originalité.
- Jouez sur les ressorts psychologiques des internautes, en activant le sentiment d'urgence, en les rassurant et en personnalisant vos messages pour toucher leur ego.
- Pour convaincre les internautes, utilisez des arguments rationnels, mais n'oubliez pas de jouer sur les émotions.

Valorisez et écoutez votre communauté

Lorsqu'un magazine prépare un article, le rédacteur en chef se demande généralement s'il pourrait plaire à ses lecteurs. Idem pour un présentateur à la télévision, car si son émission n'est pas appréciée des téléspectateurs, elle a toutes les chances d'être déprogrammée. C'est exactement la même chose sur les réseaux sociaux, mais vous avez un avantage, celui d'être en contact direct avec votre public.

Demandez aux lecteurs ce qu'ils veulent lire

Une des difficultés sur les réseaux sociaux est de publier du contenu qui intéresse vos lecteurs. Car nous avons tous tendance à publier ce qui nous plaît, alors qu'en réalité vos goûts n'ont aucune importance.

Pour connaître les préférences de vos lecteurs, voici plusieurs techniques:

- Consultez les pages similaires aux vôtres, et identifiez les contenus qui marchent (en regardant le nombre de *likes* et de partages).
- Faites de même pour vos propres comptes sur les réseaux sociaux: identifiez les tops et les flops.
- Ne limitez pas votre recherche aux réseaux sociaux, les forums de discussion permettent aussi de mieux connaître les goûts.
- Demandez aux lecteurs ce qu'ils souhaitent lire. Vous pouvez poser la question directement sur Facebook ou Twitter. La création d'un sondage en ligne est aussi une très bonne idée. Les internautes y répondront de façon anonyme ce qui lève certaines craintes, et les réponses récoltées seront plus détaillées. Posez des questions sur tous les points qui vous interrogent: fréquence de publication, type de contenu, choix des images... Mais ne faites pas trop long, car s'il faut plus de deux minutes pour le remplir les internautes risquent d'abandonner en cours de route! Il existe de nombreux outils pour réaliser gratuitement des sondages en ligne, comme https://www.survio.com, https://fr.surveymonkey.com/ ou encore Google Forms, qui propose désormais de créer des questionnaires en ligne que vous pourrez partager.

N'oubliez pas: vous êtes au service de vos lecteurs, et non l'inverse. Ne pas tenir compte de leurs goûts, c'est s'assurer un échec cuisant. Par contre, si vous êtes à l'écoute, vous devriez constater l'apparition de lecteurs fidèles et très actifs sur vos réseaux sociaux. Il est alors nécessaire d'en prendre soin.

Fidélisez vos fans les plus actifs

Vous avez forcément repéré que certains fans ou followers sont particulièrement actifs? Il s'agit d'un énorme atout, car ils génèrent de nombreuses interactions, ce qui favorise le succès de vos messages. Vous devez donc les chouchouter, les fidéliser, et pourquoi pas tenter d'en recruter de nouveaux. Mais comment faire?

- Partagez leurs messages, leurs avis, leurs remarques.
- Discutez avec eux, répondez systématiquement à leurs messages, et montrez des marques de respect particulier.
- Puis tenez compte de leur avis, montrez que vous les écoutez.
- Offrez-leur des cadeaux ou des bons de réduction.
- En publiant régulièrement un message de remerciement aux fans les plus actifs (n'oubliez pas de les taguer, nous verrons comment faire un peu plus loin dans ce livre!).

Voici un petit exemple qui montre une récompense symbolique: la marque *Michel et Augustin* partage le tweet d'une personne qui a trouvé leurs produits aux USA. Traditionnellement une marque ne ferait jamais cela, car elle s'assure de maîtriser de bout en bout sa communication. Il y a même d'autres marques qui sont visibles sur la photo pas très bien cadrée, c'est une hérésie!

Sur les réseaux sociaux la logique est totalement différente: ce message doit être partagé, afin de remercier l'internaute d'avoir pis la peine d'envoyer le message. Une façon de transformer un follower en ambassadeur, ou de fidéliser une personne déjà ambassadrice...

Retweet de Michel et Augustin le 23 octobre 2017 (https://twitter.com/Michel_Augustin)

Comment repérer ses ambassadeurs ?

- Je suis un fervent adepte de la méthode artisanale, plus chronophage mais efficace et humaine. En gérant vos réseaux sociaux au quotidien, vous devriez identifier très naturellement ceux qui commentent et partagent régulièrement.
- Sur Twitter, vous pouvez utiliser un outil comme https://www.twitonomy.com/ ou https://commun.it/ qui vous donne automatiquement la liste des internautes les plus engagés à vos côtés, à partir du nombre de *likes*, retweet et commentaires.

Nouer une relation privilégiée avec vos lecteurs les plus impliqués aboutit parfois à des réalisations communes, faisant passer les internautes d'une posture passive à une posture active.

Et si vous donniez le choix à vos lecteurs?

La communication d'antan considérait les lecteurs comme des récepteurs passifs, et l'entreprise, sur son piédestal, lui envoyait unilatéralement un message. C'est désormais terminé, car les réseaux sociaux placent les marques et les simples internautes sur un pied d'égalité. Tout le monde peut prendre la parole, et soyez sûr que l'avis de votre voisin est bien plus crédible que le discours préformaté d'une entreprise dans la décision d'achat.

Vous pouvez vous adapter à cette nouvelle donne en donnant régulièrement le pouvoir à vos lecteurs. Demandez-leur quel sujet les intéresse, ou encore quelle photo de couverture ils préfèrent, comme dans l'exemple suivant.

Message Facebook d'Escapade dans les Yvelines du 9 octobre 2017 (https://www.facebook.com/tourisme.yvelines)

Ce message est remarquable pour plusieurs raisons :

- Le lecteur est valorisé, car on lui demande de choisir. Il n'est plus passif, mais bel et bien actif.
- Son vote est réalisé via le système d'émoji Facebook : chaque vote augmente donc un peu plus l'engagement de la publication, et donc sa diffusion à un large public.
- Pour éviter les débordements, la page Facebook propose trois *covers*. Le choix est donc encadré, et c'est une excellente idée. Car en laissant totalement le choix aux lecteurs, vous prenez le risque de débordements. Or, même si les internautes font un choix douteux, il vous faudra honorer votre parole. Si vous en doutez, faites une recherche Google sur « Monopoly Montcuq »...

On parle de cocréation pour désigner cette pratique qui vise à donner aux internautes la liberté d'influencer la décision de l'entreprise. Utilisez-la le plus possible, en demandant quel doit être le sujet de votre prochain article de blog, quel sera le prochain thème de votre prochain album photo... tous les sujets sont bons, car les internautes créent de plus en plus de contenus de qualité.

Les utilisateurs aussi créent du contenu, ne passez pas à côté

Fut un temps, les marques et les entreprises avaient le monopole sur leur contenu : elles diffusaient de la publicité, alimentaient leur site Internet et verrouillaient la communication. Les marques parlaient des marques. Cette époque est révolue, car sur les réseaux sociaux tout le monde peut prendre la parole. Un passionné peut parler de votre nouveau produit, un client va commenter son séjour dans votre hôtel et un blogueur va raconter son expérience avec votre SAV.

Le pire, c'est que ce contenu créé par les utilisateurs eux-mêmes est beaucoup plus crédible celui que vous allez réaliser. Vous pouvez crier aussi fort que vous le pouvez que votre restaurant est le meilleur, cela ne sera jamais perçu comme objectif (même si c'est vrai !). Les marques qui exploitent le contenu des utilisateurs ont donc un coup d'avance...

Le meilleur exemple que j'ai trouvé est celui de l'Union nationale du sport du secondaire (UNSS) que je vous invite à aller voir. Sur son compte Twitter, l'UNSS partage très souvent des messages de collégiens ou de lycéens enthousiastes. Il s'agit d'une belle marque de confiance, qui témoignage de volonté de donner la parole à ses membres, et de les transformer en ambassadeurs pour démultiplier les canaux de communication centralisés : une association peut tweeter autant qu'elle veut, cela aura toujours moins d'impact que si chacun de ses membres fait un seul tweet.

Ne vous limitez pas aux avis et aux commentaires des clients, tout type de contenu est exploitable. J'ai adoré l'idée du Youtubeur Absol qui a publié le dessin réalisé par un de ses fans (voir ci-contre). Cela lui offre un contenu de qualité, tout en renforçant ses liens avec sa communauté.

Et cet exemple est transposable : si un client prend une belle photo de votre boutique, demandez-lui l'autorisation de l'utiliser, pourquoi pas en *cover* de votre page Facebook. Mentionnez bien la source, tout en remerciant son créateur, car le fait qu'il ne s'agisse pas de votre contenu est un atout. Cela démontre votre capacité d'écoute et le respect que vous portez à vos fans.

Et puisque les internautes vous aident, il est logique de les récompenser régulièrement, par exemple en organisant un concours.

Message Facebook d'Absol Vidéos du 30 janvier 2018 (https://www.facebook.com/Absol.Videos/)

Les concours, classique mais efficace sur les réseaux sociaux

Sur les réseaux sociaux comme dans la vie en général, les concours sont particulièrement appréciés :

- Ils permettent de doper l'engagement de votre page, en particulier si le mécanisme du jeu concours prévoit de retweeter.

- Ils récompensent votre communauté de sa fidélité.
- Ils peuvent permettre d'obtenir de nouveaux fans ou de collecter des adresses mail.
- Ils apportent un contenu original, qui sort de l'ordinaire.

La première méthode est de réaliser vous-même le concours, comme cela est fréquent. Voici en page suivante un exemple très simple : pour participer, il faut retweeter. Et ça marche !

Tweet de GERESO Édition du 17 novembre 2017 (https://twitter.com/GERESO)

Voici un autre exemple tout bête de concours réalisé par LDLC. L'engagement est au rendez-vous, et cela s'explique sans doute par la qualité du message. Il s'agit d'un premier *teasing* sur un ton humoristique (je vous offre le matériel informatique de mon collègue parti en vacances), qui sera suivi d'un autre message avec les modalités du concours.

Message Instagram de LDLC du 15 septembre 2017
(https://www.facebook.com/LDLC.com/)

Certes, les cadeaux high-tech sont particulièrement appréciés, et vous n'aurez pas forcément d'aussi belles choses à offrir à vos fans. Mais même des cadeaux plus modestes peuvent plaire. Souvent, le simple fait d'organiser un concours et de donner quelque chose à votre communauté est bien vu.

Si vous souhaitez réaliser un concours plus complexe, vous pouvez passer par une plateforme spécialisée. Je vous recommande Kontest ou SocialShaker, qui offrent des concours variés et très bien réalisés. Concours photo, quiz, tirage au sort, instant gagnant… l'offre est pléthorique sur ces deux sites !

Il faut donc bien se demander quel est l'objectif de votre concours, car le concours doit être au service de votre stratégie. Cela signifie que les cadeaux mais aussi le mécanisme de votre jeu doivent aller dans le sens de vos objectifs de communication et de marketing. Distribuer des IPhone en échange de clics peut être tentant, mais votre entreprise risque de ne rien y gagner hormis un engagement éphémère et stérile…

Choisir le bon cadeau pour son concours sur les réseaux sociaux

Organiser un jeu-concours est une excellente idée pour dynamiser l'activité sur vos réseaux sociaux. Le choix du cadeau est important, car il s'agit de la principale motivation qui pousse les internautes à s'engager.

On considère généralement que les objets high-tech sont les plus appréciés : tablette ou smartphone en particulier. Il s'agit d'un bon choix si vous souhaitez ratisser large avec votre concours. Mais le risque est surtout d'attirer les concouristes, participants professionnels qui chassent les lots à gagner. Si, si, ça existe vraiment, j'ai moi-même testé pendant deux semaines de désœuvrement total et c'est assez rigolo (j'ai même reçu un panier avec une bouteille de vin pas mauvaise du tout).

Mais dans l'immense majorité des cas, le but n'est pas d'attirer tout le monde, mais bien de faire venir des personnes bien ciblées. Ainsi, le meilleur choix est souvent d'offrir un cadeau en lien avec votre entreprise. Et cela pour plusieurs raisons :

- Vous allez mobiliser les personnes vraiment intéressées par votre produit. Or le ciblage est l'élément clé de la réussite, que ce soit sur les réseaux sociaux ou plus généralement pour réussir son business.
- Le concours sera l'occasion de présenter votre produit sans que cela n'apparaisse comme de la pub intrusive et lourdingue. Vous montrez votre produit, mais surtout vous l'offrez, on ne peut donc pas vous le reprocher !
- Enfin, le vainqueur pourra vous envoyer des photos de son lot, que vous pourrez mettre en avant sur vos réseaux sociaux.

C'est pourquoi offrir un cadeau en lien avec votre entreprise est une occasion en or de présenter vos produits sans passer pour un commercial insistant, mais au contraire comme quelqu'un de généreux. Vous pouvez aussi créer une boutique Facebook, puis ajouter la fiche produit qui correspond au cadeau. Dans les messages du jeu-concours, taguez ce produit : il apparaîtra automatiquement en dessous de votre message, avec un lien cliquable qui pointe vers la page pour l'acheter (nous verrons un peu plus loin comment faire).

En résumé : commencez par définir la finalité de votre concours, et demandez-vous qui vous souhaitez réellement atteindre. Attirer des centaines de nouveaux fans en offrant un smartphone semble un bon résultat, mais est-ce vraiment utile pour votre restaurant de quartier ou pour faire la promotion de votre livre électronique ? Cela peut même devenir contre-productif, car les fans de votre page ne seront plus vraiment des clients potentiels.

Un concours mal organisé peut donc attirer plus de soucis que d'avantages. Je vous invite donc à toujours bien respecter les règles en vigueur.

Des règles encadrent les concours sur Facebook

Les concours sont très répandus sur Facebook, et la plupart ne respectent pas les règles d'utilisation du réseau social. Je pense en particulier à deux règles :

- Il est interdit de demander au participant de *liker* votre page.
- Vous ne pouvez pas exiger d'un participant qu'il partage votre publication.

Certes, ces règles ne sont pas toujours appliquées, et ceux qui les enfreignent sont rarement sanctionnés. Pour autant, ne pas respecter les règles est toujours un risque. Facebook pourrait sanctionner votre page. Votre concours en vaut-il la peine ?

Par ailleurs, si le dépôt d'un règlement chez l'huissier n'est pas obligatoire, la rédaction du règlement reste incontournable. Il garantit la transparence du concours, et constitue un document essentiel en cas de réclamation. Publiez clairement le règlement et rendez-le accessible aux internautes. Cela peut sembler un peu lourd à mettre en place, mais imaginez-vous un concours hors-ligne sans règlement ? Cela vous semblerait opaque, voire malhonnête. Or, les règles ne sont pas fondamentalement différentes sur Facebook et dans « la vraie vie ». Enfin, trouver un modèle de règlement de concours est très simple via Google.

En résumé, vous devez nouer avec votre communauté une relation qui marche dans les deux sens, faite d'interactions régulières et honnêtes.

Mémento: Valorisez et écoutez votre communauté

- Pour savoir ce que les internautes veulent lire, pensez à leur demander.
- Récompensez et valorisez vos fans les plus dynamiques, car ils sont vos ambassadeurs.
- Donnez régulièrement la parole à votre communauté, pour l'impliquer et créer une forte proximité.
- Ne négligez pas le contenu créé par les internautes eux-mêmes, il est parfois de qualité et pourrait renforcer votre propre communication.
- Organisez des concours, mais n'improvisez pas ! Demandez-vous toujours quel est votre objectif principal, et organisez-le en conséquence.

Adressez-vous à votre communauté

Pour nouer des liens forts avec les membres de votre communauté, reste à savoir comment dialoguer avec elle. Là encore, il existe quelques techniques simples et éprouvées qui marchent.

La 2e personne du pluriel est votre alliée

Utilisez au maximum la 2e personne du pluriel dans vos messages, afin de vous adresser directement à vos lecteurs. À l'inverse, évitez les messages impersonnels et généraux, car l'internaute ne se sentira pas vraiment interpellé. Sur les réseaux sociaux, il s'agit de satisfaire l'ego du lecteur. Pour cela, quoi de mieux que de lui adresser très directement la parole, de lui poser une question, voire de lui demander son avis ? Ayez un ton complice, faites-lui sentir que son avis compte, et personnalisez le plus possible vos publications.

Voici un bon exemple créé de toutes pièces pour la page Facebook d'une entreprise de cosmétique. Le message s'adresse directement aux lecteurs et les pousse à s'exprimer. Car pourquoi faire compliqué quand on peut faire simple : l'engagement se provoque en incitant les internautes à s'exprimer, tout simplement !

Incitez à l'action avec des verbes d'action !

Vos messages sur les réseaux sociaux ont (ou devraient) avoir un objectif clair : faire cliquer le lecteur pour qu'il découvre un article de blog, qu'il visite votre boutique, qu'il partage... Or, la façon la plus simple d'obtenir ce résultat est de l'inciter à le faire avec un verbe d'action, évidemment à la 2e personne du pluriel (voire à la 2e personne du singulier si votre communauté est jeune).

Le verbe star est « découvrir », qui devient naturellement « découvrez » : découvrez notre vidéo, notre nouveau site Web, etc. Ce verbe d'action est tellement efficace qu'on a tendance à trop l'utiliser !

Essayez de varier :
- « Essayez ».
- « Téléchargez ».
- « Vérifiez » : si le message pose une question.
- « Apprenez » : pour un livre blanc, un article de blog.
- « Visitez » : pour un événement ou une boutique en ligne.
- « Demandez » : si vous proposez un chat ou un MP*.

Une variante intéressante est l'utilisation de la première personne du singulier: « Je télécharge! » ou « Je partage », par exemple.

Évitez donc les formulations passives ou indirectes, qui obtiennent des résultats beaucoup moins importants.

Présentez concrètement ce que vous proposez de faire à vos lecteurs

Vous connaissez sur le bout des doigts toutes vos offres, mais ce n'est pas le cas de vos lecteurs. Ils n'ont jamais lu votre newsletter et ignorent à quoi elle ressemble, alors comment pouvez-vous leur demander de s'y inscrire? Tout simplement en profitant des réseaux sociaux pour leur montrer.

Lorsque le magazine *Alternatives économiques* vous invite à s'inscrire à sa newsletter, il vous la montre avec une capture d'écran. Le lecteur voit alors immédiatement ce que son inscription peut lui apporter. Présenter concrètement ce que l'on propose favorise l'action, en levant des craintes et en clarifiant l'offre.

Tweet d'Alternatives économiques du 28 novembre 2014 (https://twitter.com/AlterEco_)

Donnez la parole à vos communautés

Cette idée, déjà évoquée, est tellement fondamentale que je préfère en reparler. Un excellent réflexe sur les réseaux sociaux est de poser directement une question aux lecteurs. Souvent, les marques et les grandes entreprises sont réticentes à le faire car elles gardent une posture de supériorité vis-à-vis des clients. L'époque de l'entreprise toute puissante et vivant dans une tour d'ivoire est terminée. Celles qui acceptent de dialoguer d'égal à égal ont un énorme avantage.

Les avantages sont nombreux:

- Vous générez de l'engagement, puisque chaque réponse est un commentaire de plus, donc une interaction.
- Vous créez une relation de proximité avec vos lecteurs, qui sentent que vous les écoutez.
- Vous obtenez des idées de contenu. Cerise sur le gâteau, ce contenu intéressera vos lecteurs puisqu'ils en sont à l'origine.

Voici un excellent exemple de question posée par le magazine *Sciences et Avenir*. Rien de bien sorcier, vous pouvez vous aussi le faire!

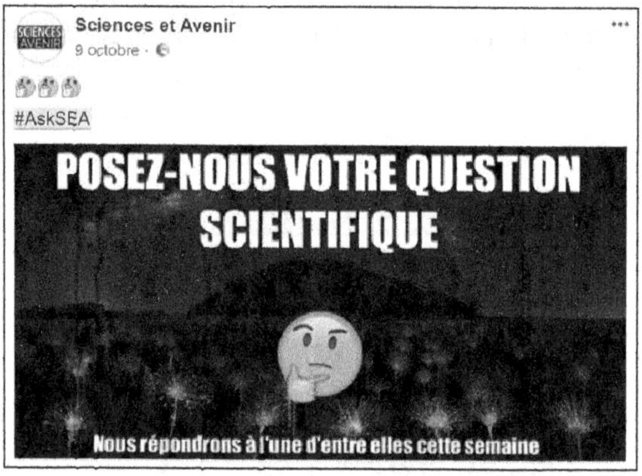

Message Facebook de Sciences et Avenir du 9 octobre 2017 (https://www.facebook.com/sciencesetavenir/)

Attention toutefois à ne pas ouvrir de boîte de pandore: ne demandez pas des choses folles comme le prix souhaité pour votre futur produit! Évitez aussi les questions qui pourraient déboucher sur des polémiques ou des critiques.

En règle générale, demandez-vous sincèrement si vous allez pouvoir tenir compte des réponses. Si ce n'est pas le cas, cela risque de générer un sentiment de frustration chez le lecteur.

Pensez aussi à remercier les personnes qui répondent en commentaire. Cela montre bien que vous vous intéressez à leur avis.

Et si vos lecteurs vous donnaient un coup de main?

D'habitude, les marques et les entreprises ne demandent jamais l'aide des clients. C'est la vieille communication, distante, froide et hiérarchisée.

Sur les réseaux sociaux, vous devez voir les choses différemment: si vos lecteurs apprécient votre contenu, et si vous leur donnez des choses intéressantes à lire, voire des cadeaux, alors ils accepteront de vous aider. Encore faut-il leur demander!

Vous pouvez donc, de temps en temps, proposer à vos lecteurs de:

- Partager votre message, en particulier si vous publiez une bonne nouvelle (« N'hésitez pas à partager cette très bonne nouvelle » sur Facebook, ou un simple « RT appréciés » sur Twitter).
- D'inviter leurs amis à aimer la page Facebook. Pour cela, une fois sur la page Facebook, il faut cliquer sur les trois points de suspensions à droite de « partager ». La méthode est simple mais encore faut-il la connaître, vous pouvez donc publier une capture d'écran pour expliquer à vos fans comment faire. Vous pouvez aussi, dans le même message, leur demander de « partager » la page.

Facebook a décidé récemment de sanctionner les publications qui demandent explicitement aux lecteurs de *liker*, taguer ou partager. C'est pourquoi je vous recommande de le faire de façon exceptionnelle sur ce réseau social, et donc seulement si l'occasion le mérite. Ne demandez pas à vos fans de partager la photo d'un chat accompagné de votre logo. Par contre, si votre entreprise a été à l'honneur du journal télévisé de TF1, cela mérite bien un appel à la communauté!

Attention aussi à ne pas solliciter votre communauté trop souvent, cela pourrait lasser, voire agacer. Mais parfois, ce sont les internautes qui peuvent vous agacer. Oui, nous allons parler des trolls* que vous connaissez forcément déjà.

Gérer les trolls

Un troll est un internaute dont le seul but est de semer la zizanie par des messages provocants. Il ne cherche pas un véritable dialogue, sa joie est de voir le chaos se répandre sur vos réseaux sociaux. Étant community manager et non psychiatre, je ne sais pas trop quels sont les ressorts derrière ce comportement. Toujours est-il que les trolls risquent de pimenter vos journées.

D'abord il faut savoir s'il s'agit d'un vrai troll. On a tendance à considérer tout message négatif comme tel, alors que ce n'est pas le cas. Sur les réseaux sociaux, le ton est beaucoup plus véhément que dans « la vraie vie ». Pour autant, quelqu'un d'énervé et de peu poli peut poser une question légitime. Il a même parfois le droit d'être énervé.

Gardez la tête froide, et séparez le fond de la forme. Si l'internaute soulève un réel problème, répondez-lui calmement. Commencer par s'excuser si vous êtes en tort est généralement une bonne idée. Affirmez publiquement que vous avez lu son message, que la situation n'est pas normale, et que vous êtes là pour l'aider. Puis essayez de privatiser le problème au maximum : demandez par message privé les détails, tenez l'internaute au courant, et cherchez à résoudre son problème.

Sur Facebook il est possible de le faire en cliquant sur le bouton « Contacter », présent pour chaque personne ayant commenté une de vos publications. Notez dès à présent que cette astuce n'est pas seulement utile pour gérer les commentaires négatifs : cela permet aussi de contacter en privé les personnes cordiales !

Un conflit sur les réseaux sociaux peut même être bénéfique : vous montrez à votre communauté que vous êtes à l'écoute, réactif, et que vous réglez les problèmes. Souvent, la personne mécontente ne jettera plus d'huile sur le feu, si son problème est résolu. Un commentaire négatif est une opportunité, car elle vous permet de révéler publiquement votre capacité à résoudre les difficultés avec professionnalisme.

Si l'utilisateur dépasse les limites, vous devez supprimer son message. Facebook propose une option parfaite lorsque vous cliquez sur les trois petits points à droite du message en question : ils vous permettent de masquer le commentaire. Son auteur et ses amis le verront toujours, mais personne d'autre. Vous éteignez ainsi l'incendie, et l'auteur pense que le feu est toujours allumé. En cas de récidive, bannir reste la meilleure option. Gardez à l'esprit que dans la gestion des conflits, la sanction reste la dernière des options, le dialogue étant toujours préférable.

Si l'internaute s'exprime mal, mais que vous sentez que cela ne part pas d'une mauvaise intention, masquez son message et renvoyez-le alors à la charte de modération, afin d'éviter le sentiment d'arbitraire. Et envoyez-lui un message privé en lui demandant de reformuler.

Le cas du troll est différent : il ne s'agit pas d'une personne qui a besoin d'une réponse, d'une aide. Plus vous lui répondrez, plus il cherchera à créer la polémique. Une discussion avec un troll est potentiellement infinie, car elle n'a pas de but véritable. Le mieux est de l'ignorer (le fameux *dont feed the troll*) et surtout gardez la tête froide. Le troll attend de vous une réaction épidermique.

Sur Twitter, il est désormais possible de masquer certaines réponses à vos messages. Cette fonctionnalité est bien pratique pour enlever les messages haineux ou injurieux. Néanmoins, vous ne disposez de cette possibilité que pour modérer les réponses à vos propres messages. Or, votre réputation sera parfois attaquée ailleurs, dans des messages tiers, et vous ne pourrez alors pas les effacer. Si son message soulève, même de façon outrancière, une réelle question, répondez de façon calme et factuelle. Si le troll poursuit son offensive, cherchez comme d'habitude à privatiser le problème.

Enfin, gardez à l'esprit qu'avec beaucoup de sang-froid et un peu d'humour, vous pouvez utiliser le troll à votre profit !

Le troll est astucieux, il soigne souvent la forme et évite les injures directes. Car sur les réseaux sociaux, la forme est essentielle pour atteindre son objectif. Au quotidien, vous devrez la soigner afin de réussir à faire passer votre message.

Mémento : Bien s'adresser à sa communauté

- Adressez-vous directement à vos lecteurs, sans détour ni formulation indirecte.
- Utilisez des formules dynamiques qui incitent à l'action.
- Soyez transparent et présentez vos offres aux lecteurs, en montrant vos articles, vos produits, votre contenu.
- Lancez des discussions en posant des questions à vos lecteurs.
- Si le contact passe bien, vous pouvez même demander de temps en temps aux internautes de l'aide pour faire connaître vos réseaux sociaux et qu'ils partagent vos messages.
- Enfin, ne perdez pas votre sang-froid face aux petits provocateurs qui ne manqueront pas de vous chercher des poux dans la tête. Restez zen !

Comment rédiger efficacement un message sur les réseaux sociaux ?

On n'écrit pas sur les réseaux sociaux comme dans un travail universitaire ou dans la gazette du coin. Chaque média a ses propres règles, déterminées par sa nature et par l'attitude des lecteurs face à celui-ci, et je vais vous les présenter.

Les codes d'écriture sur les réseaux sociaux

Voici quelques conseils pour que votre style colle bien aux codes des réseaux sociaux :

- Allez droit au but, un bon message est court ! Pas de formules de style, pas d'envolées lyriques, ce n'est pas le lieu. La meilleure technique est très bête : faites des phrases courtes en enlevant tous les mots qui ne sont pas essentiels à la compréhension du message. Oui, tout simplement.

- Soyez proche de vos lecteurs. Le ton est généralement beaucoup plus décontracté sur les réseaux sociaux. Cela ne signifie pas qu'il faille tomber dans la familiarité, adaptez-vous à votre public.
- Personnalisez au maximum votre message, et adressez-vous directement au lecteur.
- Évitez le jargon et les termes compliqués : votre message doit être compréhensible pour le plus grand nombre.
- Soyez positif ! Les formulations négatives alourdissent le message tout en le rendant moins attractif.

Relisez votre prochain message avant de le publier, et vous verrez sans doute qu'en appliquant ces cinq règles de base, vous pourrez l'améliorer et le rendre plus performant.

Bien rédiger sur les réseaux sociaux avec la technique de rédaction AIDA

Bien rédiger un message sur les réseaux sociaux est compliqué, car les codes d'écritures sont particuliers et le format très court. On ne rédige pas sur Facebook ou LinkedIn comme pour un magazine.

Voici une technique qui peut vous guider au moment si délicat de la rédaction : le modèle AIDA.

A (attention) : la première phrase permet de capter l'attention du lecteur qui fait défiler frénétiquement son fil d'actualité. Partez sur un paradoxe, un fait original, une opinion, une citation.

I (intérêt) : une fois le lecteur dans vos filets, ne le laissez pas s'échapper. La 2e phrase doit être intéressante, c'est-à-dire apporter un contenu de qualité et en lien avec la 1re phrase. Là où la 1re phrase provoque l'interrogation, la 2e apporte un élément de réponse, comme un chiffre, une date, un constat.

D (désir) : les réseaux sociaux ne sont qu'un moyen au service d'autres buts, comme générer du trafic Web (vous devez d'ailleurs savoir avant même de commencer à préparer votre message quelle est sa finalité). La 3e phrase a pour but de générer un désir chez l'internaute, celui d'en savoir plus ou de découvrir votre produit.

A (action) : le désir suscité, vous offrez par la dernière phrase du message la possibilité de l'assouvir, le plus souvent avec un lien. C'est le fameux *call to action*.

Cette technique ne fonctionne bien sûr pas sur Twitter, qui limite les messages à 280 caractères ! Sur ce réseau social un peu spécial, cherchez à attirer l'attention et à joindre un *call to action* qui permet à l'internaute d'immédiatement concrétiser son intérêt.

Rédiger avec la technique de la pyramide inversée

Après la méthode AIDA, passons à la pyramide inversée, technique plutôt complémentaire mais surtout utilisée pour les blogs. Mais faut-il réellement l'adopter telle quelle sur les réseaux sociaux ?

Et parce qu'un joli dessin est plus efficace qu'une longue explication, voici le modèle général de la pyramide inversée.

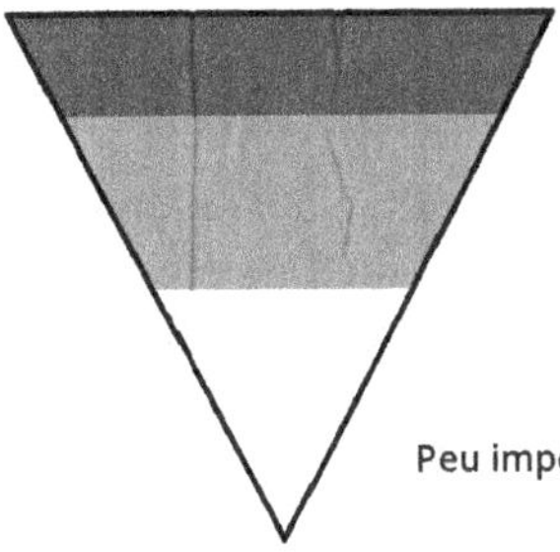

Il s'agit donc de placer au début de votre message les éléments les plus importants, et les détails à la fin, en hiérarchisant les informations. En effet, vos lecteurs survolent le contenu sur Internet, et ils décident en quelques secondes seulement si oui ou non ils vont continuer à vous lire. Donc, donnez-leur du contenu, de l'info, quelque chose qui suscite de l'intérêt. Si l'information principale est placée en 5e ligne, vos lecteurs risquent de ne pas la voir.

Cette technique est utilisée pour les blogs, et de plus en plus dans les magazines en ligne. Pourtant, elle se révèle plutôt efficace sur les réseaux sociaux, mais j'apporte deux nuances :

- Comme l'explique la méthode AIDA, privilégiez une phrase d'accroche un peu surprenante ou percutante pour attirer l'attention. Donner de façon brute l'information principale est un peu trop factuel.
- Il faut garder une part de mystère, sinon l'internaute lira le message, obtiendra toutes les informations nécessaires, puis partira. Or, votre but est de la faire cliquer pour qu'il visite votre site Web. Donc, ne dévoilez pas tout. Sans tomber dans le *clickbait* (« piège à clic », pour rester poli), suscitez la curiosité et incitez à cliquer pour lire la suite. Prenons un exemple : vous annoncez un match de foot. Dévoilez le nom des équipes, le lieu, l'heure, bref tous les détails pratiques pour les visiteurs. Mais incitez le lecteur à découvrir la composition des équipes en cliquant sur le lien. Après tout, les messages sur les réseaux sociaux sont trop courts pour tout dire !

Cette technique est plutôt réservée à Facebook et à LinkedIn, car sur Twitter vous n'aurez guère la possibilité de la mettre en œuvre. Du moins, les 280 caractères vous permettent juste d'évoquer le haut de la pyramide. À noter que vous pouvez faire précisément le choix inverse, et ne donner qu'un détail mystérieux pour donner envie au lecteur de découvrir l'information principale.

En résumé, la technique de la pyramide inversée n'est pas totalement adaptée aux réseaux sociaux. Mais elle nous rappelle que sur Facebook, il ne faut pas tourner autour du pot. Les messages sont brefs, le lecteur doit comprendre de quoi vous parlez et obtenir les informations principales rapidement.

Les 5W au service de vos communautés

Au risque de me répéter, sur les réseaux sociaux, il faut faire court! Les lecteurs zappent rapidement, et vous devez transmettre en quelques lignes seulement toutes les informations. Mais un message court ne signifie pas bâclé, d'où les cinq questions auxquelles vous devez apporter une réponse:

- Who: de qui parle le message?
- Why: pourquoi publiez-vous ce message (et sans doute encore plus important mais souvent oublié, pour qui publiez-vous ce message)?
- When: quand a eu lieu ce dont vous parlez? Ou quand, dans le futur, aura-t-il lieu?
- What: de quoi parlez-vous?
- Where: où se déroule l'action?

Il est rare que les 5W aient une grande importance dans un même message. Quelle importance a le *who* si vous parlez de la journée mondiale du chocolat? Mais cette petite liste de cinq questions est un excellent guide pour ne pas passer à côté d'un aspect important. Cette méthode rappelle que communiquer, c'est se mettre au même niveau d'informations que son interlocuteur. Vous rédigez un message, cela signifie que vous savez beaucoup de choses sur le sujet: celui qui lira le message n'y connaît sans doute rien du tout.

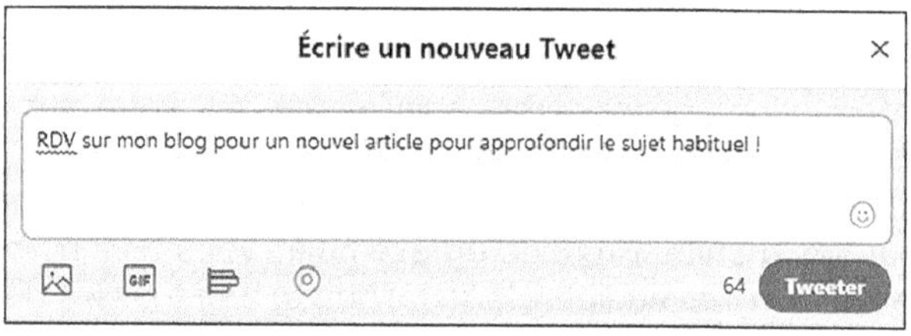

Exemple caricatural de ce qu'il ne faut pas faire.
La méthode des 5W vous évite de faire cette erreur...

La méthode des 5W est essentielle lorsque vous annoncez un événement, car seules des personnes disposant de toutes les informations nécessaires pourront venir.

Pourtant, donner les 5W peut être une mauvaise idée. Il faut en effet que vos messages soient suffisamment incomplets pour donner envie au lecteur d'en savoir plus, et donc de cliquer sur le lien que vous avez publié. Dans l'immense majorité des cas, votre page Facebook n'a pas pour objectif de remplacer votre site Internet ou votre blog. Si vous êtes une entreprise, vous souhaitez que les internautes découvrent votre boutique en ligne, ou prennent contact avec vous via un formulaire en ligne. Et Facebook n'est pas très adapté pour cela. Donc, n'en dites pas trop et considérez les réseaux sociaux comme le point de départ du tunnel de vente. Une simple étape, pas une fin en soi.

Toute la difficulté est alors de donner assez d'informations pour que le message soit compréhensible, mais pas trop pour que le lecteur intrigué aille sur votre site Internet. Ce dosage vient avec l'expérience, mais même après des années de pratique il m'arrive de me tromper ! Ce n'est pas bien grave, vous en publierez d'autres. Et votre meilleure possibilité d'amélioration se cache sans doute au début de votre message…

Les premiers mots sont décisifs sur les réseaux sociaux

Le lecteur voit votre message Facebook, et scanne à la vitesse de la lumière les premiers mots. S'ils sont insipides, il continue à dérouler son fil d'actualité et regarde la suite. Si à l'inverse votre publication est accrocheuse dès le début, alors vous avez une chance de le garder dans votre escarcelle.

La meilleure façon de capter l'attention est de provoquer la surprise. Une phrase étonnante, en apparence paradoxale, marche à tous les coups. En cherchant un exemple au moment de rédiger cet article, j'ai trouvé : « Nous ne sommes pas le 8 mars » pour une accroche concernant la journée mondiale de la femme. Formule qui interpelle et qui permet ensuite de rappeler que les inégalités hommes-femmes sont criantes, même en cette journée particulière. Je ne prétends pas que cette formule soit excellente, mais cela vous illustre mon propos !

Une fois n'est pas coutume, je vais prendre pour exemple un de mes messages. Il s'agissait de mettre en avant une vidéo de partie d'échecs : pas très sexy à première vue ! Mais je suis plutôt satisfait du début de mon message, avec le panneau « attention danger » suivi du cheval, qui provoquent la curiosité. Le texte qui arrive juste après reprend de façon amusante la formule bien connue à propos des cascadeurs. Bref, une accroche décalée mais aussi visuelle qui me permet d'interpeller le lecteur pour qu'il regarde la vidéo et qu'il découvre la suite du texte.

Message Facebook de la Fédération française des Échecs du 18 septembre 2017 (https://www.facebook.com/ffechecs/)

Mais attention, une bonne phrase d'accroche n'est pas suffisante. Si le reste du message est sans intérêt, l'internaute sera déçu et risque de ne pas vouloir se faire piéger une 2e fois…

Les formules accrocheuses sur les réseaux sociaux sont connues

Il existe plusieurs formules que vous pouvez utiliser sur les réseaux sociaux afin de provoquer une action chez le lecteur – et le plus souvent un clic vers votre site. À vous de les utiliser de façon variée, et surtout en les adaptant à votre contenu.

La méthode : « Comment réparer un évier », ou encore « Les étapes pour s'améliorer sur les réseaux sociaux ».

Le plan : votre formule indique que vous offrez au lecteur un plan pour résoudre ses problèmes. Par exemple, « Les étapes indispensables pour avoir son concours ».

Le choix : « Quel smartphone choisir ? »

Le mystère : un peu racoleuses, ces formulations jouent sur le secret, par exemple « La méthode oubliée pour… » ou « Le secret pour… »

La caution experte : mobiliser des professionnels est une autre solution pour inciter l'internaute à lire, en le rassurant sur la qualité du contenu. « Les techniques des plombiers pour réparer ses canalisations », ou encore « Un cycliste professionnel vous donne ses techniques ».

Les formules avec des chiffres : aux formules indiquées précédemment, il est souvent bon d'ajouter un chiffre : « 5 techniques pour être en meilleure santé », « Top 10 des films de 2018 » ou encore « 7 villes à visiter d'urgence ». Révéler au lecteur le nombre d'éléments lui donne envie d'en savoir plus. C'est aussi la promesse d'une lecture facile et bien organisée. Vous pouvez aussi utiliser un terme négatif, comme « 8 erreurs courantes des cyclistes » ou jouer la carte de l'expérience personnelle (par exemple « Les 5 leçons de ma vie d'entrepreneur »).

Mettez le lecteur en situation : si possible, interpellez directement le lecteur et placez-le en situation afin d'obtenir un effet maximal. « Pourquoi votre site Web ne marche-t-il pas ? », ou « Vous dormez peu et mal ? Voici le secret d'une bonne nuit ».

Il faut retenir que la clé est sans doute la promesse faite à l'internaute. À vous de ne pas le décevoir, car vous jouez sur des ressorts psychologiques humains, et donc fragiles. Tout l'enjeu est d'humaniser la relation avec le lecteur, et les images peuvent aussi vous y aider.

Mémento : Rédiger des messages efficaces sur les réseaux sociaux

- Faites des messages simples, courts, et allez droit au but.
- Commencez par accrocher l'attention du lecteur par une formule qui sort de l'ordinaire, ou qui suscite l'intérêt immédiat.
- Placez les éléments clés très tôt dans le message, mais n'en dites pas trop si vous voulez que le lecteur clique.
- N'oubliez aucun élément important pour comprendre le contexte du message : qui, quoi, quand, où, pourquoi.
- Utilisez des formules qui marchent, qui sont celles qui impliquent le lecteur.

Soignez la forme

Nous venons de voir quelques astuces pour mieux rédiger ses messages. Passons tout de suite de la théorie à la pratique, et regardons ensemble comment bien les mettre en œuvre.

Des messages longs ou courts?

Lorsqu'on écrit un message, difficile de savoir si sa longueur est adaptée. Trop long, vous risquez de perdre en cours de route vos lecteurs. Trop court, vous n'aurez pas les moyens de donner les informations essentielles. Voici mes réflexions, inspirées d'études glanées sur Internet et de mon expérience.

Sur Twitter: vous n'avez pas vraiment le luxe de gloser, la limitation drastique du nombre de caractères s'impose à vous. Certaines études montrent que l'idéal est un tweet de 100 caractères, ce qui est un bon ordre de grandeur. Pourtant, ces règles ne sont pas intangibles et ne doivent pas vous crisper outre mesure. Par exemple, la mode est actuellement aux longs *threads* (nous les étudierons un peu plus tard), dans lesquels l'auteur se répond à lui-même dans une longue série de tweets. Avec à l'arrivée des *threads* de plusieurs milliers de signes. Et pourtant, ils cartonnent!

Sur Facebook: les études indiquent que le message idéal fait... 40 caractères, encore plus court qu'un tweet! Et d'expérience, je crois que les meilleurs messages Facebook sont effectivement très courts. Mais comme pour Twitter, certains longs messages peuvent fonctionner car ils attirent l'attention et mettent le lecteur dans une attitude plus attentive. Un long développement pousse le lecteur à ne plus butiner, mais à prendre une minute pour lire l'intégralité du message. Sur un sujet sérieux (en particulier un coup de gueule) cela peut marcher.

Sur Instagram: soyez là encore très concis, car les internautes se concentrent sur l'image et ne font que survoler le texte qui l'accompagne. Si les quelques mots qu'ils aperçoivent ne sont pas accrocheurs, vos lecteurs ne liront pas le reste. Gardez aussi à l'esprit que seuls les premiers mots s'affichent directement, pour la suite il faudra cliquer sur « Lire la suite », et la majorité des gens ne le fait pas.

Sur LinkedIn: ce réseau social est sans doute une exception. Son caractère professionnel en fait un espace plus sérieux, et davantage propice aux longs développements. Mais long ne signifie pas 2 000 caractères!

Mon premier conseil est donc d'être très concis. Enlevez tout ce qui n'est pas essentiel à votre message. Les détails, vos lecteurs les trouveront en cliquant sur votre lien, ce qui permet de garder le message court tout en générant du trafic votre site Internet. Supprimez les adverbes et les adjectifs inutiles. Si besoin, remplacez certains mots par un *émoji*.

Mon deuxième conseil est d'adapter la longueur de votre publication à votre message. Si le contenu est riche, vous pouvez faire un peu plus long. Si le contenu est maigre, quelques mots suffisent. Cela peut être évident, mais cela reste la meilleure règle à suivre, contrairement à nos rédactions d'école dans lesquelles il fallait broder pour remplir à tout prix cette maudite copie double!

Mon dernier conseil est d'oser prendre des risques : un statut Facebook d'un mot peut *disrupter* et créer la surprise. Imaginez qu'une mauvaise nouvelle éclate dans l'actualité. Un statut Facebook avec le seul mot « écœuré » serait une bonne idée...

Aérez vos textes

Sur les réseaux sociaux, les textes sont d'abord survolés par les lecteurs, avant d'être réellement lus. En effet, les internautes scannent rapidement votre message pour savoir si le contenu les intéresse.

De ce fait, la mise en forme de votre texte est déterminante. Il doit être aéré, avec des retours à la ligne fréquents, voire à chaque phrase. Vous éviterez ainsi les pavés à l'aspect indigeste.

N'abusez pas des majuscules sur les réseaux sociaux

Une vieille règle tacite depuis les débuts d'internet veut que l'usage des majuscules soit banni. Bien entendu, je ne parle pas des majuscules pour les noms propres ou le début d'une phrase, mais bien de mots voire de phrases entières en majuscules. Certains le font, pensant attirer l'attention, mais c'est tout le contraire. D'abord on lit moins vite en majuscule qu'en minuscule. Ensuite cela sera perçu comme une agression visuelle intolérable. Enfin, les majuscules servent à crier, et personne n'aime se faire crier dessus.

Pourtant, je ne suis pas crispé sur les règles, et parfois un mot en majuscule peut s'avérer judicieux. Cela permet, exceptionnellement, de montrer que son état d'esprit est vindicatif et donc de marquer le coup. Mais limitez-vous aux cas sérieux, pour jouer sur le registre émotionnel.

Par exemple, un club de supporter de football pourrait publier « Superbe victoire qui nous mène en ligue 1, BRAVO ! » Cela ne choquerait personne, seul un mot est en majuscule et l'occasion est suffisamment importante pour le justifier.

Prenons un autre exemple : « Jusqu'à demain, NOS CANAPÉS SONT À -30 % ! » Ce message est simplement brutal, l'usage des majuscules n'apporte rien.

La forme est essentielle, car un message bourré de majuscules rebute. Cela vaut aussi pour les liens trop longs.

Exploitez le potentiel des générateurs de liens courts sur les réseaux sociaux

Ne vous contentez pas de faire un copier-coller de vos liens pour les publier sur les réseaux sociaux. Utilisez un générateur de liens courts, comme bit.ly.

Le premier avantage, comme son nom l'indique, est de raccourcir le lien. Car si vous souhaitez renvoyer vers une URL bien spécifique, il y a de fortes chances que le lien soit très, très long, et donc peu présentable.

Deuxième avantage, vous pouvez personnaliser l'URL. Idéal pour y intégrer le ou les quelques mots-clés du site de destination. Cela rassure le lecteur et le conforte en un coup d'œil dans l'idée que le lien sur lequel il clique est fait pour lui.

Troisième avantage, bit.ly vous permet à la façon d'un traqueur de savoir combien de personnes ont cliqué sur le lien, et même de connaître la provenance du clic (Facebook, Twitter, etc.). C'est très utile pour mesurer l'efficacité de votre message, et de distinguer clairement les principales sources de trafic sur votre site.

Si vous souhaitez effectuer une surveillance avancée des sources de trafic vers votre site Web, bit.ly sera sans doute insuffisant: pensez alors à créer un compte Google analytics si ce n'est pas déjà fait, et à intégrer des balises UTM à vos liens. De nombreux tutoriels en ligne existent, et la technique est assez simple. Vous allez personnaliser l'URL de votre lien afin que Google analytics puisse surveiller l'origine des clics.

J'ai constaté que même des grands comptes n'utilisent pas les raccourcisseurs d'URL de façon optimale. Sans doute parce que le plus dur n'est pas de connaître l'astuce mais de penser à le faire!

Améliorez vos messages avec WordCounter

Difficile d'avoir un avis objectif sur son message: on l'écrit, le lit, le réécrit, le relit, etc. Parfois, au bout de plusieurs minutes de travail sur son texte, on en oublie les fondamentaux: est-il trop long? Présente-t-il des répétitions?

Pour obtenir facilement les informations essentielles sur la structure de votre texte, copiez-collez-le sur https://wordcounter.net/ avant de le publier. Il s'agit d'un outil gratuit, sans rien à télécharger.

WordCounter va vous donner quelques données importantes sur votre message:

- Le nombre de mots et de phrases: votre message doit rester court, et vos phrases être courtes (vérifiez donc le ratio mots/phrases).
- Le temps de lecture estimé: très pratique, car on ne se rend pas bien compte du temps que prendra notre message à être lu. L'intérêt est évident: au-delà de quelques secondes, il faut raccourcir. Les internautes s'attardent rarement plus de 10 secondes sur un message Facebook.
- Le niveau de lecture: votre texte utilise-t-il des mots facilement compréhensibles pour tout le monde? Cet indicateur me laisse un peu perplexe, je n'ai pas l'impression qu'il fonctionne très bien.

- Les mots les plus utilisés: idéal pour vérifier l'absence de répétitions, ou au contraire si le focus est bien mis sur un mot en particulier.

Cet outil me semble d'abord utile pour les blogueurs, mais il peut aussi se révéler pratique pour les réseaux sociaux. Je vous recommande de l'utiliser de temps en temps, comme si vous testiez des échantillons de produits dans une usine. Cela permet de vérifier leur qualité et surtout le respect des fondamentaux: texte court, facile à comprendre, et sans répétitions. WordCounter a aussi le mérite de vous forcer à faire régulièrement un travail de relecture, ce qui évite bien des bévues.

Prévisualiser ses messages avant de les publier

Vous avez rédigé votre tweet ou votre message Facebook: très bien, mais le travail ne s'arrête pas là! Il est indispensable de vérifier que l'apparence du message sera conforme à vos attentes. Le moindre détail peut poser des problèmes:

Le lecteur aura-t-il besoin de cliquer sur « Lire la suite » pour afficher le *call to action* de votre message Facebook?

Le cadrage de l'image choisie est-il bon?

Que rend sur mobile votre message préparé sur *desktop*? Le texte est-il assez grand pour être lu sur un téléphone?

L'image est-elle bien en png et non en jpg? Sinon, apparaît-elle de façon compressée?

Mille et un petits détails auxquels on ne pense pas forcément! La meilleure façon d'éviter 90 % des erreurs est de prévisualiser vos messages avant publication. Facebook permet de programmer ses messages, puis de voir les publications programmées. Faites-le, sur *desktop* et portable, afin d'être sûr que vos messages à venir soient parfaits.

Vous pouvez aussi, en cas de doute, publier le message Facebook de façon privée, avant de le reproduire publiquement. Ainsi, vous aurez le rendu réel et pourrez éventuellement l'améliorer.

Cela n'est malheureusement pas possible sur les autres réseaux sociaux. Sur Instagram, Twitter ou LinkedIn, vous devrez donc relire le message avant l'envoi.

Lorsque vous avez le temps, prenez du recul et relisez à tête froide

Très souvent, vous allez préparer vos messages à l'avance, et même les programmer. Cela vous permet d'étaler leur diffusion dans le temps, ce qui est une bonne chose pour ne pas provoquer d'overdose chez vos lecteurs. Mais prendre de l'avance a un autre mérite: vous pouvez les relire.

Prenez le réflexe de jeter un œil aux messages programmés, afin de débusquer les éventuelles fautes d'orthographe, mais surtout pour repérer des façons de les améliorer. Rédiger en direct et en cinq minutes chrono un message parfait est difficile. Le cerveau humain et capricieux, et les bonnes idées peuvent naître en lui laissant un peu de temps.

Vous avez oublié de taguer quelqu'un? Un hashtag important est manquant? L'image qui vous semblait parfaite est en réalité en décalage avec le texte? Seule la prise de recul vous permettra de prendre les meilleures décisions et de repérer les imperfections.

Les réseaux sociaux sont chronophages. Or, le temps est votre meilleur allié pour bien faire. Je vous propose une masse très importante de conseils, mais il est impossible de tous les mobiliser en seulement quelques minutes.

Partez donc du principe qu'un message qui n'est pas publié est un message qui peut être modifié. Très souvent, une bonne idée est de raccourcir votre message si cela est possible.

Mémento: Soignez la forme de vos messages

- Privilégiez les messages courts, ce qui sur les réseaux sociaux signifie en réalité très, très courts.
- Ne faites pas d'excentricités au niveau de la ponctuation ou des majuscules. Les réseaux sociaux ne sont pas une zone grammaticale de non-droit.
- Présentez de façon agréable vos liens, si possible en les raccourcissant et en les personnalisant.
- Utilisez des outils pour vous aider dans la rédaction, en particulier si votre message est compliqué à rédiger.
- Relisez bien votre message avant de le publier.
- Enfin, le luxe ultime est de prendre son temps pour rédiger le message et le relire tranquillement, plutôt que de publier dans le feu de l'action.

Votre texte est parfait? Bravo! Il faut néanmoins apporter le même soin aux images qui vont l'illustrer.

Soignez vos images et visuels

Améliorez vos photos avant de les publier

L'impact visuel des images et photos est tel qu'elles sont devenues incontournables. Aucun message ne peut s'en passer, d'où la nécessité de publier des visuels de qualité.

Vous serez souvent amené à travailler avec des photos de mauvaise qualité, car prises à la va-vite avec un smartphone. Mais rassurez-vous, quelques retouches permettent de faire la différence :

- Augmenter la luminosité si la photo est trop sombre/
- Augmenter les contrastes si elle est fade.
- Gommer les effets de flou si vous avez tremblé.
- Supprimer les yeux rouges.
- Recadrer l'image (cela est presque toujours nécessaire).

Ces cinq opérations seront celles que vous allez réaliser le plus souvent. Heureusement, pas besoin d'être un as de la retouche photographique pour les faire. Si vous savez utiliser Photoshop ou Gimp, ces outils sont parfaits.

Si vous êtes totalement néophyte, alors une simple recherche sur Google « Retouche image en ligne » fera votre bonheur. J'ai testé PhotoFancy qui vous permet d'uploader votre photo, puis de la retoucher. Les options sont basiques, mais c'est précisément ce que vous cherchez.

En suivant ce conseil, vous n'obtiendrez pas des photos de qualité professionnelle mais pour un usage limité aux réseaux sociaux, cela sera bien suffisant. N'oubliez pas que la majorité des utilisateurs regardent vos photos sur un petit écran de smartphone.

Testez les photos en noir et blanc

Votre smartphone prend évidemment des photos en couleur, ce qui est une bonne chose mais vous devriez songer à publier régulièrement des photos en noir et blanc, pour plusieurs raisons :

- Regardez votre fil d'actualité Facebook ou Twitter : toutes les photos sont en couleur. Vous allez donc attirer l'attention en proposant quelque chose d'original.
- Le noir et blanc gomme les imperfections de votre photo. C'est donc une bonne idée si la qualité de base est dégradée.
- Je trouve que le noir et blanc permet de mieux faire passer une émotion, en particulier pour les visages humains. Une scène banale peut devenir rapidement poétique et esthétique si on ôte les couleurs.

Faire passer une image en noir et blanc est enfantin : ouvrez l'image avec la Galerie photo de Windows, cliquez sur « Modifier », puis appliquez le filtre. Enregistrez, et le tour est joué. Instagram propose son propre filtre, et Facebook permet de le faire juste avant de publier l'image (nous verrons comment faire plus loin dans le livre).

N'abusez pas de cette technique, le noir et blanc doit rester l'exception et non la règle. Choisissez aussi des photos qui s'y prêtent : des personnes, des paysages urbains, et généralement tout ce qui contient des petits détails qui ressortent par magie lorsqu'on enlève les couleurs (essayez avec le bout de vos doigts, on aperçoit bien les empreintes digitales – ou plutôt les dermatoglyphes pour être précis). Le noir et blanc donne une certaine solennité à la photo, donc n'essayez pas avec des sujets trop légers, cela risque de créer un décalage gênant.

Reprenez la charte graphique de votre entreprise ou de votre site Web

Face à des internautes qui survolent les messages publiés sur les réseaux sociaux, il est important d'avoir une identité visuelle stable et facilement repérable. Les lecteurs sauront en un clin d'œil qu'il s'agit de votre message s'il est toujours de la même couleur, ou si votre logo est présent.

Vous n'avez pas de charte graphique ? Deux solutions existent :

Souvent, malgré l'absence de réelle charte graphique, il existe une couleur dominante ou un logo qui sont associés à votre entreprise ou association. Visitez votre site Web, vous verrez quand même quelques éléments distinctifs, à reprendre sur les réseaux sociaux.

Dans le pire des cas, adoptez une mini-charte graphique pour vos réseaux sociaux : choisissez une couleur et une police d'écriture, et soyez-y fidèle. Ce n'est pas l'idéal, mais vous aurez au moins une cohérence sur vos réseaux sociaux.

Essayez d'appliquer ce conseil dans les moindres détails : même la couleur de votre compte Twitter est personnalisable dans les options. Choisissez donc la bonne.

Placez autant que possible votre logo, même de façon discrète : cela rappellera à l'internaute votre entreprise. Mais votre association ou TPE n'a pas forcément de logo ! Il existe une solution simple mais efficace pour renforcer votre identité visuelle. Identifiez des éléments forts et reconnaissables de votre activité, et placez-les sur vos photos. Je prends ici un exemple enfantin mais astucieux, celui d'un club d'échecs qui a déposé des pièces d'échecs un peu partout dans sa ville. Rien de bien compliqué, et pourtant même sans charte graphique élaborée tout le monde a bien compris l'implantation locale de l'association. Cette technique convient à tous les secteurs : vous vendez du café ? Une jolie photo avec une tasse ou une cafetière à l'italienne fonctionnera très bien.

Message Facebook du Club d'échecs du pays de Brive du 26 juillet 2017 (https://www.facebook.com/ClubEchecsduPaysdeBrive/)

Soignez l'orthographe

Évitez les fautes avec trois outils simples mais efficaces

Une mauvaise orthographe porte préjudice à l'association, à la marque ou à l'entreprise dont vous gérez les réseaux sociaux. Si cela n'est pas dramatique sur une page de jeux vidéo pour les ados (quoique), c'est impardonnable dans le cas d'une marque ayant un certain standing. Mais même pour une association qui s'occupe d'enfants, un message bourré de fautes peut refroidir un parent qui hésite à inscrire sa petite tête blonde.

Pourtant, vous allez rédiger plusieurs messages chaque jour, et vous ferez forcément une faute de temps en temps. Car vous êtes un être humain, pas un robot! Je vais vous présenter quelques outils qui vous permettront de limiter au maximum le risque de faire des fautes d'orthographe.

Outil 1, Word ou Open office: oui oui, vous avez bien lu! Cela peut sembler évident, mais je copie presque toujours les textes que je prévois de publier sur Facebook sur un bête traitement de texte. Si votre correcteur orthographique est activé, les erreurs seront soulignées. Il n'y a plus qu'à corriger. Cette première étape reste basique, voyons comment aller plus loin.

Outil 2, un module orthographique Grammalecte: on reste en fait sur le même traitement de texte! Mais vous allez télécharger un module avancé afin de débusquer les erreurs grammaticales. J'utilise Open Office, et je trouve le module excellent.

Une fois activé, il va repérer beaucoup de choses dans vos textes. À noter que cette extension marche aussi pour Thunderbird, si vous utilisez ce logiciel pour vos emails. Si vous utilisez Word, le logiciel intègre directement un correcteur grammatical.

Outil 3, le conjugueur: vous le connaissez sans doute déjà, il faut l'utiliser! Véritable bible de la conjugaison, ce site vous permet d'être sûr de votre coup. J'ai remarqué par expérience que la plupart des fautes de conjugaison viennent d'une trop grande confiance en moi: si vous avez le moindre doute, vérifiez sur ce site. Cela ne vous prendra que dix secondes.

Pour aller encore plus loin, vous pouvez utiliser un 4e outil, www.cordial.fr Ce site corrige automatiquement vos textes, avec une version gratuite jusqu'à 1 000 signes, ce qui devrait être suffisant pour 99 % de vos messages. Et si ce n'est pas le cas, alors l'orthographe n'est sans doute pas votre problème numéro un, penchez-vous plutôt sur la longueur de vos messages!

Je voudrais terminer par une remarque plus générale sur l'orthographe et les réseaux sociaux. Je constate qu'il existe une certaine indulgence de la part des lecteurs vis-à-vis des coquilles. Le nombre de messages publiés sur les réseaux sociaux est tellement important que les internautes passent vite l'éponge. Ne dramatisez donc pas si vous constatez une vilaine faute! Pour autant, vous devez être très rigoureux et l'orthographe doit rester une préoccupation majeure.

Car malgré toutes ces précautions arrive forcément le jour terrible où une faute d'orthographe déjoue votre vigilance...

En cas de faute ou d'erreur dans son message, que faire?

Les êtres humains ont la faiblesse de commettre parfois des erreurs, ce qui inclut les fautes d'orthographe. Pour éviter les réactions outrées des puristes de l'orthographe, qui verront dans votre coquille une attaque contre la langue française, voici comment réagir.

Le premier conseil est d'être vigilant au moment de la rédaction du message. Plus facile à dire qu'à faire! Ne vous laissez pas bercer par une douce inertie et restez sur vos gardes. Car en publiant des messages quotidiennement, la probabilité de faire une faute est bien réelle.

Deuxième conseil, repérez rapidement la faute. Cela suppose de garder un œil sur vos réseaux sociaux, d'autant que vos lecteurs ne se priveront pas de vous la signaler.

Troisième conseil, réagissez. Voici comment, pour chaque réseau social:

Commençons par Instagram, qui vous offre généreusement la possibilité d'éditer votre message. Cliquez sur les trois points en haut à droite, puis sur « Modifier ». Attention, vous ne pourrez pas modifier un commentaire. En cas d'erreur, la meilleure solution consistera alors à le supprimer et à le réécrire.

Sur Facebook, l'option d'édition existe aussi, en cliquant sur les trois petits points en haut à droite de votre message, puis sur « Modifier la publication ». Pas la peine donc d'effacer et de republier, ou de faire un *erratum* dans les commentaires.

Par expérience, j'ai l'impression qu'éditer un message en diminue la portée*. Facebook n'apprécie pas que l'on change de contenu en cours de route, car cela peut être trompeur pour le lecteur. Imaginez un message très positif avec une jolie photo qui récolte des milliers de *likes* et se diffuse de façon virale, qui se transforme en publicité agressive pour une salle de sport, bernant ainsi l'algorithme... Donc, la relecture attentive s'impose!

Notez qu'il est possible de consulter l'historique des modifications apportées à un message Facebook. Donc, si votre version précédente est très maladroite et pourrait provoquer un scandale, faites attention. Sur les réseaux sociaux, il y a bien souvent un petit malin qui ira fouiller dans cette option...

Sur Pinterest aussi la modification du texte est facile. Même le lien est modifiable, sans limitation de durée dans le temps. Il suffit de survoler votre épingle et de cliquer sur l'icône en forme de crayon.

Passons maintenant aux réseaux sociaux qui ne pardonnent pas l'erreur. Twitter en est l'exemple parfait, car aucune option d'édition n'existe. S'il s'agit d'une coquille toute bête, contentez-vous de répondre vous-même à votre tweet en faisant un mea culpa orthographique. Par contre, s'il s'agit d'une erreur plus grave, effacez-le et priez pour qu'aucune capture d'écran n'existe!

Enfin, terminons par LinkedIn qui vous offre la possibilité d'éditer les messages publiés, comme sur Facebook.

Conseil

J'ai évoqué ici la façon de modifier un message en cas de faute d'orthographe. Mais en réalité, vous pouvez aussi l'éditer si votre communauté apporte en commentaire des éléments pertinents qui le mettent à mal. N'y voyez pas une humiliation, bien au contraire. Récemment, j'ai édité un message Facebook car un fan y a souligné une incohérence de date. Rien de bien grave, je l'ai remercié et j'étais plutôt content de voir que la communauté lisait mes messages et m'aidait à les améliorer.

Les réseaux sociaux ne sont pas une thèse universitaire, acceptez les imperfections

À l'origine, les réseaux sociaux sont utilisés par les internautes lambda pour communiquer avec leurs amis. On y trouve donc des fautes d'orthographe, des photos floues, des montages hasardeux et des fausses manipulations (ma préférée étant le « joyeux anniversaire » publié non pas sur le mur Facebook de la personne, mais en message général).

Cet amateurisme – dans le bon sens du terme – fait partie de l'ADN des réseaux sociaux. Là où la communication d'entreprise doit être irréprochable pour une publicité papier, ou lors d'un entretien avec un élu ou un investisseur, les réseaux sociaux admettent les imperfections. Cela fait presque partie de leur charme. Je commence même à penser que les internautes aiment les messages imparfaits et spontanés, tout comme ils détestent les belles publicités dont les marques les abreuvent.

Attention à ne pas faire n'importe quoi pour autant! Les internautes attendent d'une entreprise ou d'une institution une qualité supérieure à celle d'un simple utilisateur à titre personnel. Soignez l'orthographe, sélectionnez avec soin vos photos et retouchez-les si besoin, comme expliqué plus haut. Mais passez-y un temps qui correspond au résultat que vous obtiendrez: rater un message Facebook est moins grave qu'un spot publicitaire qui passe en *prime time* sur TF1 le samedi soir.

Souvent, la peur de la bourde explique une grande timidité sur les réseaux sociaux. Sachez que la durée de vie de vos messages est très courte, plus personne ne se souviendra de la majuscule oubliée il y a une semaine (d'ailleurs personne ne l'avait remarqué). Vous devez éviter à tout prix les scandales qui nuiraient à votre image, mais par contre vous survivrez à vos petites erreurs.

Parfois, on publie sur Facebook ou Twitter avec une attention d'orfèvre, passant des heures à trouver la meilleure formule ou à chercher le visuel ultime. Or, écrire sur les réseaux sociaux, ce n'est pas écrire une thèse. Vos lecteurs n'attendent pas une rigueur scientifique dans vos publications, ils veulent passer un moment agréable.

Passer une heure pour préparer un message parfait n'est pas rentable, car vous auriez pu à la place préparer trois bons messages, qui auraient eu plus de portée. Le mieux est l'ennemi du bien.

Votre objectif est donc de publier de bons messages. Pas parfaits, de bons messages suffisent, ceux qui donnent un bon résultat par rapport au temps investi.

Conseil

À ce sujet: les erreurs sont souvent une bonne occasion de nouer des liens avec sa communauté. Un internaute publie un commentaire pointant du doigt votre bévue, vous le remerciez et modifiez votre message, ce qui prouve votre capacité d'écoute et la confiance que vous accordez à la parole des lecteurs.

Ce conseil vaut pour vos textes, mais aussi pour vos photos, même s'il existe des moyens simples d'en améliorer la qualité avant publication.

Maîtrisez la grammaire des réseaux sociaux

Savoir bien écrire sur les réseaux sociaux est une chose, en maîtriser la grammaire spécifique en est une autre. En effet, entre les *émojis*, les hashtags et les *memes*, de nombreux éléments nouveaux sont apparus et constituent presque un langage à part.

Beaucoup ou peu de hashtags?

Le hashtag est un mot-clé qui facilite la recherche de l'internaute. Popularisé avec Twitter, il est entré dans la grammaire des réseaux sociaux, sans pour autant que l'on sache vraiment comment l'utiliser. Par exemple, faut-il en placer peu ou beaucoup? Tout dépend en réalité du réseau social.

Sur Twitter: les études que j'ai consultées indiquent qu'au-delà de trois hashtags, l'engagement diminue. Cela est logique: voir de nombreux # sur un message court rend la lecture pénible. Mais ce qui est vraiment désagréable, ce sont les hashtags utilisés de façon absurde: le hashtag sert à contextualiser votre message et à mettre en valeur ses thèmes principaux. Ne l'utilisez que pour cela. Exemple: « Sur mon blog, petit test du nouvel Iphone, à qui je fais subir des choses plutôt surprenantes... ». Placer un hashtag devant Iphone est logique, à la rigueur devant test et blog. Mais c'est tout. On comprend mieux pourquoi plus de 3 hashtags est mauvais: car cela n'a aucun sens d'écrire #petit et #choses!

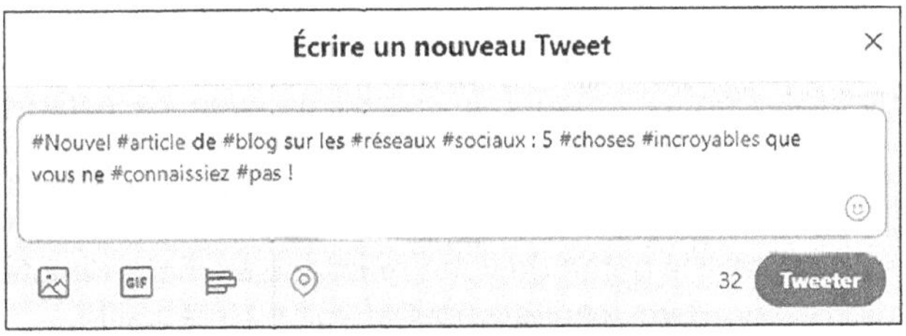

Trop de hashtags tuent le hashtag!

Sur Instagram : la logique est ici différente, car sur Instagram le hashtag est un élément essentiel pour rendre son message visible. Encore plus que sur Twitter, car aucun mécanisme de partage n'existe sur Instagram. Vous allez donc essayer de capter l'attention de non-followers par ces fameux hashtags. Soyez donc généreux, et n'hésitez pas à en utiliser plus de 10. Pour ne pas gêner la lecture, placez tous vos hashtags à la fin du message, en sautant des lignes.

Sur Facebook : inutile d'utiliser les hashtags, du moins pour l'instant. Personne ne fait de recherche via les hashtags sur ce réseau, et certaines études montrent même qu'ils ont un impact négatif sur la popularité du message. Sans doute car les utilisateurs de Facebook n'en ont pas l'habitude, et que le # dégrade la qualité de lecture, sans rien apporter en échange.

Sur Pinterest : quelques hashtags suffisent, en ciblant bien les mots essentiels et recherchés par les internautes.

Sur TikTok : les hashtags permettent aussi d'avoir une meilleure visibilité. Néanmoins, la description de vos vidéos étant limitée à 100 caractères, il faudra réaliser un tri strict et sélectionner quelques mots-clefs soigneusement choisis.

Les émojis, un autre langage à exploiter

Les *émojis*, petits symboles qui représentent aussi bien une tête de bonhomme qu'un ballon de foot ou une couronne, sont désormais très faciles à utiliser sur les réseaux sociaux, qui mettent un large choix à votre disposition. On a parfois certaines réticences à les utiliser, par peur sans doute de renvoyer une image enfantine et peu sérieuse. Toutefois, ils sont devenus un élément essentiel de la « grammaire » des réseaux sociaux.

Utilisés intelligemment, ils peuvent donner à vos messages un sacré coup de boost :

Ils permettent d'exprimer des émotions qui passent difficilement par le texte : la colère et la surprise par exemple, dont la représentation graphique est beaucoup plus forte visuellement que textuellement.

Les *émojis* rendent votre publication plus légère, ce qui permet de faire passer des messages plus facilement en créant une complicité avec les lecteurs.

Sur Twitter, ils peuvent vous permettre d'économiser des caractères : un drapeau français peut vous faire gagner 7 signes ! N'oubliez pas que même sur Facebook la place coûte cher, car si le début de votre message s'affiche directement, l'internaute devra cliquer sur « Lire la suite » pour le voir en intégralité.

Ils attirent l'œil, de la même façon que des images.

Ils permettent de contextualiser votre message, d'indiquer très rapidement de quoi il parle. Vous publiez un message sur le cinéma ? Pensez à y insérer l'émoji du « Clap » pour qu'il ne passe pas inaperçu. Idéal lorsque l'on connaît la faible capacité d'attention des internautes sur les réseaux sociaux.

La liste est longue ! Chaque message a sa propre façon de bien utiliser les *émojis*. N'hésitez donc pas à dérouler la liste une fois votre message rédigé afin de voir si l'un d'eux pourrait améliorer votre contenu. Évidemment n'en faites pas trop : l'*émoji* doit apporter un plus à votre message, comme la cerise sur le gâteau.

La ponctuation sur les réseaux sociaux

On n'écrit pas sur les réseaux sociaux comme dans un journal ! Une des différences tient à l'utilisation beaucoup plus généreuse de la ponctuation.

- Le point d'exclamation : il permet de transmettre immédiatement une émotion, un enthousiasme, la surprise. Bref, c'est votre allié idéal et vous devez en abuser car il permet de provoquer une réaction chez votre lecteur. Là ou un « point normal » clôt de façon un peu fade votre message, l'exclamation lui donne un dynamisme qui favorise l'engagement.
- Les points de suspension : terminer par les trois points de suspension indique que le message a une suite, qu'il n'est pas achevé. Cela crée un suspense et pousse donc le lecteur à cliquer sur votre lien pour découvrir le reste.
- Le point d'interrogation : en posant une question, vous demandez à vos lecteurs de réagir. Il s'agit donc du meilleur moyen d'obtenir des commentaires.

J'en viens à penser aujourd'hui que le « point normal » est l'exception dans vos messages sur les réseaux sociaux, alors qu'il est la règle pour toutes les autres formes d'écrit.

Enfin, n'utilisez pas les signes de ponctuation plusieurs fois d'affilée. Terminer son message par quatre points d'exclamation est horrible, n'est-ce pas !!!!

Un bon call to action est accompagné d'une flèche

Voici une astuce toute bête mais qui pourrait sensiblement améliorer vos résultats sur les réseaux sociaux. Vous le savez, tout bon message est accompagné d'un *call to action*, qui incite l'internaute à agir. Il s'agit souvent d'un lien qui renvoie à votre site Web ou à un catalogue en ligne.

J'ai constaté qu'en plaçant une ou plusieurs flèches à côté de mes liens, le taux de clic augmentait nettement. La flèche, intégrée sous forme d'*émoji*, incite de façon très visuelle l'internaute à poursuivre son action.

La première méthode consiste à placer une flèche juste à gauche du lien, comme dans cet exemple. Par contre, pas besoin du texte « Putaclic », je ne fais que tourner en dérision certains community managers !

L'autre méthode concerne Facebook : à la fin de votre texte, placez une flèche qui descend afin d'inciter le lecteur à cliquer sur l'image qui sert de lien hypertexte.

Il existe d'autres variantes, comme le doigt qui pointe vers le lien. À vous d'utiliser au mieux les *émojis* !

Simple succession d'images donnant l'impression d'un film saccadé, les gifs animés sont indémodables. En effet, ils ont toujours eu, dès leur origine, un côté ringard qui les préserve du vieillissement. Populaires en 2000, ils le sont toujours de nos jours.

N'utilisez les gif animés que si vous souhaitez faire passer un message décalé et humoristique. Ce format est très connoté, et convient mal aux annonces sérieuses.

Si vous souhaitez ajouter un gif animé dans vos messages, vous pouvez piocher dans la gigantesque bibliothèque gratuite https://giphy.com/ Utiliser un gif animé connu est sans doute la solution la moins risquée : ainsi, vous jouez sur un élément de la pop culture d'internet, que vos lecteurs comprendrons immédiatement.

Et si vous préférez créer votre propre gif animé, je vous recommande d'utiliser https://ezgif.com/ Simple d'utilisation, il vous suffit de mettre en ligne quelques photos pour créer un gif personnalisé.

Les memes, éléments de la culture Web à exploiter

Un *meme* est une expression ou une image reprise de façon massive sur Internet. Elle est modifiée et réutilisée à foison, en partie car elle est appréciée, mais aussi par mimétisme. Ces *memes* sont un élément à connaître pour bien communiquer sur Internet, et même à intégrer dans sa communication.

Prenons l'exemple d'un *meme* au succès fulgurant en 2017 : l'image d'un homme d'affaires serrant la main d'un autre. Rien d'exceptionnel en apparence, mais cela a suffi à créer une mode incroyable autour de ce visuel, chacun y accolant une légende humoristique. Oasis a tout de suite joué sur ce *meme* afin d'obtenir une belle visibilité sur Twitter en obtenant des milliers de retweets.

Le *meme* est donc un moyen pour générer de l'engagement et des interactions, en jouant la carte de l'humour, mais aussi celle de la proximité avec les internautes, en montrant que vous connaissez leurs codes.

Tweet d'Oasis du 11 octobre 2017 (https://twitter.com/oasisbefruit)

Utiliser les *memes* vous fait courir plusieurs risques :

- Arriver après la bataille : utiliser ce *meme* une semaine après son lancement vous fait passer pour un suiveur, voire un *has been*. Car sur Internet, une semaine est une éternité.
- Ne pas être drôle : une blague peut tomber à l'eau, ou même provoquer un malaise. Car une fois votre tweet publié, il vous sera impossible de l'expliquer. Il faut donc être sûr de votre coup.
- Être noyé dans la masse : un *meme* peut devenir tellement populaire qu'il sera décliné en des centaines de versions différentes. Comment, dès lors, sortir du lot ?
- Écorcher votre image : difficile de concilier une image sérieuse avec l'utilisation des *memes*. Soyez bien sûr de votre stratégie d'image avant de l'utiliser.

Les références à des objets culturels populaires constituent une variante sans doute plus intéressante que les *memes*. Elles permettent de toucher un public plus large, comme le montre cet exemple (ci-après) de référence au *Loup de Wall Street*, film à succès, mobilisé pour illustrer un message d'un magazine économique. Cette illustration est plutôt audacieuse de la part d'un journal de ce type, mais cela fonctionne très bien je trouve.

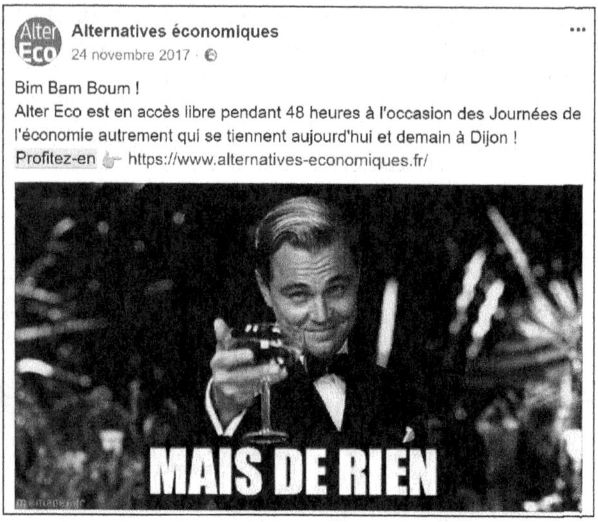

Message Facebook d'Alternatives économiques du 24 novembre 2017
https://www.facebook.com/AlternativesEconomiques

Enfin, vous pouvez aussi mobiliser la culture pop en la détournant au profit de votre marque ou de votre entreprise. Oasis s'en est fait une spécialité, avec un certain talent. Cette technique se rapproche du *newsjacking**, qui consiste à surfer sur la popularité d'un événement, en l'évoquant accompagné du bon hashtag.

Message Twitter d'Oasis du 7 janvier 2014 (https://twitter.com/oasisbefruit)

Terminons avec la question fondamentale, qui doit guider toutes vos actions sur les réseaux sociaux : ce *meme* ou cette référence va-t-il m'aider à atteindre mes objectifs ? Est-il cohérent avec ma stratégie ? Car si obtenir des retweets est agréable, cela peut se révéler totalement inutile dans le cadre de votre stratégie de vente ou de notoriété.

Vous maîtrisez maintenant tous les éléments formels pour bien débuter sur les réseaux sociaux. Reste le plus difficile : le fond.

Mémento : Bien utiliser la grammaire des réseaux sociaux

- Les réseaux sociaux ont des signes d'écriture spécifiques qu'il faut utiliser : le hashtag, les *émojis*...
- Pour autant, les règles fondamentales de l'écriture restent inchangées : évitez les fautes et n'écrivez pas en majuscule.
- Dans le respect de ces règles, jouez avec la ponctuation, pour que vos textes soient visuellement plus percutants.
- Utilisez des images tirées de la culture pop, avec des références aux objets culturels populaires et fédérateurs.
- Surtout, n'oubliez pas de placer un *call to action* dans vos messages.
- En résumé, les règles changent, mais tout n'est pas permis pour autant !

Trouver du contenu intéressant

La pierre angulaire de toute présence efficace sur les réseaux sociaux consiste à publier régulièrement du contenu de qualité apprécié par vos lecteurs. Or, ce n'est pas toujours facile de trouver l'image ou l'article qui plaira. Commençons donc par découvrir quelques outils de veille pour surveiller sur Internet les publications que vous pourrez publier sur vos réseaux sociaux.

Vous manquez de contenu à publier ? Utilisez Scoop.it

Parfois, vous manquerez d'inspiration et ne trouverez pas matière à publier. Plusieurs outils existent afin de résoudre ce problème. Le meilleur est selon moi Scoop.it, outil collaboratif de veille et de curation de contenu. Simple d'utilisation, Scoop.it vous permettra de découvrir de nombreux articles en lien avec votre activité.

Le principe est simple : chaque utilisateur réalise sa « revue de presse numérique » sur un sujet précis, appelées *topics*. Vous pouvez vous abonner à ces revues de presse par une simple recherche.

À noter que les topics les plus sérieux sont décorés par une médaille d'or ou d'argent : ce sont ceux que vous devez suivre en priorité.

Une fois abonné à ces topics, vous verrez sur la page d'accueil de Scoop.it tous les articles publiés dans les *topics* auxquels vous êtes abonné. Un contenu souvent riche et pertinent apparaît alors, ce qui ne vous laisse que l'embarras du choix : qu'allez-vous partager sur Twitter et Facebook ?

À vous de bien délimiter votre domaine d'activité et votre territoire éditorial pour bien savoir quoi chercher.

Précisons que Scoop.it est un outil puissant qui permet de réaliser bien d'autres choses, comme créer sa propre revue de presse, pour ensuite l'intégrer à son site ou envoyer une newsletter. Cela dépasse notre sujet, mais je vous invite à regarder les différentes options payantes qui pourraient être très utiles dans le cadre de votre stratégie digitale.

Une revue de presse numérique quotidienne avec Paper.li

Après Scoop.it, évoquons Paper.li, excellent outil pour recevoir quotidiennement un florilège des meilleurs articles publiés sur Internet et en lien avec votre domaine d'activité.

Créer un compte prend quelques minutes, puis vous pourrez élaborer un journal quotidien totalement personnalisé en précisant les mots-clés de recherche et les sources où chercher le contenu.

Community manager pour une maison de Champagne, je reçois chaque matin mon journal sur le sujet, ce qui me donne une bonne source d'inspiration pour mes messages à venir. Les articles sont classés par catégories à la « une », voyage, business...) et la prévisualisation des articles est facile, ce qui permet de faire rapidement le tri.

Paper.li est moins exhaustif que Scoop.it, car il s'agit d'une sélection automatisée des articles jugés les plus pertinents. Une façon de ne pas crouler sous le contenu, en s'astreignant à un petit travail de veille quotidien.

Google Alert est votre meilleure source de contenu

Plutôt que de faire quotidiennement une recherche Google sur la ou les thématiques qui vous intéressent, utilisez le système d'alerte créé par Google pour passer Internet au peigne fin et en temps réel. Pour cela, allez sur https://www.google.fr/alerts

Une fenêtre s'ouvre, vous permettant d'indiquer le mot-clé de votre choix.

Cliquez sur « Afficher les options » afin de configurer votre alerte : langue, source, sélection des résultats... De quoi obtenir une recherche sur mesure.

À noter que par défaut vous recevrez quotidiennement le résultat de l'alerte par mail. Ce n'est pas la solution que je préfère, nous verrons un peu plus tard comment la transformer en flux RSS.*

Google vous offre même un aperçu de votre alerte avant de la finaliser. Vous pouvez ainsi être sûr de la pertinence de votre recherche.

N'hésitez pas à créer plusieurs alertes Google, selon les thématiques et en testant différents mots-clés. Vous maximiserez ainsi vos chances de découvrir un contenu pertinent à partager sur vos réseaux sociaux.

Centralisez votre veille sur un seul outil

Je vous ai présenté de nombreux outils de veille et de curation de contenu, comme Scoop.it, Paper.li ou les alertes Google. De quoi vous donner de la matière, mais avec un risque : celui de s'éparpiller et de perdre du contenu en chemin. Car il n'est pas toujours aisé de jongler d'un outil à un autre.

C'est pourquoi je vous recommande d'utiliser Netvibes (http://www.netvibes.com/), qui est un agrégateur de contenu capable de centraliser tous vos outils de veille en un seul endroit.

Netvibes permet d'ajouter des flux RSS, petits fichiers qui permettent d'afficher en temps réel tout nouvel article publié sur Internet.

Bonne nouvelle, tous les outils de veille vous proposent le format RSS. Prenons l'exemple des alertes Google : cliquez sur l'icône RSS, puis un petit copier-coller dans Netvibes et le tour est joué.

Une fois le flux RSS ajouté, votre *dashboard** (ou panneau de contrôle) Netvibes affichera toutes les Google alertes. Si vous en avez créé un grand nombre, cela sera bien plus pratique que de les recevoir par mail.

Comme d'habitude, testez vous-même l'outil pour en découvrir les nombreuses possibilités. Vous pouvez ajouter des applications de recherche depuis Twitter, des blogs, Flickr, Facebook...

Je vous recommande donc de prendre le temps de réaliser un *dashboard* de qualité, qui regroupe toutes les sources utiles de contenu. Cela vous fera gagner un temps fou par la suite, puisque toutes les informations seront centralisées sur une seule page facile à consulter.

Suivez les comptes importants sur les réseaux sociaux en les transformant en flux RSS

Nous avons vu comment constituer sur Netvibes une tour de contrôle avec toutes les sources de contenu utiles pour votre veille quotidienne. Sachez qu'il est possible de transformer une page Facebook ou un compte Twitter en flux RSS, avec la possibilité de l'ajouter à Netvibes. Idéal pour ne rien rater des comptes de vos concurrents, ou d'un influenceur important de votre secteur, et donc d'avoir encore plus de contenu.

Rendez-vous sur le site http://feed.exileed.com/ et indiquez l'adresse du compte à surveiller. Vous obtiendrez un flux RSS, ce qui est très pratique.

La veille active à l'aide de ces outils est un bon point de départ pour trouver du contenu. Mais cela n'est pas suffisant, car vous allez devoir en créer vous-même ! Pour vous donner de l'inspiration et comprendre ce qui marche, voici quelques exemples.

Les contenus qui marchent

Mais avant de vous proposer des exemples de contenus populaires, je souhaite vous donner une technique, qui consiste à tester son message sur un réseau social avant de le diffuser partout ailleurs. En effet, identifier qu'un contenu est bon est un vrai atout, car vous pourrez le réutiliser.

Testez vos messages sur un réseau social avant de les diffuser partout

Publier un message sur les réseaux sociaux, c'est plonger dans l'inconnu, car on n'a aucune idée de la réaction de sa communauté. Va-t-elle aimer l'accroche ? La photo choisie va-t-elle lui plaire ? L'angle d'attaque choisi dans votre message est-il le bon ?

Impossible de le savoir à l'avance, car les réactions de vos lecteurs sont imprévisibles. Avec le temps, vous aurez une petite idée de leurs goûts et de leurs points d'intérêt, mais cela reste généralement très approximatif. Qui n'a jamais réalisé un énorme flop en publiant son message Facebook ?

Je vous conseille donc de publier votre message sur Twitter, et d'observer les réactions. Votre tweet est-il partagé ? Les lecteurs cliquent-ils sur le lien ? Une heure après avoir tweeté, regardez les statistiques de votre tweet. Si elles sont moins bonnes qu'à l'accoutumée, c'est qu'il y a un problème, et vous devrez à tout prix éviter de le reproduire sur vos autres réseaux sociaux.

Vous devez chercher la source du problème : est-ce l'image qui est mal choisie ? Est-ce le texte un peu mou ? À vous de faire votre autocritique, et de le publier de façon différente sur vos autres réseaux sociaux.

Comme il est possible de publier à un rythme élevé sur Twitter, vous pouvez même publier un message sous deux formes différentes à 24 heures d'intervalle, puis de comparer les résultats. L'approche qui génère le plus d'engagement sera celle à retenir sur Facebook.

Évidemment Twitter n'est pas Facebook, vos communautés ne sont pas les mêmes partout, cette technique a donc des limites. Mais c'est un bon coup de pouce lorsque vous hésitez vraiment !

Tester et évaluer la popularité d'un message est donc toujours une bonne idée, même si l'on sait que certains messages marchent généralement bien, comme les infographies.

Les contenus visuels sont une valeur sûre

Vous avez sans doute remarqué en allant sur Facebook, Twitter ou Instagram que les photos et autres visuels y sont rois. L'impact d'une image est bien supérieur à celui d'un texte, du moins pour capter l'attention du lecteur. C'est pourquoi vous devez y recourir sans modération, et sous différentes formes.

Créer des infographies pour générer de l'engagement et obtenir du contenu original

Les infographies sont très à la mode sur les réseaux sociaux. Elles permettent de faire passer de façon visuelle et rapide un message ou des données importantes. Elles sont bien plus virales qu'une série de chiffres.

Pour le community manager, elles permettent de créer du contenu, car à partir d'un document brut et rébarbatif contenant des données, vous allez en faire une image ou plusieurs qui sont attractives.

En y réfléchissant bien, presque tout peut devenir une infographie :

- Prenez un match de foot : une infographie avec le score, la possession, l'homme du match et ses statistiques par exemple.
- Vous êtes fleuriste ? Un classement des trois fleurs les plus vendues, accompagnées d'une carte avec leur provenance.
- Vous avez un site perso ? Une infographie avec sa fréquentation, l'origine géographique de vos lecteurs, le nombre de commentaires, etc.

L'infographie est donc le format idéal pour générer de l'engagement, faire passer votre message et obtenir du contenu ou même recycler ce contenu, car vous pouvez très bien publier un article, puis le transformer en infographie le jour suivant.

Je vous recommande deux sites pour réaliser vos infographies : Piktochart et Venngage. Ils sont très faciles à utiliser et ne nécessitent aucune compétence technique.

Enfin, si vous utilisez Canva pour réaliser vos visuels, n'hésitez pas à regarder les modèles d'infographies proposés. Ils permettent de partir sur de bonnes bases si vous manquez d'inspiration !

Bien sûr, on ne s'improvise pas graphiste du jour au lendemain, et vos infographies auront forcément un petit côté amateur. Soit vous travaillez pour un grand groupe qui dispose de moyens importants, et dans ce cas vous n'avez aucune raison de faire vous-même l'infographie. Soit vous travaillez pour une petite entreprise, et dans ce cas on n'attend pas de vous une qualité exceptionnelle.

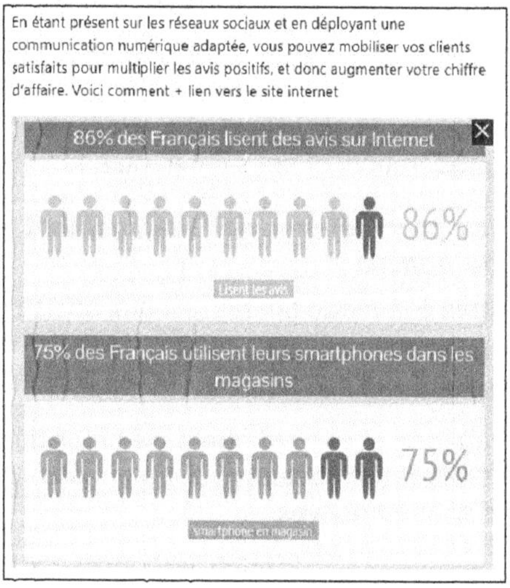

Voici un exemple de message LinkedIn imaginé pour mettre en avant mon site Internet, sur lequel je propose mes services comme community manager. Pour illustrer le texte incitant à découvrir mes offres, j'ajoute une infographie qui présente de façon simple quelques données essentielles. Elles montrent au lecteur le potentiel des réseaux sociaux et l'incitent à en savoir plus en cliquant sur le lien. Rien de bien sorcier : un fond blanc, deux pourcentages, quelques personnages pour faciliter la lecture, et le tour est joué !

Soyez rigoureux, évitez les raccords approximatifs et les fautes de goût : votre infographie sera alors tout à fait présentable. Je suis persuadé que les réseaux sociaux sont par nature amateurs, car ils ont été créés pour des gens (et non pour des entreprises). La durée de vie d'un message est très courte, est-ce bien raisonnable de faire appel à un graphiste pour l'infographie de votre TPE ? Par expérience, je sais que personne n'ira critiquer votre réalisation si vous y apportez du soin et un peu de temps. Les outils cités plus hauts permettent vraiment d'obtenir des résultats bluffants.

Pour éviter la catastrophe, gardez des ambitions modestes : un fond uni, avec quelques données chiffrées et éventuellement une citation. Piochez dans les icônes proposées sur les sites conseillés plus haut, elles sont rarement de mauvaise qualité.

Pour terminer, n'oubliez pas de diffuser votre infographie sur un maximum de réseaux sociaux. Instagram peut s'y prêter si elle n'est pas trop grande, tout comme Pinterest et Twitter. Si vous avez travaillé une heure pour faire cette infographie, alors essayez d'en tirer parti le plus possible. Pour les infographies comme pour tout le reste, votre réflexe est toujours d'obtenir le plus possible du contenu que vous avez créé. C'est un peu l'esprit start-up appliqué à la gestion des communautés...

Si les infographies plaisent, c'est grâce à leur impact visuel fort. Il faut retenir la leçon : les images sont indispensables, et même si vous n'avez aucun talent de graphiste des outils existent pour vous aider.

Canva, outil parfait pour vos images et visuels

Vous allez devoir publier beaucoup d'images et de photos sur les réseaux sociaux, d'où l'importance d'utiliser le bon outil pour gagner du temps et réaliser de belles créations. Il existe de nombreux sites, mais le meilleur est sans conteste https://www.canva.com/ que j'utilise au quotidien.

Ce logiciel n'est pas réservé aux réseaux sociaux, mais toute une section y est consacrée, vous proposant de créer des images aux dimensions de chaque réseau.

Ensuite, vous pouvez piocher dans une banque d'images ou importer les vôtres, ajouter du texte ou des effets visuels, avant d'enregistrer votre création ou de la diffuser.

Utilisez des images .png plutôt que .jpg

Par expérience, j'ai remarqué que les images mises en ligne sur Facebook au format .png sont de bien meilleure qualité que celles au format .jpg. Au moment d'enregistrer votre image, choisissez donc ce format, et n'hésitez pas à convertir les images .jpg. L'opération est très simple, même Paint peut le faire !

Vous prendrez un peu plus de temps pour uploader votre image, car le format png est plus lourd, mais la différence se compte en secondes et le résultat final en vaut la peine.

L'objectif est de présenter un contenu visuel de la meilleure qualité possible. Sachez toutefois que les images ne sont pas les seuls contenus qui plaisent sur les réseaux sociaux. Car si les internautes vont sur Facebook ou Twitter, ce n'est pas seulement pour y trouver de belles images, mais aussi des informations utiles.

Inspirez-vous du brand utility et aidez vos lecteurs

Un type de message est particulièrement apprécié sur les réseaux sociaux : celui qui apporte une réponse à un problème courant. L'objectif étant d'aller au-delà de ce que les internautes attendent de vous, pour anticiper leurs besoins et apporter des pistes pour les aider. Les marques l'ont bien compris et cherchent à ne pas être simplement des vendeurs de produits. Elles apportent une expertise à leurs lecteurs sur tous les sujets qui gravitent autour de leurs produits, et cela s'appelle le *brand utility*.

Prenons l'exemple de ce message publié sur la page Facebook de *Décathlon*. *A priori*, ce n'est pas son rôle de vous aider à choisir le sport idéal pour votre enfant. *Décathlon* est simplement là pour vous vendre le meilleur équipement possible pour pratiquer le sport choisi.

Pourtant, en élargissant un peu son territoire éditorial et en abordant ces problématiques situées en amont de son activité, *Décathlon* apporte un contenu intéressant pour les lecteurs. Il les aide, et prend en compte tout le processus d'achat, qui commence en réalité avec le choix de son sport.

Decathlon France
22 septembre 2017

À chaque rentrée, la même question revient : "quel sport pour enfant ?". Intéressons nous aujourd'hui aux sports de combats, accessibles à toutes et tous !

QUEL SPORT DE COMBAT CHOISIR POUR MON ENFANT ?

Teddy Riner, Lucie Décosse, Anne-Caroline Graffe ... les sports de combat ont aussi leurs icônes. Des personnages emblématiques qui impressionnent les enfants dès...

CONSEILSPORT.DECATHLON.FR

Message Facebook de Décathlon du 22 septembre 2017 (https://www.facebook.com/Decathlon.France/)

À votre échelle, vous pouvez faire de même. Vous vendez du vin? Publiez des articles sur les meilleures techniques pour avoir une bonne cave. Vous êtes fleuriste? Alors rappelez aux internautes comment bien conserver un bouquet. Il y a autant d'idées que de situations possibles! Ce qu'il faut retenir, c'est qu'en prenant en compte les préoccupations de vos lecteurs et en tentant d'y répondre, vous créez une proximité avec eux. Si vos solutions leur plaisent, ils reviendront sur vos réseaux sociaux et sur votre site.

Attention toutefois à rester dans votre territoire: un conseil pour manger sainement est sans doute utile pour tout le monde, mais il n'a évidemment pas sa place sur le compte Twitter d'un fabricant d'automobiles... La difficulté est donc de déterminer avec précision quels sont les sujets dont vous pouvez parler, et ceux qui ne rentrent pas dans votre ligne éditoriale... et lesquels permettent d'enclencher le tunnel de vente!

Apporter des solutions et des astuces pratiques aux internautes marche, car cela satisfait leurs besoins rationnels. Mais comme nous l'avons vu au début de l'ouvrage, vous pouvez varier les registres et jouer sur les émotions.

Évoquez des souvenirs partagés et fédérateurs

Un bon moyen de générer des réactions et des partages est de jouer sur la nostalgie, en évoquant les éléments heureux du passé, et communs à toute une génération.

Message Facebook de LDLC du 12 octobre 2017 (https://www.facebook.com/LDLC.com)

L'exemple suivant est très parlant:

- Il rappelle des souvenirs très positifs.
- La petite roue dentée sous le nom de la page indique que ce message n'est pas diffusé à tout le monde, mais seulement à un public ciblé. Je ne peux qu'essayer d'imaginer ce ciblage, mais je suis prêt à parier qu'il a été réalisé pour viser la tranche d'âge qui correspond à ce souvenir. C'est un excellent réflexe pour que le contenu présenté soit parlant pour ceux qui le lisent. Nous verrons un peu plus loin comment mettre cette technique en œuvre.
- Le petit *émoji* « Nostalgique » permet de faire passer en douceur l'idée principale du message (voir comment ajouter ce type d'élément à vos messages Facebook).

Résultat: un énorme succès pour une publication qui contient quatre mots et une image de mauvaise qualité! Pas mal non?

Vous pouvez régulièrement reproduire ce succès quel que soit l'objet de votre page Facebook: la première édition de la fête annuelle de votre association, le tout premier menu de votre restaurant, etc.

Les listes attirent l'œil

Sur un écran, et encore plus sur les réseaux sociaux, les internautes ont un mode de lecture un peu particulier. Ils papillonnent, mais pas tout à fait au hasard. Les études de *eye tracking*, qui consistent à relever les parties de l'écran observées par les utilisateurs, montrent une sorte de balayage en forme de F. Les internautes partent du haut à gauche puis balayent horizontalement l'écran, avant de descendre et de balayer à nouveau, mais souvent de façon plus limitée.

Que retenir ?

- D'abord, qu'il faut essayer d'être tout en haut de la page. Si votre message apparaît en haut du fil d'actualité de l'internaute, il aura beaucoup plus de chance d'être vu. C'est la même chose que pour la page de résultats d'une recherche Google, mieux vaut être en tête.
- Ensuite, que les internautes ne lisent pas forcément tout votre texte, mais essentiellement le début. D'où la nécessité de soigner votre phrase d'accroche.
- Enfin, organiser son texte sous forme de liste est essentiel pour améliorer la qualité de lecture, et donc la quantité d'information lue.

Une technique consiste à organiser son texte sous forme de liste lorsque cela est possible. Je vais illustrer avec un exemple très simple (page suivante).

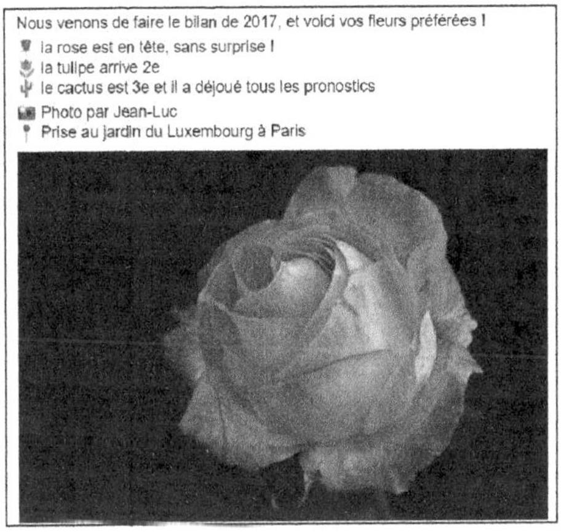

Plutôt que de faire un paragraphe d'un bloc qui énumère différents éléments, revenez à la ligne à chaque fois. Si cela est possible, commencez chaque ligne par un émoji qui annonce la suite, afin de donner des repères visuels à vos lecteurs. J'ai créé cet exemple de message Facebook que pourrait publier un fleuriste après avoir réalisé le bilan annuel de ses ventes. Le petit appareil photo permet de placer sans lourdeur le crédit photographique, et l'épingle rouge est immédiatement associée au lieu. Imaginez ce même message sous la forme d'un long paragraphe : le résultat serait beaucoup moins attractif.

Pensez aux listes incomplètes. C'est un grand classique sur les réseaux sociaux, vous allez rarement donner toutes les informations aux lecteurs afin de les inciter à faire une action. Une liste dont le dernier élément serait ????? suivi d'une incitation à la compléter en commentaire est une bonne façon de générer de l'engagement. Une liste incomplète dont le dernier élément est « Voir la suite sur notre site » permet de générer du trafic sur votre site Web.

Enfin, utiliser les listes est une façon de jouer sur la verticalité des messages, ce qui peut être une excellente idée sur Twitter. Les messages y sont courts et très horizontaux, les textes verticaux sortent donc facilement du lot.

Notons que le pouvoir des listes tient à la mise en forme originale du message : l'effet de surprise est une arme redoutable et à utiliser sans modération.

La surprise, un levier efficace sur les réseaux sociaux

Les formats originaux peuvent surprendre vos lecteurs

L'un des défis sur les réseaux sociaux est de constamment surprendre vos fans ou vos followers, afin de briser la routine et d'attirer leur attention. Car dans leur fil d'actualité, la concurrence fait rage et vous n'êtes pas le seul à vouloir être lu.

C'est pourquoi je vous conseille d'utiliser des formats originaux pour vous renouveler, en particulier sur la forme. Par exemple avec l'application http://textingstory.com/ qui permet de réaliser des vidéos mettant en scène deux personnes qui échangent des textos.

Réaliser une vidéo ne vous prendra que quelques minutes, et offrira un contenu percutant, tout en vous offrant la possibilité de faire passer votre message. Vous n'avez alors plus qu'à la publier sur vos réseaux sociaux, comme n'importe quelle autre vidéo.

Pensez aussi au site https://crello.com/fr/ qui vous permet de réaliser des petites vidéos animées personnalisables. Vous pouvez accompagner le texte de votre choix d'une image qui se déplace, et par conséquent ce type de vidéo simple est parfait si vous avez un message court à faire passer.

Un autre format original est le nuage de mots, que vous pouvez réaliser avec https://wordart.com/ (d'autres sites existent, cherchez-les sur Google et testez-les). Cela permet d'afficher sous une forme agréable une liste d'éléments, par exemple les ingrédients de vos plats, les clubs encore en lice dans une compétition, ou encore les valeurs clés de votre organisation.

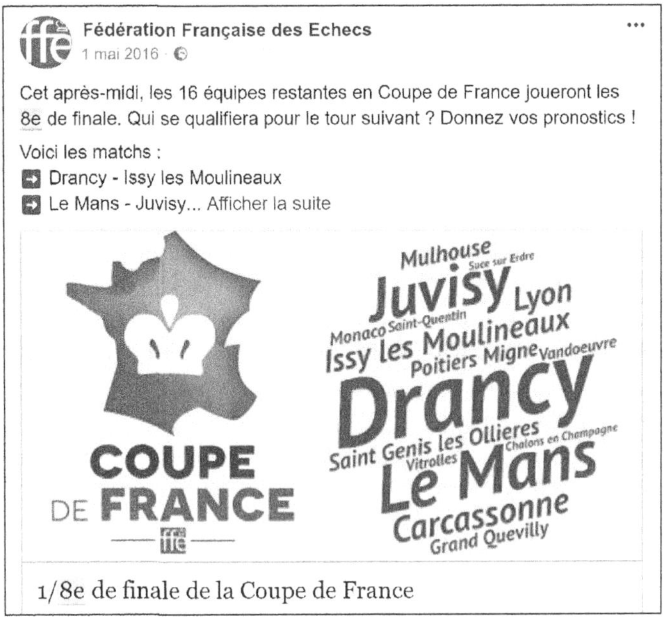

Message Facebook de la Fédération française des échecs, du 1er mai 2016 (https://www.facebook.com/ffechecs/)

Enfin, pensez à https://lumen5.com/ qui transforme un texte en vidéo. Vous reprenez ainsi le contenu rédigé pour en faire un contenu animé. Très efficace, surtout si vous ne publiez pas souvent de vidéos sur Facebook.

Il existe beaucoup d'autres formats originaux, et le plus simple pour les découvrir est de tout simplement aller sur les réseaux sociaux pour les repérer.

Surprenez vos lecteurs en accélérant votre vidéo

Un effet vidéo souvent négligé sur les réseaux sociaux est l'accélération, pourtant très courante à la télévision.

Techniquement, je vous recommande de télécharger l'application Microsoft Hyperlapse qui permet de réaliser cet effet de façon très simple. Vous accélérez votre vidéo, puis vous la partagez sur le réseau social de votre choix. Comme toujours, partagez sur le plus de réseaux possible pour que votre vidéo touche un maximum de personnes.

Les vidéos accélérées permettent de valoriser de nombreuses situations :

- Les mouvements de foule ou déplacements : dans votre restaurant qui se remplit, un stade, une conférence…

- Un paysage avec un élément mobile : si vous êtes un office du tourisme ou un tour-opérateur, imaginez l'effet d'une vidéo accélérée d'un coucher du soleil votre ville.
- Une tâche répétitive : montrez l'envers du décor, avec l'installation d'un événement.
- La préparation d'un produit : la préparation d'un plat, d'un bouquet de fleurs, etc.

Vous allez donc chercher à surprendre le lecteur, mais pas toujours, car parfois faire « comme tout le monde » et surfer sur l'actualité est une bonne idée.

Le newsjacking, ou comment tirer profit de l'actualité

Sur les réseaux sociaux, l'immédiateté est reine. Les buzz se font et se défont très rapidement, c'est pourquoi vous pouvez exploiter les sujets d'actualité en étant réactif et imaginatif. L'objectif est de voir rejaillir sur vos réseaux sociaux une partie de l'engouement généré à propos d'un événement récent.

Parfois, l'actualité rejoint naturellement vos thématiques, et il est facile d'en profiter.

Souvent, le lien n'est pas évident. Or, le *newsjacking* n'a de sens que si un rapport existe entre votre entreprise et l'actualité en question. Tout rapprochement tiré par les cheveux pourrait être mal perçu par votre communauté.

Mais parfois, en étant créatif, vous pouvez surfer sur l'actualité et vous l'approprier, comme je l'avais fait lors de la sortie du film Star Wars pour la Fédération française des échecs.

Sur Twitter, n'oubliez pas d'utiliser le ou les hashtags en lien avec cette actualité. Cela permettra à tous les internautes qui font une recherche par mot-clé de voir votre message.

Comment savoir ce qui fait l'actualité ?

- Sur Twitter, vous pouvez regarder les *trending topics* (ou « tendance à la mode »), ou utiliser un outil comme BuzzSumo ou Hashtagify.
- En consultant les sites d'actualité généralistes, comme *Le Monde*, *Le Figaro* ou *Libération*. Ces sites affichent les articles les plus partagés sur les réseaux sociaux, car ce ne sont pas toujours ceux à la « une ».

Un bon contenu implique souvent le lecteur

Un message lu passivement par l'internaute n'aura jamais le même impact qu'un message qui l'implique plus directement. Il faut donc chercher à placer l'internaute au cœur même de votre message.

Laissez vos lecteurs compléter vos messages

L'objectif de tout bon message Facebook ou Twitter est de générer de l'engagement ou des clics. Une technique à connaître est le *fill the blank*, ou complétez le trou en bon français. Il s'agit d'une phrase volontairement incomplète qui invite le lecteur à publier en commentaire le mot de son choix.

Vous pouvez :

- Poser une question de culture générale en lien avec votre secteur d'activité.
- Demander l'avis des internautes.
- Mais surtout, vous devez trouver un angle d'attaque qui corresponde à votre stratégie et à votre secteur d'activité.

Twitter se prête particulièrement bien à ce petit jeu, grâce à la fonctionnalité de sondage qui génère un fort engagement.

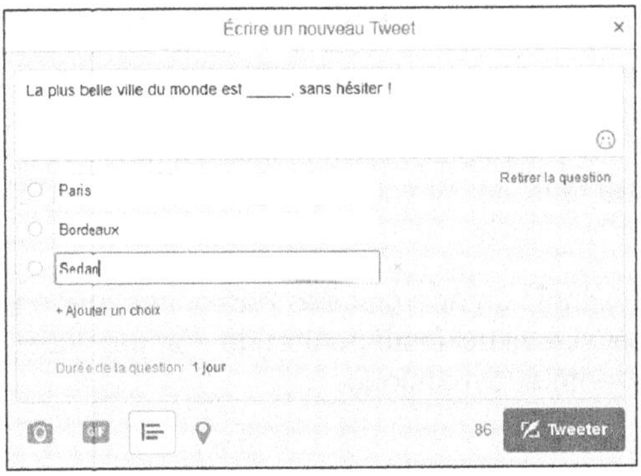

Attention, cette technique ludique ne correspond pas forcément à la tonalité adoptée pour votre page, ou pour votre secteur. Vérifiez bien votre ligne éditoriale afin de ne pas être en décalage !

Surtout, ne tendez pas le bâton pour vous faire battre : certaines phrases à trou invitent immédiatement à des réponses de mauvais goût...

Je vous recommande le plus souvent de faire figurer *les underscores* afin de visuellement inviter intuitivement le lecteur à faire sa proposition. Les réseaux sociaux sont très visuels (je me répète !).

Vous avez 1000 fans sur Facebook ? Ce n'est pas un moment comme les autres

Pensez à remercier vos fans à chaque étape du développement de votre page Facebook (cela vaut aussi pour Twitter et Instagram). L'objectif est d'impliquer les membres de votre communauté dans une aventure commune. Vos réseaux sociaux ne vous appartiennent pas, ils sont aussi à vos fans. Alors soyez reconnaissant et faites au maximum sentir que la réussite d'une page est aussi celle de vos lecteurs.

Voici un exemple de message Facebook que j'ai imaginé pour une salle de concert qui obtient 1 000 fans. La communauté est remerciée, car il ne s'agit pas de s'approprier cette réussite. Si vous avez autant de fans, c'est grâce à eux et non l'inverse.

Autre élément intéressant : on aperçoit des personnes, car on parle de fans, pas seulement de chiffres. Le visuel festif permet de communiquer sa joie d'avoir une communauté importante et dynamique.

Enfin, la référence au nombre de places dans la salle de concert est là pour vous inciter à produire un message original et adapté à votre cible.

Remercier, personnifier et transmettre sa joie sont les trois éléments importants pour un *milestone* (étape importante en français) réussi. J'ai quelques autres conseils :

- Je préfère changer la *cover* plutôt que de faire un message. Ça permet de bien marquer le coup et de rendre encore plus visibles les remerciements.
- N'oubliez pas d'accompagner l'image d'un texte sur un ton complice et enjoué.
- Ajoutez un lien sous forme de *call to action*, et pourquoi pas vers une offre spéciale réservée aux membres de la communauté Facebook. Une belle façon de dynamiser votre page et de prouver par des actes que vous êtes reconnaissant.
- Ou rappelez qu'ils peuvent partager votre message pour que la page poursuive sa croissance. Normalement les demandes de ce type sont plutôt intrusives, mais dans ce contexte particulier cela passe beaucoup mieux.

Et si vous faisiez une petite infographie à partir de vos statistiques Facebook ? C'est l'occasion de révéler à votre communauté de qui elle est composée : origine géographique, heures de connexion, etc.

Je me souviens de *Porsche* qui avait fait un petit buzz au moment de son millionième fan, en publiant une photo de voiture sur laquelle figuraient les noms des fans. Vous pouvez reprendre et adapter l'idée sans vous ruiner avec un générateur de *cloud* à partir des noms des fans ou des mots-clés de votre page (cf. plus haut comment faire des clouds de mots). Vous pourrez ainsi réaliser un beau 10 000 constitué des mots de votre choix.

Collez vos lecteurs avec des petits jeux qui portent vos couleurs

Les réseaux sociaux étant un espace de détente, les messages ludiques y ont une place de choix. À côté du contenu sérieux que vous allez publier, je vous recommande de régulièrement divertir votre audience avec des jeux.

La page Facebook de Windows a par exemple publié ce message, jeu de logique mathématique qui a généré de nombreux commentaires.

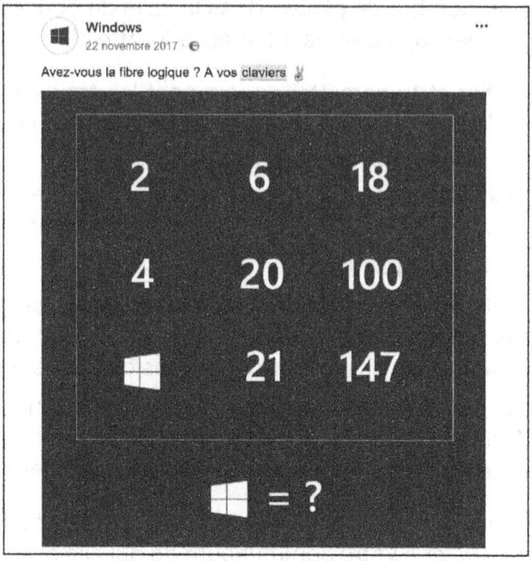

Message Facebook de Windows France du 22 novembre 2017 (https://www.facebook.com/WindowsFrance/)

L'intérêt de ce type de messages est double :

- D'une part, vous allez générer un fort engagement, ce qui permet de régulièrement rebooster votre portée en touchant de nombreuses personnes. Votre prochain message, peut-être moins ludique, en profitera.
- D'autre part, en habillant l'image avec votre logo et votre couleur, vous faites passer un message publicitaire. Il n'est pas très agressif et ne pousse pas à l'achat immédiat, mais cela reste une forme de publicité (douce, et c'est tant mieux).

Vous pouvez même placer un lien vers votre site, sur une page qui contient la réponse, mais aussi d'autres informations qui peuvent séduire le visiteur, par exemple une promotion...

Où trouver ces jeux ? Une recherche Google « Casse-tête mathématique » ou « Casse-tête logique » devrait vous donner de l'inspiration. Il ne vous reste plus qu'à les personnaliser, en utilisant des éléments graphiques qui vous sont associés.

En manque de contenu ? Voici un peu d'inspiration

Sur les réseaux sociaux, vous allez publier du contenu spécifique selon votre domaine d'activité, votre actualité, votre stratégie... Mais il existe forcément des moments un peu creux, ou par lassitude ou par manque d'imagination, vous ne savez plus quoi publier. Surfant sur les réseaux chaque jour, j'ai remarqué plusieurs types de sujets qui fonctionnent toujours bien.

Les coulisses : prenez une photo de votre équipe, soit en train de travailler sur un projet, soit dans une situation plus décontractée. Dévoilez les coulisses de l'entreprise ou de l'association, afin de créer une proximité et une complicité avec les lecteurs. Le Parc Astérix a par exemple eu la très bonne idée de mettre en avant sur LinkedIn l'équipe qui travaillait sur l'installation de sa nouvelle attraction.

Message LinkedIn du Parc Astérix de février 2017 (https://www.linkedin.com/company/94265)

L'anniversaire : « Il y a un an jour pour jour, nous faisions XXX ». Rappeler les grands événements de l'année dernière est souvent une bonne idée, un contenu facile à produire et qui rappelle de bons souvenirs aux lecteurs.

Les citations : inspirantes et percutantes, elles offrent un contenu facile d'accès, viral et qui reflète votre identité en une phrase. Vous pouvez les créer facilement à partir d'une image en utilisant Photoshop (voire Paint !), ou utiliser un outil spécifique comme http://quozio.com/ ou encore https://pablo.buffer.com/ qui permet de réaliser des montages plus élaborés.

Si les citations sérieuses porteuses de valeurs fortes connaissent un grand succès, certains tentent des citations décalées.

Message Instagram de Selectionnist_fr du 9 septembre (https://www.instagram.com/selectionnist_fr/)

La statistique : mettez en avant un chiffre clé de votre activité récente. Les chiffres sont très parlants, et par conséquent appréciés.

L'astuce : vous connaissez forcément vos produits ou vos services, alors partagez avec vos lecteurs un conseil utile. C'est le fameux « le saviez-vous ? »

Le produit de saison : publiez une photo de votre produit et d'un élément emblématique de votre activité dans un contexte de saison.

Le témoignage : publiez l'avis d'un client, ou reprenez le commentaire d'un membre de votre communauté sur les réseaux sociaux.

Le conseil : vous avez vu un reportage ou lu un livre passionnant en lien avec votre activité ? Faites-le savoir à vos lecteurs.

Malgré ces nombreux exemples vous manquez d'inspiration ? Dites-vous que les meilleures idées sont peut-être sous votre nez, et même en vous, dans votre histoire.

Racontez une histoire sur les réseaux sociaux : la vôtre

Pour réussir à faire passer votre message, vous devez utiliser des arguments rationnels (« je suis moins cher et je le prouve » ou « je suis meilleur, voici pourquoi »), mais aussi des arguments émotionnels. Jongler avec ces deux registres permet de mieux toucher vos cibles, car même les personnes les plus cruelles ont au fond de leur cœur de pierre un peu d'humanité, et même quelquefois des sentiments.

La technique la plus en vogue pour jouer la carte de l'émotion est le *storytelling**, qui consiste à raconter une histoire. Une histoire simple, la vôtre, ou celle de votre entreprise, avec ses moments heureux, ses valeurs, ses origines, les hommes et femmes qui la font vivre.

J'ai remarqué qu'il est très difficile de raconter une histoire, et même après avoir lu de nombreux articles sur le sujet déployer son *storytelling* sur les réseaux sociaux n'est pas simple. C'est pourquoi je préfère vous présenter les éléments clés de votre histoire, illustrés par des exemples.

Présentation du héros de l'histoire

Il peut s'agit du fondateur, mais le plus souvent vous allez privilégier l'entreprise elle-même. Le *storytelling* permet de revenir aux sources, de raconter les origines du projet, les valeurs portées dès le départ. Je parle du « héros » de l'histoire car il faudra le présenter sous son meilleur jour... sans pour autant mentir. Sur Internet tout se sait !

Prenons l'exemple de Lacoste, qui mobilise régulièrement l'exemple de son co-fondateur René Lacoste, champion de tennis au palmarès impressionnant et surnommé « le crocodile ». La marque publie des photos et rappelle ses exploits, ce qui est à mon avis un excellent réflexe ! Si cette histoire commence maintenant à dater, cela n'en reste pas moins une vraie force pour communiquer sur les réseaux sociaux. Car tout va tellement vite sur Internet que pouvoir se rattacher à un passé riche est une chance.

Vous allez me rétorquer : « Oui, mais il s'agit de *Lacoste*, tout le monde n'a pas la chance d'avoir eu un fondateur prestigieux né au siècle dernier ». Vous avez en partie raison. Car s'il est plus facile pour certaines marques ou entreprises de créer un héros avec une grande profondeur historique, tout le monde a une histoire. Simplement, on ne pense pas toujours à la mobiliser.

Sur Internet tout va très vite, et on oublie souvent notre histoire, qui est pourtant devant nos yeux. Vous êtes une association de quartier ? Rappelez pourquoi elle a été créée. Vous avez ouvert un restaurant ? Pourquoi ce changement de vie ? Pas besoin d'être Steeve Jobs et d'être une icône pour avoir une histoire intéressante à raconter.

Le problème, la lutte

Une histoire sans problème n'a aucun intérêt. Ce qui est intéressant, c'est la difficulté, qui permet au héros de prouver ses qualités. Racontez pourquoi votre entreprise ou association est née, quelles sont les difficultés rencontrées... Vous n'en sortirez que plus humain, et faciliterez l'identification du lecteur à votre cause.

L'allié

Avez-vous remarqué que dans les histoires pour enfant le héros rencontre un ami qui va l'aider à surmonter ses épreuves? On l'appelle parfois l'adjuvant, et il sert de faire-valoir au héros, tout en jouant la carte de l'amitié et du travail collectif. Vous avez forcément des alliés dans votre entourage? Un investisseur qui vous a fait confiance? Un contact qui a cru en vous? Un média qui a publié un article décisif pour votre activité?

N'oubliez pas votre allié le plus précieux: vos clients, et donc votre communauté. Un aspect essentiel du *storytelling* est de raconter une histoire avec vos lecteurs, en les impliquant directement. Le rôle d'ami/allié ira forcément à vos fans Facebook ou à vos followers!

Je vais ici prendre l'exemple de *Michel et Augustin*, marque de gâteaux devenue célébrissime sur Internet grâce à son excellente communication sur les réseaux sociaux. Son ton est généralement décalé et léger afin d'établir une vraie proximité avec ses clients. Petite marque qui n'avait *a priori* aucune chance de jouer dans la cour des grands, *Michel et Augustin* a capitalisé sur la sympathie de ses clients pour devenir un acteur incontournable du marché.

Pas étonnant donc, dans cette histoire que les fondateurs rappellent en permanence sur les réseaux sociaux, les clients/fans soient mobilisés au premier rang. Un juste retour des choses pour cet allié qui explique pour beaucoup la réussite de l'entreprise. L'un des deux patrons met ici lui-même la main à la pâte (désolé pour ce jeu de mots).

Message Twitter de Michel et Augustin du 26 septembre 2017
(https://twitter.com/Michel_Augustin)

Le combat final et la victoire du héros

Toute bonne histoire a un dénouement heureux, et la vôtre ne fait pas exception. Racontez comment, à l'aide de vos alliés, vous avez réussi à résoudre le problème initial. Cela peut passer par un combat final, comme dans les films hollywoodiens.

Prenons l'exemple (page suivante) d'un club de foot qui réussi à monter en ligue supérieure à la fin de la saison. Un moment historique qu'il ne faut pas oublier de rappeler. Mais à votre échelle, il peut s'agir d'un succès bien plus modeste : un label qui récompense vos compétences, un article de presse élogieux, un événement réussi...

J'ai choisi cet exemple car il montre bien à quel point le combat final n'est jamais vraiment... final ! Toute organisation a de nouveaux objectifs en permanence (ici la remontée du club en ligue 1, car il est redescendu depuis), et votre *storytelling* ressemble souvent à une histoire sans fin capable de remobiliser votre public pour lui faire vivre de nouvelles aventures. Ce qui nous amène logiquement à une dernière étape du récit...

Message Twitter du Stade de Reims du 20 mars 2015 (https://twitter.com/StadeDeReims)

Poursuivons ensemble l'aventure

Le récit puise des ressources du passé pour inciter vos lecteurs à agir dans le présent. Votre belle histoire a donc pour finalité l'action, que ce soit l'abonnement, le partage, l'achat... N'oubliez donc pas de faire le lien entre votre *storytelling* et vos objectifs. Sinon, tout ceci ne sert pas à grand-chose.

Le meilleur est sans doute *Yves Rocher*, entreprise bien connue des Français. Son histoire est liée à celle de son fondateur éponyme, qui fit le choix de la beauté par les plantes. Pour prolonger l'héritage du héros fondateur, la marque communique beaucoup sur le bio et la nature. L'histoire s'achève donc au présent, pour cultiver une image positive auprès de consommateurs de plus en plus inquiets des produits chimiques. *Yves Rocher* confirme le choix de son fondateur, et invite les clients à poursuivre l'aventure, encore aujourd'hui.

Attention, tous les éléments de l'histoire que vous racontez doivent être compréhensibles sans avoir lu les autres. Car si on lit le *Petit chaperon rouge* d'une seule traite, personne ne verra tous vos messages Facebook ou Twitter. Créez donc une histoire tel un puzzle dont toutes les pièces ont un sens facilement accessible.

Mémento: Les contenus qui marchent

- Les contenus qui marchent sont d'abord les contenus intéressants, d'où la nécessité de mener une veille très active dans votre domaine pour dénicher les informations et les articles pertinents.

- Les réseaux sociaux sont très visuels : pour plaire votre message doit contenir une photo, une infographie, une vidéo...
- Un bon contenu implique le lecteur : il doit être actif face au message, il peut même y apporter sa contribution.
- Les internautes aiment être surpris, que ce soit sur la forme ou sur le fond. Soyez créatif !
- Vos lecteurs utilisent les réseaux sociaux pour s'informer. Par conséquent, essayez de surfer sur l'actualité.
- Jouez sur les émotions pour générer des réactions, en racontant votre histoire, et non des histoires.
- Un anniversaire, une citation, une astuce, un témoignage, les coulisses... souvent, les contenus les plus populaires sont les plus simples, comme lors d'une discussion avec des amis à la terrasse d'un café.

Valorisez vos meilleurs contenus

Vos contenus fonctionnent bien ? Bravo ! Reste à en tirer profit au maximum en les mettant en avant, ou en les réutilisant.

Réutiliser un même contenu de façon subtile sur les réseaux sociaux

Vous êtes en permanence à la recherche de contenu pour le publier sur les réseaux sociaux ? Alors n'hésitez pas à republier plusieurs fois le même. C'est d'ailleurs le conseil de Guy Kawasaki dans son (excellent) ouvrage *L'Art des médias sociaux*. Il y prouve, chiffres à l'appui, qu'un tweet publié plusieurs fois génère davantage d'interactions et de clics.

Soyez néanmoins prudent, et ne vous contentez pas de faire un simple copier-coller : changez la présentation de votre message, à la fois pour camoufler ce qui au fond reste un matraquage, mais aussi pour jouer sur différentes cordes sensibles chez vos lecteurs :

- Utilisez une image différente.
- Changez l'accroche : dans le premier message, placez une citation forte, dans le 2e jouez la carte de l'humour, dans le 3e cherchez davantage l'émotion, etc.
- Espacez un minimum les publications du même message. Même sur Twitter, attendre au moins une journée est souhaitable.
- Ne republiez pas les messages qui ont fait un flop. Cela semble évident non ?

- N'abusez pas de cette pratique sur Facebook, qui contrairement à Twitter n'est pas vraiment adapté à un rythme de publication démentiel.

Message Twitter de l'Express du 14 février 2017
(https://twitter.com/LEXPRESS)

J'ai trouvé un bon exemple sur le compte Twitter de *l'Express* : le même tweet est publié de façon totalement identique plusieurs fois. Certes, il y a la mention #repost qui a le mérite de l'honnêteté, mais pourquoi ne pas avoir changé d'accroche et si possible de photo ? Le tweet n'avait pas obtenu un succès énorme la première fois, c'était l'occasion de tester un nouvel angle d'attaque.

Si mon astuce semble basique, j'ai souhaité en parler car vous observerez en pratique que les comptes qui l'appliquent sont très rares. Dommage !

Épingler ses meilleures publications pour les rendre plus visibles

Aujourd'hui, un conseil tout bête pour ses réseaux sociaux : pensez à épingler une publication sur Facebook et Twitter. Techniquement c'est très simple, il suffit de dérouler le menu d'option sur le message en question, et de cliquer sur… « Épingler ». Logique non ?

En un clic, le message en question s'affichera désormais automatiquement en premier lorsqu'un internaute visitera votre page Facebook ou votre profil Twitter.

L'intérêt est bien évidemment de mettre en valeur un contenu particulièrement important. Mais il faut penser en termes d'expérience utilisateur : qui va se rendre sur votre profil ? Car généralement, les internautes se contentent de lire vos messages via le fil d'actualité. Ceux qui feront la démarche d'aller voir votre profil ont sans doute une bonne raison de le faire. Cela signifie qu'ils s'intéressent à vous, qu'ils cherchent à en savoir plus.

Vous devez donc épingler un tweet ou un post Facebook qui dévoile qui vous êtes, avec un lien vers votre site Internet ou une page particulièrement forte et emblématique. Si vous êtes un site marchand, mettre en évidence votre dernier produit ou une page d'achat est une très bonne idée. L'internaute est allé vers vous, vous pouvez donc lui proposer vos produits.

Le véritable conseil aujourd'hui n'est pas tant la méthode pour épingler, car vous la connaissiez sans doute déjà. Le conseil, c'est de penser à le faire régulièrement ! J'ai observé de nombreux comptes Twitter dont le message épinglé date de plusieurs mois. Il s'en dégage une impression statique, comme si le compte n'était pas mis à jour.

À chaque fois que vous publiez un message important, demandez-vous s'il n'aurait pas sa place tout en haut de votre mur Facebook ou profil Twitter.

Avec un seul contenu, créez de nombreux messages

Sur Internet créer du contenu est un investissement : il vous faut une bonne idée, et surtout du temps pour rédiger un article de blog, ou un livre blanc. Vous n'allez donc pas pouvoir multiplier à l'infini votre contenu. Or, le rythme des réseaux sociaux est tel qu'il vous faudra en permanence de nouvelles choses à publier. Le bon réflexe est donc, à partir d'un contenu, de créer plusieurs messages. Comment ?

Premier exemple : vous venez de rédiger un article de blog. Le premier réflexe est de publier le lien sur vos réseaux sociaux. Dans un deuxième temps, vous pouvez réaliser une infographie à partir de cet article. Et pourquoi pas dans un troisième temps tirer une citation inspirante de l'article, en demandant à vos lecteurs de réagir ?

Deuxième exemple : à l'occasion d'un événement, vous avez fait appel à un vidéaste qui a réalisé une vidéo de plusieurs minutes. Vous pouvez en sélectionner plusieurs extraits et les publier avec quelques jours d'intervalle afin d'avoir deux ou trois messages au lieu d'un seul. Dites-vous bien qu'il est rare de regarder une vidéo de trois minutes sur Facebook, alors mieux vaut la découper en plusieurs parties.

Tout dépend du contenu à votre disposition, mais la philosophie reste la même. Sur les réseaux sociaux, le rythme de publication est plus dense, et chaque message plus court. Adaptez vos contenus en conséquence.

Vos communications offline ont leur place sur les réseaux sociaux

Traditionnellement, il existe une séparation entre la communication en-ligne et hors-ligne. On prépare des courriers en début d'année pour relancer les inscriptions, ou pour les fêtes afin de stimuler les ventes, mais on ne pense pas forcément à utiliser ce contenu pour la communication Web. C'est une erreur!

Ne gâchez pas du contenu sous prétexte qu'il n'a pas été réalisé spécifiquement pour les réseaux sociaux. Au contraire, chaque euro dépensé pour faire des envois courriers, une page de publicité dans un magazine ou des flyers doit aussi servir à alimenter vos comptes sur les réseaux sociaux. Ils constituent un moyen comme un autre d'amplifier le message que vous souhaitiez faire passer. Que le média d'origine soit offline ne change rien.

Voici un premier exemple très réussi (ci-dessous): le salon ABC Kid'Z a réalisé un joli calendrier pour annoncer la date de lancement. Cette création originale a été publiée sur Facebook, ce qui est le bon réflexe.

Message Facebook d'ABC Kid'Z du 4 octobre 2017 (https://www.facebook.com/abckidzbordeaux/)

Idem (page suivante) pour ce courrier commercial de fin d'année d'une maison de champagne. Envoyé aux clients, il a lui aussi sa place sur la page Facebook de l'entreprise car il est élégant et montre l'intérêt porté à la clientèle.

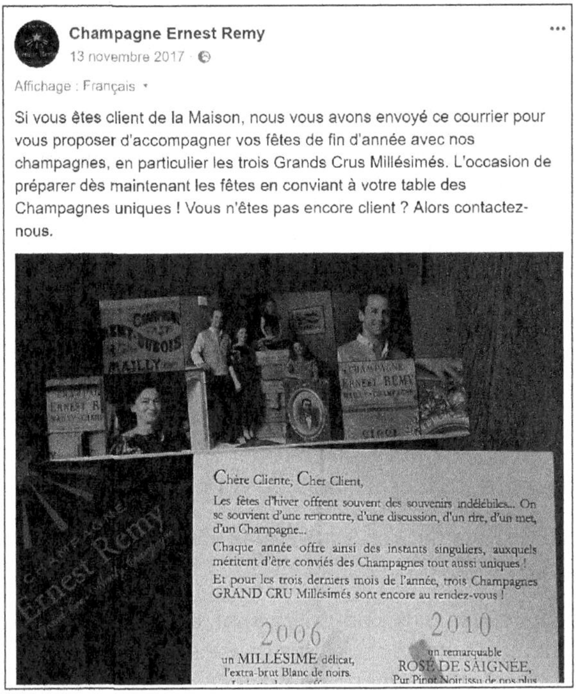

Message Facebook du champagne Ernest Remy du 13 novembre 2017 (https://www.facebook.com/Champagne-Ernest-Remy-154222564627506/)

Cette technique est très simple, mais comme d'habitude le plus compliqué est de penser à le faire!

À ce stade du livre, vous devriez avoir quelques idées de contenu à publier. Reste pourtant un point crucial: quand les publier?

Le bon rythme de publication

Publier ses messages aux bons moments sur les réseaux sociaux

Rien que d'écrire le titre, j'ai en tête les nombreux articles et infographies sur le sujet. Vous en trouverez des centaines, avec des avis définitifs sur la question:

« Publiez entre 16 h et 17 h, mais surtout pas le mardi ! » Tout cela est plutôt ridicule.

Le meilleur moment pour publier est celui où vos fans sont en ligne et donc plus susceptibles de voir vos messages. Chaque communauté est différente, avec des habitudes particulières. Vous devez donc aller dans vos statistiques pour découvrir le pic de connexion des membres de votre communauté.

Sur Facebook c'est très simple, il suffit de vous rendre dans vos statistiques de page, puis sur « Publications ». Là, vous obtiendrez un joli graphique qui vous permettra de découvrir le meilleur moment pour publier.

D'expérience j'ai remarqué, sans surprise, que la forme générale de ce graphe est toujours la même. Je parie que la vôtre montre un creux la nuit, mais je vous invite à aller vérifier vous-même. Après tout, il est logique que les internautes dorment la nuit, n'est-ce pas ? On observe un premier pic dans la matinée vers 9 heures, puis un deuxième en fin d'après-midi. Si votre rythme de publication est de deux messages Facebook par jour, vous pouvez jouer sur ces deux pics. Je le fais sur certaines de mes pages et cela fonctionne plutôt bien. D'autant que les internautes qui se connectent le matin ne sont pas toujours les mêmes que le soir, donc vous touchez une partie plus large de votre communauté.

Mais c'est à vous de regarder vos statistiques et de prendre la bonne décision en conséquence.

Cependant, les heures les plus populaires sont les plus concurrentielles : les statistiques montrent que l'activité est la plus dense sur Twitter entre 11 h et 13 h. Les internautes se connectent beaucoup pendant ce créneau horaire. À première vue, c'est donc le moment idéal pour envoyer ses messages. Mais en réalité, vous risquez de voir vos messages noyés dans la masse. Le phénomène est comparable aux embouteillages : votre GPS détermine le trajet le plus rapide, mais comme tout le monde reçoit le même conseil, il est fort à parier que des bouchons vont apparaître sur ce tronçon. Le chemin le plus rapide est donc parfois un chemin de traverse, moins emprunté. Sur Twitter, c'est la même chose. C'est pourquoi je vous conseille de ne pas trop donner d'importance aux infographies qui vous disent de publier à telle heure ou tel jour de la semaine.

Essayez de Twitter très tard le soir, très tôt le matin, ou même la nuit lorsque la concurrence en nulle. Vous serez surpris du résultat...

Allons plus loin : ce conseil vaut nous seulement pour l'horaire de publication, mais aussi pour la date. Je vous déconseille par exemple de publier beaucoup lorsque l'actualité est très chargée et monopolisée par un événement majeur, par exemple la mort d'une célébrité. Soyez malins, prenez les petites routes et évitez les embouteillages !

Enfin, rappelons que Facebook n'est pas un réseau social en direct: vouloir affiner l'heure de publication d'un message Facebook à la minute – et même à l'heure – n'a aucun sens. Car sur Facebook les messages n'apparaissent pas en direct, leur publication sur le fil d'actualité de vos fans se fera progressivement, parfois plusieurs heures après avoir cliqué sur le bouton « Publier ». Cela doit vous faire d'une part abandonner l'idée d'une maîtrise de l'horaire de publication, et d'autre part vous devez anticiper parfois plusieurs heures à l'avance votre message pour qu'il arrive à temps dans le fil d'actualité des internautes.

Dans le cas d'un événement, je vous conseille donc d'annoncer le top départ un peu en avance sur Facebook – une heure environ – car le message risque d'être diffusé trop tard chez de nombreux fans si vous le faites au moment du début réel de l'événement.

Terminons par le contexte, qui est l'élément le plus important pour déterminer l'heure de publication. Vous avez connaissance d'un scoop qui vient de tomber, allez-vous vraiment attendre l'heure optimale de publication? Bien sûr que non, même si l'horaire n'est pas idéal vous devez le publier.

En résumé, ne soyez pas crispé sur des règles précises, qui souvent ne reposent pas sur grand-chose. C'est d'abord le contenu de votre message qui va déterminer son moment de publication.

Faut-il publier beaucoup sur les réseaux sociaux?

Sur Facebook, on est souvent tenté de compenser la baisse de la portée (de moins en moins de gens voient vos messages) par une augmentation du rythme de publication. Ce réflexe peut être dangereux pour plusieurs raisons:

- La durée de vie d'un message Facebook est de plusieurs heures, et multiplier les publications vous fait courir le risque d'une cannibalisation d'un message par un autre. Le 2e message publié va tuer le premier, et votre portée générale baissera.
- Par expérience, je crois que Facebook pénalise très fortement les pages qui publient trop de messages. Trois par jour est déjà un rythme élevé.
- En publiant trop régulièrement, vous risquez de lasser votre audience, avec un réel risque de désabonnement.
- Publier beaucoup, c'est très souvent publier des choses de mauvaise qualité. Avez-vous vraiment un contenu d'une richesse telle qu'il mérite quatre messages par jour? Ne privilégiez jamais la quantité au détriment de la qualité.

La règle est donc de publier avec modération (un à trois messages par jour), d'étaler dans la journée les publications (respecter un délai d'au moins trois heures) et surtout de ne publier que du contenu de qualité. Si vous observez ces consignes, vous verrez que la question du rythme de publication se résoudra d'elle-même.

Souvent, on publie trois messages Facebook à la suite par facilité: je suis devant mon ordinateur, j'ai vingt minutes devant moi, alors je publie tous les messages avant d'aller faire autre chose. Mais heureusement, Facebook dispose d'un outil pour programmer ses messages. Prenez à vous en servir!

Sur Twitter, le problème est différent: le flot d'informations est tel que la plupart de vos followers ne voient pas vos messages. La durée de vie d'un tweet est en effet très réduite, contrairement à Facebook. Vous pouvez donc vous permettre une stratégie bien plus agressive que sur Facebook, quitte à publier plusieurs fois un même message, en le modifiant comme je l'ai déjà conseillé.

Il est donc tout à fait possible de publier 10 tweets par jour, voire plus. Là encore, quelques règles s'imposent:

- Ne publiez pas cinq tweets à la suite: vous passerez pour un spammeur, et surtout vous ne toucherez que les mêmes personnes. En publiant beaucoup mais en étalant vos publications dans le temps, le but est bien de toucher tous vos followers, qui se connectent à des heures différentes.
- Publier cinq tweets d'affilée est comme apporter cinq plats d'un seul coup au restaurant: c'est totalement indigeste, personne ne peut cliquer sur tous vos liens et lire d'un seul coup vos différents articles.
- Si vous avez un contenu suffisant, vous pouvez publier toutes les heures. Plus je travaille sur Twitter, plus je crois qu'un rythme de publication élevé est une bonne chose.
- Republiez en priorité vos messages qui fonctionnent. Ceux qui font un flop peuvent tomber dans l'oubli, sans aucun regret.

Sur Instagram: il est tout à fait possible de publier plusieurs photos chaque jour sur Instagram. La qualité du contenu est une fois de plus le facteur déterminant. Personne ne vous en voudra de poster cinq bonnes photos en une seule journée. Par contre, une mauvaise photo par jour sera suffisante pour faire fuir vos followers.

En résumé, voici quelques conseils pour déterminer le bon rythme de publication:

- Qu'en pensent vos internautes? Se désabonnent-ils de vos pages, cessent-ils de vous suivre sur Twitter? Observez-vous une absence de réactions lorsque vous oubliez un message? Si la réponse est oui, alors vous publiez sans doute trop, et donc des choses de qualité médiocre. Le bon rythme de publication est celui qui plaît à vos lecteurs, tout simplement.
- Avez-vous un contenu suffisant pour publier beaucoup? On imagine mal la page Facebook d'un fleuriste publier quotidiennement, alors qu'on attend du Monde.fr des messages très fréquents pour suivre en direct l'actualité.
- Fondamentalement, le bon rythme de publication est celui qui marche pour vous. Publiez, testez, analysez, et tirez les leçons qui s'imposent!

Trouver la bonne fréquence de publication est essentielle, afin de ne pas ennuyer vos communautés. Votre but est en effet de les séduire, afin de les faire grandir.

Développez vos communautés sur les réseaux sociaux

Obtenir plus de *likes* est devenu une obsession pour de nombreux responsables, les yeux rivés sur le compteur de la page Facebook. « Il faut aller chercher de nouveaux fans! » entend-on, alors même que bien souvent vos meilleurs fans sont juste devant vous.

Vos premiers ambassadeurs sont souvent sous votre nez

La quête de l'engagement fait parfois oublier que vous disposez de nombreuses personnes autour de vous capables d'amorcer la pompe. Vos premiers ambassadeurs sont souvent sous votre nez.

1. **Vos collègues:** si vous gérez les réseaux sociaux d'une entreprise, demandez à tous vos collègues de *liker* la page ou de follower sur Twitter, et d'interagir régulièrement. N'hésitez pas à voir large et à mobiliser l'ensemble des collaborateurs. Si besoin, demandez à votre direction ou à votre supérieur un coup de main pour relayer votre demande.
2. **Vos amis/proches/famille:** vous avez en théorie une certaine proximité avec les personnes qui vous suivent sur les réseaux sociaux. Vous pouvez donc les mobiliser eux aussi.

Cela vaut particulièrement pour les petites pages, pour lesquelles le moindre *like* peut sensiblement doper la portée organique de vos messages. Car si chacun de vos messages peut compter sur une vingtaine de *likes* ou quelques retweets, c'est déjà un sacré coup de fouet qui peut lancer une dynamique.

Évidemment, si vous êtes le community manager de *Burger King*, le *like* de votre maman ne sera pas déterminant!

Une fois vos premiers ambassadeurs identifiés et ralliés à votre cause, vous allez devoir faire preuve d'un peu d'imagination pour gagner des fans. Et cela ne se passera pas toujours sur les réseaux sociaux...

Faites connaître vos réseaux sociaux avec les signatures de vos mails

Généralement, on cherche à développer ses communautés uniquement sur les réseaux sociaux eux-mêmes, ce qui est une erreur. Les réseaux sociaux ne vivent pas en vase clos! Utilisez tous vos supports de communication, *online mais aussi offline*, pour renforcer vos comptes sociaux.

L'astuce la plus facile à mettre en place est d'intégrer dans votre signature mail des liens vers vos différents comptes sociaux. Que vous utilisiez l'outil natif de Gmail ou, plus probablement un logiciel de messagerie comme Outlook ou Thunderbird, cela ne prend que quelques minutes. Intégrez une petite icône Facebook avec un lien, ou un texte court et incitatif du type « Suivez-nous sur Facebook! »

Pour vous convaincre de l'intérêt de cette technique, ouvrez votre boîte de messages envoyés et faites un petit calcul. Combien d'interlocuteurs, souvent qualifiés, peuvent être ainsi incités à vous suivre? Beaucoup!

Dans votre entreprise, vous pouvez aussi suggérer à vos collaborateurs d'ajouter ces liens dans leurs signatures mails. Certains seront réticents, il faut souvent bien faire passer l'idée que les salariés d'une entreprise en sont les premiers ambassadeurs.

Cette astuce peut sembler simple, trop simple même, et pourtant je l'observe rarement lorsque j'ouvre mes mails. Rares sont ceux qui l'utilisent et c'est bien dommage, car ajouter ses réseaux sociaux en signature de son mail ne prend que quelques minutes, et vous en tirez ensuite profit pendant des années...

Mettez votre newsletter au service de vos réseaux sociaux

Tous vos supports de communication numérique doivent travailler ensemble. Prenons l'exemple de votre newsletter: met-elle réellement en avant vos réseaux sociaux?

Premier réflexe, y intégrer des liens vers vos réseaux sociaux. Pensez à les faire figurer en bonne place, car traditionnellement, ces boutons sont à la toute fin, à peine plus visibles que les mentions légales. Ce n'est pas l'idéal, je vous conseille de les placer plutôt au début, au même niveau que le lien général vers votre site.

De nombreux logiciels de mailing permettent aussi d'intégrer un bouton de partage de la newsletter directement sur les réseaux sociaux. Et c'est très simple! En deux clics, vous avez ajouté sur mailjet des liens vers vos pages Facebook, Twitter et Pinterest à votre mailing. N'oubliez pas d'insérer un *call to action*: « Vous avez aimé cette lettre? Faites-la découvrir à vos amis en cliquant ici! »

Pensez aussi à faire régulièrement la promotion de votre page Facebook ou de votre compte Twitter dans un article dédié. « Rejoignez dès maintenant la communauté », « Venez discuter avec nous » ou toute autre formule ouverte fonctionnera.

Enfin, pensez aussi à utiliser https://clicktotweet.com/ qui permet à un utilisateur de partager du contenu sur Twitter en un clic. Cela peut s'avérer très utile dans de nombreux cas.

Valorisez vos réseaux sociaux avec votre communication offline

Et si votre communication offline donnait un coup de boost à vos communautés sur les réseaux sociaux ? Car il est faux de penser que Facebook, Twitter et compagnie vivent dans un monde à part. C'est pourquoi vous devez valoriser vos réseaux sociaux sur tous vos supports de communications hors-ligne :

- Vos papiers à courrier : ils contiennent toujours votre adresse et votre numéro de téléphone, mais avez-vous pensé à y faire figurer le logo Facebook ainsi que l'adresse de votre page ? Cela vaut pour tous vos autres supports.
- Vos cartes de visite.
- Vos brochures.
- Vos affiches, en particulier lors d'un événement, mais aussi dans vos locaux.
- Vos factures et reçus.
- Votre vitrine.
- Votre message d'attente téléphonique.
- À l'oral lors de contacts avec les clients.
- Et même sur les véhicules professionnels !

Impossible de faire une liste complète, tout dépend de votre situation. Mon conseil est de bien étudier comment faire le lien entre votre communication en-ligne et hors-ligne, de les décloisonner, et de créer des synergies entre elles.

Faites figurer sur votre site des boutons qui renvoient à vos réseaux sociaux

Pour développer la taille de vos communautés sur les réseaux sociaux, faites figurer en bonne place des liens sur votre site Internet. Cela peut sembler évident, mais il n'est pas rare de voir ces boutons confinés, presque cachés, comme si on avait honte d'être sur Facebook ou Twitter !

> **Conseil**
>
> *Placez ces boutons en haut de la page d'accueil et choisissez une taille suffisamment grande pour qu'ils soient visibles.*

Ne vous contentez pas de placer des liens vers vos réseaux sociaux, mais indiquez clairement l'intérêt de vous suivre pour les internautes : « Rejoignez-nous sur Facebook pour découvrir en exclusivité nos promotions » ; « Suivez-nous sur Twitter pour ne rater aucune info sur [votre domaine d'activité] ». Les internautes sont très sollicités et tout le monde est désormais présent sur les réseaux sociaux. Il faut donc séduire et expliquer clairement quelle est votre valeur ajoutée !

Facilitez le partage de vos articles directement sur les réseaux sociaux

Sur votre site Web, vos articles doivent comporter des boutons afin d'être partagés sur les réseaux sociaux. Imaginez qu'un lecteur apprécie votre contenu, et souhaite le partager : il n'a alors plus qu'à cliquer pour que votre article soit publié sur son compte Facebook ou Twitter. Une bonne façon de jouer la carte de la viralité et donc d'augmenter sans frais le trafic sur votre site Internet.

Mais souvent, les boutons de partage vers les réseaux sociaux sont mal placés, car le webmaster s'intéresse assez peu à l'ergonomie. On lui a demandé de mettre en place un bouton de partage qui marche, il le fait, mais il ne va pas chercher si l'emplacement est vraiment pratique pour le lecteur.

1. Les boutons doivent être gros et visibles. Cela semble évident, mais amusez-vous à regarder sur des sites connus et vous verrez que cette consigne de base n'est pas toujours respectée.
2. Placer deux boutons est une bonne idée : un en haut (au niveau du titre), et un en bas. Celui du haut est le plus facile à trouver pour le lecteur pressé (ou qui n'a pas lu tout l'article, c'est fréquent !) ; celui du bas est idéal pour l'internaute qui a consulté l'article en intégralité, le partage venant clore sa lecture.
3. Dans le cas des articles de blog, terminer en incitant explicitement l'internaute à partager en cliquant sur le bouton Facebook ou Twitter, est possible.

Mémento : Faire grandir ses communautés

- Commencez par mobiliser votre entourage proche : amis, collaborateurs, adhérents dans le cas d'une association…
- Mais tout ne se passe pas sur les réseaux sociaux ! La croissance de vos communautés viendra souvent d'autres médias.
- Utilisez votre site Internet et votre newsletter pour faire connaître vos réseaux sociaux.
- N'oubliez pas non plus la communication offline : documents papiers, affiches, répondeur téléphonique…
- Ayez le réflexe d'intégrer vos réseaux sociaux au reste de votre communication, aussi variée soit-elle.

Créez des liens entre vos réseaux sociaux

Créez des passerelles entre vos différents réseaux sociaux

Votre page Facebook, vos comptes Twitter et Instagram ne sont pas séparés de façon étanche, essayez toujours de créer entre eux des synergies :

- En incitant vos fans Facebook à vous suivre sur Twitter, et inversement.
- En reprenant le contenu d'un réseau social pour un autre, en l'adaptant à ses spécificités.
- En plaçant des liens vers vos autres réseaux sociaux dans vos profils ou sur vos *covers*.
- En organisant des concours, des opérations ou des promotions sur tous vos réseaux sociaux, avec un hashtag commun.

Toutes les occasions sont bonnes, car il n'y a pas de raison qu'un follower Twitter ne soit pas fan de votre page Facebook : incitez-le à vous rejoindre partout, comme ici ce compte traitant de l'actualité des réseaux sociaux.

Sans surprise, j'ai trouvé la meilleure illustration chez un Youtuber talentueux, Absol, qui n'hésite pas à publier sur Twitter des captures d'écran de ses publications Facebook, incitant ses followers à aller voir les réactions, ou des commentaires de ses vidéos Youtube (ci-contre). Ses réseaux fonctionnent ensemble, ce qui est l'idéal.

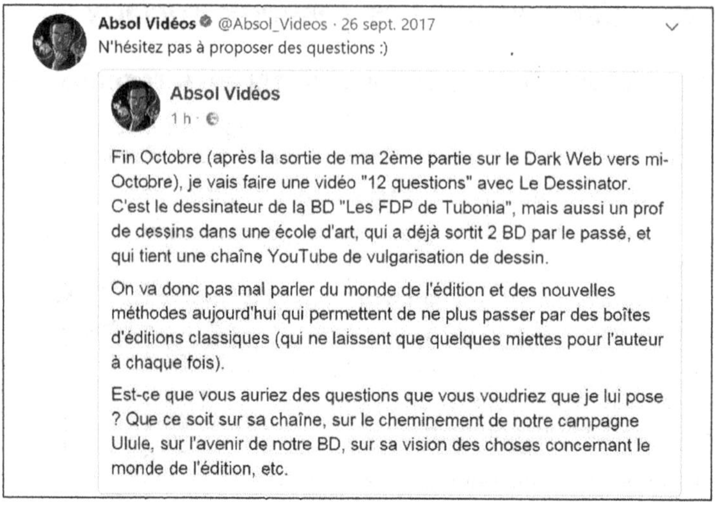

Message Twitter d'Absol Vidéos du 26 septembre 2017
(https://twitter.com/Absol_Videos)

Faut-il lier ses comptes Twitter et Facebook pour y publier automatiquement les mêmes contenus?

La réponse est non!

Pourquoi non? Car les réseaux sociaux n'ont en commun que le nom. Ils ont chacun des spécificités sur la forme et sur le fond. Un tweet est court, un message Facebook est plus long. On peut envoyer 10 tweets par jour sans *flooder* (c'est-à-dire trop publier), on ne peut pas le faire sur Facebook. Sur Twitter on mentionne des personnes avec son pseudo précédé d'une arobase, mais le pseudo est rarement le même sur Twitter.

J'ai dans mes amis Facebook quelques personnes qui ont lié leurs comptes Twitter et Facebook, et c'est une véritable catastrophe. Les messages sont beaucoup trop nombreux, et la rédaction est mal adaptée. Je ne sais d'ailleurs pas pourquoi l'algorithme Facebook n'a pas encore compris cela et s'acharne à me les afficher.

Ce qui est simplement mauvais pour un individu peut réellement devenir catastrophique pour une marque ou pour une entreprise. C'est votre image qui est en jeu. Lier les comptes, c'est vraiment donner l'impression que vous n'avez pas une petite minute à accorder à vos lecteurs, qu'ils ne le méritent pas.

Bref, lier ses comptes Twitter et Facebook, c'est comme utiliser la même lettre de remerciement type pour une déclaration d'amour et pour son centre gestionnaire des impôts.

Cette technique est donc réservée au cas très particulier où vous n'avez vraiment, mais alors vraiment pas le temps de passer sur les réseaux sociaux. Je comprends bien que tout le monde n'a pas le temps de rédiger avec soin des messages léchés, mais vous devriez quand même demander à quelqu'un de votre entourage de le faire à votre place.

La leçon à retenir est que tout automatiser est une mauvaise idée. Vous devez plutôt vous comporter comme un artisan qui réalise du sur mesure.

Vos liens doivent parfois mener à un contenu sur mesure

La plupart du temps, les liens que vous postez sur les réseaux sociaux renvoient simplement à un article publié sur votre site. Mais parfois, en particulier dans le cas des messages commerciaux, vous allez tenter d'emmener l'internaute vers votre catalogue ou boutique en ligne, ou vers une page d'abonnement.

Je vous recommande vivement de créer une *landing page** (ou page d'atterrissage en bon français) personnalisée, réalisée sur mesure en fonction du contenu de votre message diffusé sur les réseaux sociaux. En effet, un internaute qui atterrit sur une page très générale, ou directement sur le catalogue, sera déçu. Il ne verra pas immédiatement pourquoi le lien cliqué l'a fait atterrir sur une page générale.

Votre *landing page* personnalisée doit donc reprendre certains des éléments qui figurent dans votre message posté sur les réseaux sociaux. Si votre message proposait d'acheter un livre, il doit figurer en illustration sur la page d'arrivée. Si votre publication posait une question, le lecteur doit découvrir la réponse après avoir cliqué.

Autre exemple : vous incitez vos fans Facebook à participer à un salon, en mettant en avant la présence d'un conférencier célèbre. La *landing page* devra non pas être la billetterie générale, mais une page créée de toutes pièces avec une photo de ce conférencier, une citation inspirante, et un rappel de sa présence avec le programme détaillé. Et ensuite la billetterie bien sûr, pour que l'internaute s'inscrive. Mais s'il a cliqué sur votre lien Facebook car il parlait de ce conférencier, l'internaute sera plus à même de s'inscrire si la *landing page* le met en avant.

Vous pouvez même jouer la carte de la complicité, en faisant figurer sur la *landing page* une référence à réseau social d'origine : « Merci beaucoup de nous suivre sur Facebook ! Si vous aimez nos messages Facebook, nous vous proposons de découvrir XXX (nom d'un produit), vous allez adorer ! »

Nous avons vu comment augmenter la taille de sa communauté en mobilisant ses ressources internes. Parfois, cela ne suffit pas, et vous devrez nouer des liens avec d'autres communautés ou d'autres acteurs de votre secteur afin de gagner en visibilité.

Créez des liens avec d'autres personnes sur les réseaux sociaux

Comment trouver des influenceurs sur les réseaux sociaux?

Sur les réseaux sociaux, les influenceurs ont une place privilégiée: ils sont très suivis, et surtout très écoutés. Prescripteurs et créateurs de tendances, il est essentiel de les repérer, en particulier ceux de votre secteur d'activité. Vous pouvez le faire via les moteurs de recherche natifs de Twitter, Facebook ou Instagram, mais il existe des outils plus puissants.

Je vous en recommande deux:

- BuzzSumo est sans doute le meilleur, car il permet une recherche par mots-clés et fournit de nombreuses informations. Cet outil est payant mais il vaut le coup. Nous le verrons en détail un peu plus loin.
- FollowerWonk offre une version gratuite, mais limitée. Il vous permettra de mieux connaître les membres de votre communauté, et ainsi de chouchouter ceux qui présentent un gros potentiel.

Une fois ces influenceurs identifiés, quelles sont les actions que vous allez pouvoir déployer? Vous pouvez:

- Les taguer dans vos publications, pour essayer d'obtenir un retweet ou un partage Facebook.
- Les contacter directement.
- Les suivre pour faciliter votre travail de veille.
- Partager leurs publications pour attirer leur attention.

Les possibilités ne manquent pas et dépendent de vos objectifs et de votre stratégie. Identifier les acteurs influents est déjà une première étape qui devrait vous ouvrir de nouvelles possibilités dans votre stratégie.

BuzzSumo: découvrez les sujets et les personnes qui cartonnent sur les réseaux sociaux

BuzzSumo (https://buzzsumo.com/) est un outil très pratique, qui vous aidera tout d'abord à identifier les articles et messages qui rencontrent le plus de succès sur Internet. Sans entrer dans les détails, il s'agit d'un moteur de recherche qui affiche pour la thématique choisie les contenus les plus partagés sur Twitter, Facebook, LinkedIn et Pinterest. Cette fonctionnalité s'avère très utile pour savoir quels sont les sujets qui buzzent !

L'autre fonctionnalité de BuzzSumo concerne les influenceurs : sur le thème de votre choix, vous obtenez une liste des comptes Twitter les plus puissants. Vous pouvez ainsi repérer facilement qui suivre, et surtout qui tenter de séduire !

Meilleurs articles, meilleurs influenceurs : BuzzSumo est votre allié pour ne pas rater ce qui marche sur les réseaux sociaux, et éviter ainsi de louper le coche.

Précision : comme de nombreux outils mentionnés, BuzzSumo propose une version gratuite limitée. Il faudra ensuite payer si vous souhaitez l'utiliser pleinement. Je sais que la mode est au tout gratuit sur Internet, mais ce n'est malheureusement ni possible, ni souhaitable. Si vous aimez cet outil – ou un autre – il faudra mettre la main à la poche, ce qui ne sera qu'une juste récompense pour ceux qui ont travaillé à développer l'outil.

Observer le travail des autres est aussi un bon point de départ pour s'améliorer soi-même, en analysant ses performances sur les réseaux sociaux.

Analysez vos performances

Vos concurrents font-ils mieux que vous sur les réseaux sociaux ?

Comme nous l'avons vu dans le premier chapitre, l'onglet « Statistique » de votre page Facebook vous permet de surveiller vos concurrents et d'obtenir de précieuses informations : croissance du nombre de *likes*, taux d'engagement...

Cette fonctionnalité est très pratique, mais elle est limitée à cinq pages. Et surtout, elle n'existe pas sur les autres réseaux sociaux comme Twitter ou Instagram. Il faut donc trouver une autre méthode.

Vous pouvez calculer manuellement le taux d'engagement d'un message et en divisant le nombre de fans/followers par le nombre d'interactions.

Prenons l'exemple d'un tweet publié par un compte avec 10 000 fans. Ce message obtient 3 commentaires, 5 likes et 7 retweets, soit un total de 15 interactions. On divise 15 par 10 000, et on multiplie par 100 pour obtenir le taux d'engagement. Le résultat est de 0,15. Nous voilà bien avancés !

Cette statistique – en particulier sur un seul message – n'est pas très révélatrice. Il faudrait donc faire une évaluation sur plusieurs messages, mais la vie est trop courte pour cela.

En résumé, surveiller un concurrent de cette façon est long, fastidieux et peu fiable. Mon conseil est double :

- Cherchez surtout à repérer les publications de vos concurrents qui marchent pour vous inspirer des bonnes idées. C'est très facile, un coup d'œil suffit pour identifier les messages qui sont populaires (nombre élevé de retweets, de commentaires...).
- N'ayez pas les yeux rivés sur vos concurrents et concentrez-vous d'abord sur vos propres publications.

Malheureusement, tout le monde n'est pas de cet avis, et vous devrez parfois rendre des comptes sur votre activité *social media*. C'est pourquoi il m'a semblé nécessaire de vous donner quelques pistes pour réaliser un bon rapport.

Un bon rapport, pour rendre compte de son activité sur les réseaux sociaux

Nous sommes dans un monde où le *reporting** règne en maître : après une réunion, une sortie scolaire ou même après un coup de téléphone commercial, on vous demandera souvent d'en faire un. C'est très agaçant et cela tourne à l'obsession. Les réseaux sociaux n'échappent pas à cette règle, et vous devrez parfois rendre compte de leur activité. Cela est d'autant plus vrai que de nombreuses personnes doutent encore de l'intérêt d'investir sur les réseaux sociaux, et que le *reporting* est souvent la seule façon de surmonter les critiques.

Il n'existe pas de *reporting* type, car chaque situation est différente. Si votre stratégie est axée sur la notoriété, mettez en avant le nombre de fois que vos tweets ou messages Facebook ont été vus (portée). Si votre objectif est d'augmenter le trafic sur le site Internet, alors le nombre de clics sur vos liens devient crucial. Si votre présence sur les réseaux sociaux vise la vente en ligne, alors utilisez le pixel Facebook pour mentionner les conversions. Mon principal conseil est donc de personnaliser au maximum votre rapport.

Quelques conseils additionnels pour que le *reporting* soit utile :

- Un *reporting* ne peut être constitué de chiffres. Rédigez quelques phrases afin de donner un sens aux statistiques.
- Faites court ! Personne ne lira un rapport de six pages. Tout le monde vous dira l'avoir lu, mais c'est faux.
- Corollaire du conseil précédent, limitez le nombre de données chiffrées. Concentrez-vous sur un ou deux indicateurs principaux, et quelques indicateurs secondaires.
- Comparez ces indicateurs dans la durée. Inutile de déplorer le manque de nouveaux fans depuis la semaine dernière, car cela n'est pas représentatif sur une période si courte.

- Un bon *reporting* est prescriptif : l'analyse doit aboutir à formuler des préconisations, car elle est toujours une opportunité pour faire mieux en tirant les leçons du passé. Avez-vous besoin d'un petit budget publicitaire ? Faut-il adopter une tonalité plus *punchy* ? Avez-vous besoin d'images pour alimenter en contenus votre compte Twitter ?
- Profitez-en pour faire remonter aux personnes concernées les remarques des internautes : tel produit est trop cher ? Tel service est inadapté ? En nouant des liens directs avec les internautes, les réseaux sociaux vous permettent d'apporter des éléments précieux à vos collaborateurs.

Le *reporting* a au moins un mérite, celui de vous forcer à analyser attentivement vos performances, ce qui constitue une bonne occasion de se remettre en cause si elles sont médiocres.

Et si votre stratégie marchait mal ?

Avant de vous lancer à l'assaut des réseaux sociaux, vous avez réalisé une stratégie détaillée : cibles, message, objectifs, tonalité, sujets à aborder... Excellent ! Pourtant, ce qui fonctionne en théorie échoue souvent en pratique. Il est donc nécessaire de réaliser régulièrement un bilan de vos réseaux sociaux afin de modifier votre stratégie si besoin.

- Vos nouveaux fans ou followers correspondent-ils à votre cible ? Si ce n'est pas le cas, il faut revoir votre ligne éditoriale et modifier vos critères de ciblage, en particulier lors des publicités.
- Vos messages génèrent peu de réactions ? Peut-être faut-il songer à publier des messages différents.
- Un type de message fonctionne particulièrement bien auprès de vos communautés ? Demandez-vous quelle est la raison, et surtout continuez à exploiter le filon.

En résumé, reprenez tous les éléments de votre stratégie et modifiez ce qui fonctionne mal, ou ajoutez-y ce qui fonctionne bien.

Cela demande une bonne dose d'autocritique, ce qui n'est pas une qualité mise en avant dans notre société. L'échec est perçu comme une faiblesse, et la faiblesse est un défaut. Mais pour progresser sur les réseaux sociaux, vous allez devoir vous débarrasser de ces clichés idiots et accepter de vous remettre en cause.

Ce bilan est facile à réaliser à partir des *analytics* de Facebook, Twitter, LinkedIn ou Instagram. Si vous avez besoin de statistiques plus détaillées, des outils spécifiques existent, comme http://www.wiselytics.com/ ou https://sumall.com/

Enfin, dites-vous bien que si le bilan est mauvais, vous n'y êtes peut-être pour rien...

Vos réseaux sociaux marchent mal? Ce n'est pas toujours leur faute

Les résultats ne sont pas toujours à la hauteur sur les réseaux sociaux, malgré vos efforts. Décourageant. D'autant plus que d'autres semblent mieux s'en tirer que vous. Mais cela ne signifie pas forcément que vos messages sont mauvais, loin de là...

Je me souviens d'un message Facebook de *McDonald's* qui n'avait rien de spécial: une simple photo d'un hamburger qui revenait dans ses restaurants. Et pourtant le nombre de *likes* était impressionnant. L'explication est simple: *McDonald's* est une entreprise très connue, très populaire, ce qui n'est pas forcément votre cas.

En résumé, même une photo mal cadrée publiée par Christiano Ronaldo buvant un milkshake aura toujours un meilleur résultat que vous, quoique vous fassiez.

Donc, si vos réseaux sociaux peinent à décoller, cela n'est souvent que le reflet de l'attractivité de votre entreprise ou de votre institution en général. La bonne question n'est donc pas toujours: comment faire des meilleurs messages sur Facebook? Mais plutôt: comment rendre mon entreprise plus attractive? Du dynamisme de votre entreprise découlera de nombreuses idées de bons messages, et un intérêt croissant du public.

Car il ne faut pas mettre la charrue avant les bœufs: vos réseaux sociaux ne sont que le reflet de votre entreprise.

Terminons ce premier chapitre qui regroupe les conseils valables pour tous les réseaux sociaux par quelques outils très utiles au quotidien pour gagner du temps.

Utilisez des outils pour gagner du temps

Centralisez la gestion de tous vos réseaux sociaux

Vous avez deux pages Facebook, un compte Twitter, une page LinkedIn, et la gestion commence à devenir compliquée? Il existe des outils spécialement conçus pour vous faciliter la vie. Ils réunissent en un seul endroit tous vos réseaux sociaux, et vous permettent d'accéder à toutes les fonctionnalités utiles, de la publication de messages à la programmation.

Je vous conseille deux outils réputés et efficaces: Agorapulse et HootSuite. Ils sont bien connus des community managers professionnels et vous pouvez les utiliser sans hésiter.

Expliquer en détail leur fonctionnement serait trop long. D'ailleurs, rien ne remplace la pratique. Testez les différents outils proposés, et choisissez celui avec lequel vous êtes le plus à l'aise.

Ces logiciels sont payants, mais compte tenu des services qu'ils peuvent vous rendre, cela est plus que mérité.

Surveillez les réseaux sociaux en temps réel avec Mention

Les outils de recherche classiques fonctionnent mal pour surveiller le contenu publié sur les réseaux sociaux. Je pense en particulier aux alertes Google, parfaites pour trouver des articles sur les sites Web, mais beaucoup moins efficaces lorsqu'il s'agit de débusquer un tweet.

La solution est d'utiliser Mention (https://web.mention.com/), spécialement conçu pour la veille sur les réseaux sociaux.

Je vois trois façons très intéressantes d'utiliser Mention :

- Pour surveiller votre réputation numérique, en optant pour une recherche sur votre entreprise. Vous pourrez ainsi savoir si l'on parle de vous sur Twitter, et ainsi apporter une réponse rapide.
- Pour « espionner » un concurrent.
- Pour trouver du contenu pertinent à publier sur les réseaux sociaux.

Attention, aucun logiciel ne peut trouver un contenu publié de façon privée. Je pense en particulier aux messages Facebook diffusés uniquement auprès de ses amis. Si Mention fonctionne très bien, vous ne pourrez jamais découvrir tous les messages qui parlent de vous...

À noter qu'un autre logiciel comparable existe, Alerti. Comme j'utilise Mention, je n'en parlerai pas ici, mais les fonctionnalités semblent très proches. Vous pouvez tester les deux afin d'utiliser celui avec lequel vous vous sentez le plus à l'aise.

Astuce

Les résultats obtenus via Mention peuvent être transformés en flux RSS. Il ne vous reste plus qu'à l'ajouter à votre dashboard Netvibes, comme évoqué plus haut.

Vous voici arrivé à la fin de ce long premier chapitre, bravo ! Il vous a donné les clés pour comprendre les réseaux sociaux, qui partagent de nombreux points communs. Tous reposent en effet sur les interactions et la discussion. Néanmoins, pour aller plus loin, nous allons maintenant étudier les astuces spécifiques à chaque réseau social, en commençant par Facebook, la star incontestée. Car au-delà des similitudes entre ces réseaux sociaux, il existe de réelles spécificités, tant dans leur philosophie que dans la façon de les utiliser.

Il m'a semblé logique de commencer par Facebook, car il s'agit à la fois du plus populaire des réseaux sociaux, mais aussi le premier à avoir véritablement décollé. Il a par conséquent beaucoup inspiré les autres réseaux, et même si Facebook a sans doute perdu de sa superbe, il reste le père fondateur de l'internet social tel que nous le connaissons. Ce chapitre sera long, mais les éléments présentés seront rarement compliqués à mettre en œuvre : et après l'avoir lu, vous ne verrez sans doute plus de la même manière ce Facebook que vous utilisiez au quotidien pour donner des nouvelles à vos amis…

Chapitre 2

Réussir sur Facebook

Facebook est le réseau social vedette. Il n'a pour le moment aucun rival sérieux, et vous devrez briller sur Facebook pour que votre présence sur les réseaux sociaux soit efficace.

En poussant le bouchon, on peut dire que Facebook est l'archétype, la matrice de tous les réseaux sociaux. Il inspire, fascine et façonne les autres médias sociaux. C'est pourquoi j'y consacre un très long chapitre, et pioche tout au long de cet ouvrage de nombreux exemples. Cela peut sembler être un déséquilibre en défaveur des autres réseaux sociaux, mais en réalité la plupart des bonnes pratiques issues de Facebook se retrouvent ailleurs. Maîtriser Facebook, c'est donc maîtriser la langue maternelle, que vous pourrez ensuite décliner ailleurs.

Mais a-t-on vraiment besoin d'apprendre à utiliser Facebook? Après tout, des milliards de personnes l'utilisent au quotidien. Pourtant, cela ne signifie pas que bien s'en servir soit simple, en particulier pour un usage professionnel. C'est pourquoi nous allons tout reprendre à zéro, pour partir sur de bonnes bases.

Partez sur de bonnes bases

Votre entreprise ou organisation doit avoir sa page Facebook

Si vous souhaitez communiquer au nom de votre entreprise, association ou institution sur Facebook, alors vous devez créer une page en son nom. Il est en effet interdit pour une personne morale d'avoir un profil personnel sur Facebook.

Pour créer votre page, une fois connecté à Facebook avec votre profil personnel, rendez-vous tout en bas à gauche « Créer une page ». L'option est petite, presque cachée, ce qui est difficile à expliquer…

Commencez par sélectionner le type de page souhaité.

Astuce

Le gros avantage du choix « Lieu et commerce local » est de faire figurer une carte localisant votre établissement dans votre profil.

Vient ensuite le moment de choisir la catégorie de votre page. Vous ne trouverez pas forcément la catégorie qui vous décrit parfaitement, comme dans tout bon formulaire qui se respecte. Sachez que cela n'a pas une énorme importance, les internautes ne la voyant que rarement. De plus, vous pourrez la modifier par la suite.

Choisissez avec attention le nom de votre page. Il doit évoquer sans ambiguïté votre entreprise, et rester court pour que les internautes puissent le retrouver facilement. Modifier le nom de votre page n'est pas simple, alors réfléchissez bien !

Complétez ensuite tous les éléments de votre profil, de la photo à l'adresse de votre site Internet, en passant par l'incontournable rubrique « À propos ».

Voilà, votre page Facebook est créée ! Vous pouvez commencer à publier en son nom.

Soignez votre page Facebook dans les moindres détails

Vous avez créé votre page Facebook ? Très bien, mais votre travail ne s'arrête pas là ! Vous avez sans doute déjà une photo ainsi qu'une rubrique « À propos » de base, mais il reste de nombreuses options à configurer afin de disposer d'une page parfaite.

Le premier réflexe est de vous rendre dans la rubrique « À propos », dans le menu de gauche lorsque vous vous rendez sur votre page.

L'option la plus intéressante est la création d'un nom personnalisé pour votre page, mais ce n'est pas la seule. Indiquez tous les moyens possibles de vous joindre, de l'email au numéro de téléphone, afin de favoriser la prise de contact avec des clients ou des prospects. Indiquez aussi votre site Internet, afin de générer du trafic.

Vous pouvez aussi mettre à disposition votre menu ou des mentions légales. Très pratique, même si cela n'est pas forcément adapté à votre situation. La clé est donc la personnalisation : votre profil doit vous ressembler, il doit permettre en un coup d'œil de savoir qui vous êtes, et de venir à votre rencontre. Et dans cette perspective, la rubrique « À propos » est la plus importante.

Ne négligez pas non plus la rubrique « Modifier d'autres comptes » qui permet de créer une passerelle entre votre page Facebook et vos autres comptes sur les réseaux sociaux. Faire fonctionner ensemble tous vos réseaux est en effet l'un de vos défis !

Cliquez ensuite sur « Paramètre », qui se trouve en haut à droite. Vous arrivez alors sur une page qui peut faire peur. Rassurez-vous, elle est fournie mais pas bien compliquée à configurer.

Il serait inutile de tout expliquer, car chaque situation est différente : une page proposant de l'alcool doit par exemple utiliser l'option « Restrictions liées à l'âge » pour interdire l'accès aux personnes de moins de 18 ans. Si votre communauté est calme et bien élevée, vous n'aurez sans doute pas besoin d'activer le filtre à injures... Vous devez donc réfléchir point par point au choix qui vous correspond le mieux.

De manière générale, essayez d'ouvrir un maximum votre page : autorisez les visiteurs à publier dessus, quitte à supprimer les messages vulgaires. De la même façon, autorisez les utilisateurs à vous identifier (le fameux tag* dont nous avons parlé).

Les points les plus importants dans la configuration de la page sont :

- Publier en plusieurs langues. Au moment de l'écriture de ces lignes, Facebook est en train de mettre en place un nouveau modèle de pages, et la possibilité de publier en plusieurs langues semble remplacée par un système de traduction automatique. À surveiller !
- Le choix des administrateurs et éditeurs de la page.
- Indiquez les membres de l'équipe de la page.
- Les réponses automatiques aux messages privés.
- La réorganisation de vos onglets.

Ces différents points seront abordés dans l'ouvrage.

Enfin, n'oubliez pas que votre page n'est pas gravée dans le marbre. Retournez régulièrement sur ces pages de configuration pour voir si tous les éléments indiqués sont encore valables, et en particulier le numéro de téléphone et la description rédigée dans la rubrique « À propos ».

Une fois le profil terminé, votre page Facebook est désormais une belle vitrine pour votre entreprise ou votre association.

Transformez votre profil Facebook en page

Lorsque vous vous êtes lancé sur Facebook, vous avez créé un profil pour votre entreprise ou votre organisation au lieu d'une page ? Pas de panique, vous pouvez rattraper le coup en le convertissant.

En effet, les profils Facebook sont réservés aux personnes physiques. Facebook peut supprimer un profil s'il constate que cette règle de base n'est pas respectée.

Il vous propose donc de transformer votre profil en page, via cette adresse : https://www.facebook.com/help/282489752085908

Elle est susceptible de changer. Si c'est le cas, une recherche sur Google « Transformer profil Facebook en page » vous orientera au bon endroit.

Vous perdrez malheureusement vos publications, par contre vos « amis » *likeront* automatiquement votre page. L'intérêt principal est donc de conserver votre audience.

Cela peut sembler contraignant, mais en réalité il s'agit d'une bonne chose. Avoir un profil n'est pas du tout adapté à votre activité, pour plusieurs raisons :

- Il est limité à 5 000 amis, là où le nombre de fans d'une page est illimité.
- Vous ne pouvez pas lancer des campagnes publicitaires avec un profil, et donc toute action marketing est exclue.
- Vous n'avez pas accès aux statistiques détaillées.
- Enfin, vous devrez accepter manuellement chaque demande d'ajout à votre liste d'amis. Cela est contraignant pour vous, mais il s'agit aussi d'un frein puissant pour vos clients ou prospects, habitués à *liker* des pages sans avoir à attendre de confirmation.

Il n'y a donc aucune raison valable de conserver un profil au lieu d'une page pour une personne morale. Si vous avez fait cette erreur, effectuez dès maintenant la transformation en page, pour ne pas devoir repartir de zéro.

Néanmoins, cela peut sembler frustrant, car la portée organique (non-payante) des pages est de plus en plus faible. Vous pensiez peut-être que garder un profil vous donnerait une audience plus large. Ce n'est pas entièrement faux, mais l'un n'empêche pas l'autre : vous pouvez utiliser votre compte personnel pour soutenir votre page.

Avoir une page et/ou un groupe ne doit pas vous faire oublier votre profil personnel, qui constitue un atout qui vient s'y ajouter.

Votre compte personnel Facebook, un atout pour votre page

Si vous gérez au quotidien une page Facebook, ne négligez pas pour autant votre compte personnel. Il peut vous servir à valoriser et faire grandir votre communauté :

- En invitant vos amis à aimer votre page.
- En partageant régulièrement le contenu publié sur votre page.

Car vos amis Facebook ont en général de nombreux points communs avec vous, et ils seront réceptifs aux messages de votre page. Ils constituent même votre premier cercle d'ambassadeurs, qui peuvent contribuer à la réussite de votre page.

Je vous conseille donc d'avoir un maximum d'amis Facebook, en ratissant large. Envoyez une demande d'ami aux personnes que vous avez rencontrées, même sporadiquement. Elles sont de toute façon libres de refuser votre invitation !

J'en profite pour ouvrir une parenthèse : cette technique vaut aussi, dans une moindre mesure, pour Twitter. Si vous avez un compte personnel suivi, n'hésitez pas à retweeter de temps en temps les messages de votre entreprise ou association. Cela peut leur donner un petit coup de fouet. Néanmoins, veillez à utiliser cette méthode avec parcimonie pour ne pas ennuyer vos followers qui ne sont pas dupes sur le caractère auto-promotionnel de vos retweets.

N'hésitez pas non plus à relayer sur votre profil personnel LinkedIn les messages publiés par la page de votre entreprise. Et plus votre carnet d'adresses sera important, plus le partage sera efficace.

Avec votre page, et éventuellement votre groupe Facebook, vous disposez d'un bon outil de communication. Reste à l'optimiser pour en tirer parti au mieux.

Optimiser votre page Facebook

Disposer d'une page Facebook n'est que le début de l'aventure. Votre première tâche consiste à présent à la rendre parfaite, en commençant par son nom.

Votre page Facebook mérite un nom personnalisé

Par défaut, l'adresse pour accéder à votre page Facebook est longue et assez indigeste, succession de chiffres et de lettres. Non seulement ce n'est pas très présentable, mais en plus cela complique beaucoup la tâche de ceux qui veulent y accéder. Comment faire figurer sur votre carte de visite l'adresse de votre page Facebook si elle contient une quarantaine de caractères ?

Pour résoudre ce problème, rendez-vous sur votre page Facebook, puis dans le menu de gauche sous votre avatar* cliquez sur « Créer un nom d'utilisateur de page @ ». Une fenêtre s'ouvre, et vous n'avez plus qu'à choisir le nom idéal.

Cette technique présente deux avantages principaux :

- Une adresse de page Facebook courte et claire permet d'en faire beaucoup plus facilement la publicité, en particulier sur les supports offline (cartes de visite, affiches).
- J'ai remarqué que le référencement de la page était amélioré après cette opération. Concrètement, elle aura de meilleures chances de s'afficher en cas de recherche sur Facebook.

Attention, choisir son nom n'est pas si simple que cela :

- Il semblerait que l'on ne puisse changer le nom de sa page qu'une seule fois. J'avoue ne pas avoir testé car les noms de mes pages me conviennent.
- Le nom souhaité peut déjà être pris. Il faut alors en sélectionner un autre qui reflète tout aussi bien votre entreprise.
- De manière générale, choisissez un nom court et simple : le ou les mots qui définissent le mieux votre entreprise.
- Facebook énonce toute une série de règles qu'il faut garder en tête, en particulier le respect des droits des autres personnes.
- Vous devez avoir au minimum 25 fans sur votre page Facebook pour pouvoir le faire. Ce chiffre, qui semble varier au gré des mises à jour, permet à Facebook de s'assurer que votre page est réelle et génère de l'intérêt. Mais rassurez-vous, vous atteindrez rapidement ce chiffre.

Cette astuce peut sembler évidente, mais vous n'imaginez pas le nombre de pages qui n'ont pas de nom personnalisé.

Ajoutez un bouton d'action sur votre page Facebook

Facebook a décidé de donner une large place à un bouton sous la *cover* de votre page, alors profitez-en. Il s'agit d'un *call to action*, bouton censé inciter l'internaute à effectuer l'action que vous souhaitez.

Rendez-vous sur votre page, puis, en bas à droite de votre image de *cover* cliquez sur « Ajouter un bouton ».

Vous avez ensuite le choix entre plusieurs types de boutons. Je vous laisse découvrir les possibilités qui sont nombreuses.

- « En savoir plus » est une valeur sûre, et sans doute le choix le plus polyvalent. Cela n'engage pas l'internaute à grand-chose, si ce n'est à mieux vous connaître. Or, il est rare qu'on saute sur un formulaire de vente après avoir vu quelques messages Facebook.
- Si vous faites du *business to business*, le bouton « Entrer en contact » est très intéressant. Vous incitez le lecteur à vous appeler ou à demander un devis.

- Dans le cas d'un commerce local, en particulier un restaurant, l'option « Services de réservation » est le plus adapté.
- Si vous êtes optimiste de nature, choisissez le *call to action* « Acheter ». Sachez que les conversions commerciales directes sont difficiles via les réseaux sociaux, surtout en B to C (*business to customer*, la vente à des particuliers). Je vous le déconseille généralement, sauf si votre produit est soudainement très à la mode et que l'enjeu principal est d'accélérer le tunnel de vente pour absorber une demande pressante.

N'attendez pas monts et merveilles de ce bouton, pour une raison simple : les internautes visitent rarement les pages Facebook. Ils utilisent en effet presque exclusivement leur fil de contenu. Mais bonne nouvelle : un internaute qui visite votre page est forcément curieux et intéressé, le *call to action* est donc un outil utile pour qu'il visite votre site ou commande votre produit.

Ne laissez pas vos onglets Facebook en désordre

Par défaut, votre page Facebook offre une drôle de présentation ! Si d'aventure un lecteur visite votre page, il risque fort de trouver en premier vos photos et vidéos. Bien souvent, vous préféreriez que vos derniers messages s'affichent, ou même vos événements.

Sachez qu'il est possible de totalement personnaliser l'ordre dans lesquels vos onglets s'affichent, et donc vos rubriques sur votre page Facebook pour qui la visite. Pour cela, allez sur votre page, cliquez sur « Paramètres », puis sur « Modèles et onglet ». Vous pourrez choisir le type de page le plus adapté à vos besoins. Par exemple, choisir une page de type « Lieu » permet de mettre l'accent sur vos horaires d'ouverture, ce qui est idéal pour un commerce local.

À noter que Facebook vous propose des modèles déjà préparés, mais je vous déconseille de les utiliser en l'état. Prenez deux minutes pour vraiment personnaliser vos onglets, et choisir ainsi l'ordre le plus adapté à votre stratégie.

Mémento : Bien démarrer sur Facebook

- Toute personne morale (entreprise, association) doit avoir une page Facebook, et non un profil personnel. Sinon, il risque d'être supprimé.
- Vous pouvez associer un groupe à votre page, afin d'obtenir plus d'animation.

- Prenez le temps de fignoler avec amour votre page Facebook : regardez en détail les paramètres et redonnez-y un maximum d'informations utiles aux lecteurs.
- Personnalisez le plus possible votre page, afin qu'elle reflète votre identité : photo de profil, nom de la page, ordre des onglets...
- Sur Facebook, bien plus que dans la vraie vie, le diable se cache dans les détails !
- Enfin, ne négligez pas votre profil personnel Facebook, qui peut apporter un réel soutien à votre page.
- Entre votre compte personnel, votre page et vos groupes associés, votre présence sur Facebook est désormais un petit écosystème, qu'il faut bien coordonner.

Ces éléments de base étant désormais maîtrisés, je dois évoquer un point pénible, voire douloureux : la sélection des messages par Facebook. Accrochez-vous, c'est facile à comprendre, mais pénible à entendre...

Comment Facebook décide-t-il quels messages afficher ?

Les secrets de l'algorithme

Lorsque vous publiez un message sur votre page ou sur votre profil personnel Facebook, il ne s'affichera pas sur le fil d'actualité de tous vos fans. En effet, le nombre de messages publiés est tellement gigantesque qu'il sera impossible de tous les diffuser.

En dessous de vos messages, vous pourrez lire une estimation de la portée, c'est-à-dire du nombre de personnes qui ont vu s'afficher votre publication sur leur écran.

La portée de votre message est variable : c'est le point le plus important à comprendre sur Facebook. De ce constat découlent votre stratégie et vos efforts pour qu'un maximum de personnes voient vos messages. Avant de découvrir comment toucher un public le plus large possible, voyons comment fonctionne le fameux algorithme de Facebook, qui décide si oui ou non votre publication doit s'afficher. Plusieurs critères entrent en jeu, mais personne ne connaît la formule précise :

- Qui a publié le message ? S'il s'agit d'une page avec laquelle vous interagissez souvent par un *like* ou un commentaire, alors Facebook jugera que son contenu doit vous plaire, et aura tendance à vous l'envoyer.

- Quand a été diffusé le message? Facebook privilégie les messages récents. Plus le temps passe, et moins votre message aura de chance d'apparaître sur l'écran de vos fans.
- Le message est-il populaire ou non? Plus un message obtient de *likes*, de commentaires et de partages, plus il est considéré comme populaire, et plus il s'affichera chez de nombreux utilisateurs. C'est ce qui explique l'effet boule de neige de la viralité, car un message qui plaît sera davantage diffusé.
- Quel est le type de contenu publié? Un lien, une photo, une vidéo? Si vous adorez les vidéos Facebook et que vous les *likez* souvent, alors Facebook vous en diffusera davantage. De même, Facebook favorise ses formats nouveaux (Facebook live par exemple).

Vous savez désormais comment fonctionne l'algorithme! Mieux vaut bien le comprendre, car de toute façon vous n'avez pas votre mot à dire, ce sont les règles du jeu fixées par Facebook. Comment dès lors jouer le mieux possible?

- Essayez toujours de générer un maximum d'interactions sur vos messages (*likes*, commentaires et partages). Un message sans réaction est un message mort, que personne ne verra. Ce point est essentiel, vous devez toujours l'avoir à l'esprit. Un bon message Facebook n'est pas un bon article de journal ou un bon livre: il doit toujours produire une réaction du lecteur. Si votre contenu est intéressant mais ne suscite pas de réaction, il restera invisible.
- Publiez régulièrement, pour profiter de l'effet de *boost* des messages récents.
- Variez les contenus publiés.

Il s'agit de conseils très généraux, mais indispensables avant de se plonger dans des techniques plus spécifiques.

Seconde mauvaise nouvelle: Facebook affichera de moins en moins vos messages

Plusieurs études pointent du doigt la baisse du *reach**, c'est-à-dire la portée des messages publiés sur les pages Facebook. Il serait en moyenne proche de 5 %, ce qui est très peu. Cela signifie que si vous avez 10000 fans sur votre page, seuls 500 verront votre publication.

Cela s'explique d'abord par la concurrence croissante entre les nombreuses pages Facebook, qui tentent de capter l'attention de lecteurs qui passent désormais moins de temps sur ce réseau social. L'offre augmente, la demande baisse, et par conséquent, la concurrence est terrible. Toutes les mises à jour renforcent cette tendance, la dernière en date prévoit de favoriser massivement les messages publiés par les profils (les vraies personnes) au détriment des pages (les entreprises, associations, institutions).

S'il ne faut pas pour autant renoncer à Facebook, gardez en tête trois éléments importants :

- Publier des messages ne suffit pas, vous devrez publier de très bons messages pour être visible. J'essaie de vous donner dans ce livre un maximum d'astuces pour rédiger des publications percutantes qui seront vues.
- Facebook n'est plus totalement gratuit, du moins pour les entreprises. Acceptez dès maintenant l'idée de devoir payer pour diffuser largement vos messages les plus importants.
- Diversifiez votre présence sur les réseaux sociaux. Si la tendance actuelle se poursuit, l'intérêt de Facebook pour votre entreprise ou votre association pourrait décliner. Passer du temps ailleurs (Twitter, Instagram ou LinkedIn) deviendrait alors une excellente idée, et je vous conseille d'anticiper cette tendance.

Mais la vie continue, et avec la bonne attitude et de bons outils, vous devriez tirer votre épingle du jeu. Voici quelques astuces pour vous remonter le moral !

Bien s'organiser pour publier efficacement

Pas besoin d'être connecté tous les jours pour publier régulièrement sur Facebook

Nous avions expliqué qu'il fallait publier régulièrement sur les réseaux sociaux. Développer sa présence et gagner des fans ressemble bien davantage à un marathon qu'à un sprint. Pensez donc à partager quotidiennement des messages avec votre communauté.

Cela étant dit, vous n'avez pas forcément envie de vous connecter tous les jours à Facebook. De plus, cela prend du temps dont vous ne disposez pas toujours. Heureusement, Facebook vous offre la possibilité de programmer vos messages. Pour cela, lorsque vous rédigez un message, cliquez sur la petite flèche à droite du bouton « Publier ».

La fenêtre de planification s'ouvre alors. Elle vous permet de sélectionner la date et l'heure de votre choix. Il est aussi possible de décider une date à laquelle votre message ne sera plus diffusé dans le fil d'actualité de vos fans. Mais je n'ai jamais eu de réelle occasion d'utiliser cette option. Comme un message Facebook est parfois diffusé plusieurs jours après sa publication, cela peut être utile si votre post concerne une invitation pour un événement. Une fois l'événement terminé, le message devient sans intérêt pour le lecteur.

Vous pouvez facilement retrouver toutes les publications programmées en allant sur votre page, puis « Outils de publication », et enfin « Publications programmées ».

Pour chacun de vos messages, vous pourrez :
- Le publier immédiatement.
- Le reprogrammer, c'est-à-dire changer l'heure de programmation.
- Annuler la programmation.

Je trouve que l'outil natif de Facebook est très pratique, et largement suffisant pour déployer son calendrier éditorial de façon efficace.

L'outil de programmation est utile pour malgré tout donner du contenu à vos fans même pendant votre absence, en particulier le week-end ou si vous prenez des vacances. De plus, si vous publiez régulièrement, avoir un peu d'avance en planifiant ses messages permet de se concentrer sur d'autres tâches.

Pourtant, il faut faire attention à deux écueils :
- Si vous pouvez planifier une publication, impossible de planifier des commentaires ! Or, un message Facebook génère souvent de l'engagement et des discussions. Et si vous n'êtes pas devant votre écran, vous ne pourrez pas intervenir. Essayez donc de planifier d'abord les messages les moins susceptibles de créer d'importants débats ou des polémiques. Sur ces sujets, il faudra être sur le coup !
- Des événements liés à l'actualité peuvent poser problème : imaginez qu'un événement dramatique survienne, entraînant un deuil national. Pas de chance, vous aviez programmé quelques heures plus tard un message très léger dans une thématique proche. Énorme gaffe !

En résumé, programmer et automatiser ses messages est une bonne idée, mais vous ne pouvez jamais totalement vous déconnecter. D'où l'intérêt de travailler à plusieurs sur votre page.

Désignez plusieurs personnes en charge de vos pages

Sur Facebook, vous pouvez choisir plusieurs administrateurs pour gérer vos pages. Cela n'est pas sans intérêt :
- D'abord pour des questions de sécurité. Une page avec un seul administrateur peut, en cas de problème allant de la perte du mot de passe au décès, ne plus être disponible.
- Ensuite, pour favoriser une approche collaborative dans la gestion de votre page.
- Enfin, pour mieux vous répartir le travail. Gérer une page prend beaucoup de temps, et y travailler à plusieurs n'est pas un luxe.

Sur votre page, cliquez sur « Paramètres » puis « Rôles de la page ». S'il est bon d'avoir un deuxième administrateur pour des raisons de sécurité, vous pouvez ajouter des éditeurs (pour publier des articles) ou des modérateurs (pour supprimer des commentaires). À vous de composer votre équipe, en répartissant à l'avance et de façon claire les responsabilités de chacun.

Facebook vous proposera régulièrement d'indiquer à vos fans que vous êtes un des administrateurs de la page. Il s'agit d'une bonne idée pour humaniser la relation, renforcer la transparence et faciliter la prise de contact. Cette option se trouve sur votre page, dans la rubrique « À propos » puis « Membres de l'équipe ».

> **Conseil**
>
> *Si travailler à plusieurs est souvent une bonne idée, veillez à conserver une unité de ton. Définissez une ligne éditoriale claire et connue de tous, afin de ne pas donner une drôle d'impression à vos lecteurs. Idem dans le traitement des messages et des commentaires, en particulier pour tout ce qui touche à la modération.*

Rappelez-vous que pour l'internaute, vous êtes une page. Ils ne savent pas forcément que plusieurs personnes s'en occupent, et des tonalités trop différentes pourraient mettre à mal votre cohérence. Or, vous serez amené à lire de nombreux commentaires d'internautes, et à y répondre : commençons par voir comment n'en rater aucun.

Suivez tous les commentaires sur un message Facebook

Imaginez qu'un message Facebook parle de vous : vous souhaitez alors être tenu au courant si des personnes publient des commentaires. Le but sera de surveiller votre e-réputation, ou éventuellement d'intervenir pour répondre aux questions, voire de remercier ceux qui vous complimentent.

Pour ne rien rater, cliquez sur les trois petits points en haut à droite du message, puis sur « Activer les notifications pour cette publication ».

Désormais, vous recevrez une notification dès qu'un nouveau commentaire sera publié.

N'oubliez pas les publications Facebook inspirantes

Vous allez dénicher de nombreux messages intéressants sur Facebook, mais le risque est de les oublier. Car sur son smartphone, on passe très vite à autre chose, oubliant ainsi une bonne idée dont on pourrait s'inspirer, ou un contenu qui pourrait être partagé sur sa propre page.

Pour résoudre ce problème, cliquez sur la flèche en haut à droite du message, puis sur « Enregistrer le lien ».

Vous pourrez retrouver tous les messages enregistrés dans la barre latérale gauche de Facebook, dans la rubrique « Enregistrements ».

Faire grandir sa communauté

Nous avons vu dans le premier chapitre quelques astuces pour augmenter la taille de ses communautés sur les réseaux sociaux. Néanmoins, il s'agissait de conseils généraux, et vous devez aussi maîtriser les techniques spécifiques à Facebook.

Partir de zéro fan sur Facebook

Vous avez généralement déjà une page Facebook, avec quelques fans dessus. Mais si ce n'est pas le cas, vous allez devoir en créer une et partir de zéro. La phase de lancement est la plus délicate, car si personne ne connaît votre page, alors il sera bien difficile d'y attirer de nouveaux fans. Si on observe sur Facebook un effet boule de neige (une page connue obtient de nombreux partages, ce qui attire de nouvelles personnes), l'inverse est tout aussi vrai. Voici quelques conseils pour ne pas rater votre phase de décollage.

Demandez personnellement à vos collègues ou amis proches de partager votre page avec leur compte personnel, afin d'amplifier cette première technique. Sur les réseaux sociaux, l'union fait la force.

Annoncez partout la création de votre page Facebook : dans votre newsletter, sur votre site, sur vos autres comptes sociaux s'ils existent.

Enfin, invitez vos amis à aimer la page : l'option est disponible en cliquant sur les trois petits points, à côté de « Partager ». Cela vous donnera une première base de fans bien utile pour la suite. Notez qu'avoir 2 000 amis et non 50 est ici un gros avantage : dans de nombreux cas, passer du temps sur son profil personnel est donc utile pour développer sa page.

Si vous avez beaucoup d'amis, cette technique prendra du temps. Mais heureusement, vous n'avez sans doute pas l'intention d'inviter tous vos amis : ne visez que ceux qui sont susceptibles d'être intéressés par votre page. Privilégiez toujours la qualité à la quantité !

Faut-il payer pour obtenir facilement plus de fans sur sa page Facebook ?

Depuis que Facebook existe, les yeux sont rivés sur le nombre de fans d'une page. 10 fans gagnés, c'est mauvais. 100 fans gagnés, c'est correct. 1 000 fans gagnés, c'est formidable. Vous avez sans doute connu la pression d'un membre de votre entourage disant : « Tu communiques beaucoup sur Facebook, mais tu n'as pas beaucoup de fans ! » ou encore « Notre prochain objectif est d'obtenir 2 000 fans de plus ». Tout ceci n'a aucun sens.

Vous ne devez pas viser la quantité, mais la qualité. L'intérêt de Facebook est de pouvoir adresser un message aux personnes qui sont susceptibles d'acheter vos produits, de rejoindre votre association et de s'abonner à votre newsletter. Vous êtes restaurateur à Perpignan, est-ce vraiment utile d'avoir des milliers de fans en Bretagne ? Avoir de nombreux fans est flatteur, mais cela ne sert en rien votre objectif.

Non seulement c'est inutile, mais pire, avoir de nombreux fans non ciblés est néfaste. En effet, la seule façon pour que vos messages soient diffusés est d'obtenir des interactions (*likes*, commentaires ou messages). Or, si 90 % de vos fans sont peu intéressés par votre contenu, le nombre d'interactions sera réduit. Donc vos messages obtiendront une portée minime. Ainsi, même vos prospects ne verront plus s'afficher vos messages.

J'ajoute que plus vous avez de fans, plus la portée est faible. Toutes les études vont dans ce sens, et mon expérience le confirme. Sur ma page comptant 500 fans, j'obtiens une portée de 100 % environ. Sur ma page de 4 500 fans, la portée chute à 50 %. Et sur ma page à 16 000 fans, elle atteint difficilement 15 %. Augmenter la taille de votre communauté n'est donc pas sans inconvénient, surtout si les nouveaux fans n'ont aucune valeur.

Votre discours ne doit jamais être : il me faut plus de fans. À la place, dites : « Les personnes que je cible dans le cadre de ma stratégie marketing doivent *liker* ma page Facebook ». La formule est plus longue et moins accrocheuse, j'en conviens !

Si vous gérez la page d'un petit commerce local, avoir 1 000 fans est déjà très bien. En avoir 1 million ne vous apporterait sans doute aucun chiffre d'affaires supplémentaire.

Faisons une comparaison pour rendre l'idée plus parlante. Un responsable de centre d'appels commerciaux pour vendre des équipements de ski se plaint auprès d'un employé : « Notre base de numéros de téléphone est trop réduite. Nous n'avons que 600 contacts téléphoniques pour vendre nos produits. Essayez de faire mieux. » Le lendemain, la personne en charge du phoning explique qu'il a déniché une base de plusieurs millions de numéros de téléphone. Oui, il s'agit de l'annuaire. Imaginez les résultats avec un ciblage aussi large : ils seraient catastrophiques. Et pour terminer cette comparaison, personne ne s'est jamais vanté d'avoir un annuaire. Raisonnez de la même façon sur Facebook.

Je vous déconseille donc fortement d'acheter des fans venus de « je ne sais où », même si une forte pression pèse sur vos épaules. Le plus grave est qu'une fois ces fans bidons achetés, il est en pratiquement impossible de s'en débarrasser.

Pour autant, obtenir plus de fans est une très bonne chose, s'il s'agit de prospects qui font partie de votre cible. Cela prend du temps, il faut donc être patient et il n'existe pas de solution miracle, sauf à faire de la publicité pour accélérer le mouvement. Obtenir une communauté importante se mérite, et vous allez désormais devoir travailler quotidiennement et avec rigueur pour proposer sur votre page du contenu de qualité.

Mais vous pouvez aussi payer pour augmenter plus rapidement la taille de votre communauté. Il existe deux façons légitimes d'acheter de nouveaux fans.

La première méthode consiste à passer par le gestionnaire de publicité, de sélectionner interactions, puis « Mentions j'aime la page ». Cette option a été spécialement créée par Facebook pour gagner des fans. L'essentiel ici est de choisir un ciblage drastique : commencez par votre cœur de cibles, quelques centaines de personnes tout au plus.

La 2e méthode est ma préférée car elle apporte plus de garanties quant aux nouveaux fans recrutés : boostez les interactions sur une de vos publications auprès de votre public cible, puis invitez les personnes qui la *likent* à aimer votre page.

Invitez les personnes qui interagissent à liker votre page Facebook

Saviez-vous qu'il était possible d'inviter les personnes qui interagissent avec votre publication Facebook à *liker* votre page ? Pour cela, cliquez sur les *émojis* de réactions sous votre publication.

Vous verrez alors s'afficher la liste des personnages qui ont *liké* votre message. Et si cette personne n'est pas fan de votre page Facebook, un bouton « Inviter » apparaît. Vous n'avez plus qu'à lui lancer une invitation !

Le principal avantage, outre d'augmenter le nombre de fans, est bien d'obtenir des fans qualifiés. En effet, ceux-ci ont déjà interagi avec une de vos publications et l'a donc sans doute apprécié. C'est aussi une belle façon de récompenser la viralité : pensez-y au moment de publier votre message !

Attention, le nombre d'invitations quotidiennes semble limité pour chaque compte (et non pour chaque page). Vous pouvez donc inviter des personnes supplémentaires via un autre compte éditeur ou administrateur de la page.

Faites aussi attention à ne pas inviter quelqu'un dont la réaction est « en colère », et qui par conséquent désapprouve le contenu de votre message.

Cela n'est, semble-t-il, possible que pour les pages comptant moins de 100 000 membres. Désolé si le community manager de Coca-Cola lit ce livre, cette astuce ne lui sera pas très utile !

Comment recruter des fans de qualité sur Facebook sans les acheter directement ?

Je viens d'expliquer qu'il était possible d'inviter les personnes qui interagissent avec une de vos publications Facebook à *liker* votre page. Comment aller plus loin et exploiter encore davantage cette technique ? Tout simplement en faisant la promotion d'un de vos messages qui rencontre un grand succès puis d'inviter les personnages qui ont interagi. Privilégiez les messages très partagés, car plus le message est diffusé en dehors de vos lecteurs habituels, plus le vivier de personnes à inviter sera important.

Lors du *boost* de votre message Facebook, faites attention à bien exclure du ciblage les personnes qui aiment déjà votre page, car votre objectif est bien de recruter de nouveaux fans.

Cette technique présente deux avantages : d'une part les fans sont de qualité, ce qui n'est pas toujours le cas autrement. Ensuite, cela coûte souvent moins cher que le recrutement traditionnel de nouveaux fans.

Un chapitre sera consacré à la publicité Facebook, je vous conseille donc de garder cette astuce dans un coin de votre tête, et de l'appliquer après avoir lu mes conseils pour réussir vos publicités.

Et avant de sortir votre carte bleue pour acquérir de nouveaux fans, ayez le réflexe d'utiliser les outils de communication dont vous disposez déjà. Et au premier chef, votre site Internet…

Mettez votre site Internet au service de votre page Facebook

Nous avons vu dans le premier chapitre qu'il ne faut surtout pas penser sa communication numérique de façon cloisonnée, comme s'il existait une barrière entre son site Internet, ses réseaux sociaux, sa newsletter, ses mails… Et spécifiquement sur Facebook, vous pouvez créer des synergies très efficaces entre ces dispositifs.

Et si vos publications Facebook avaient leur place directement sur votre site ?

Il est possible et très facile de faire figurer directement sur votre site Internet vos publications Facebook. La bonne idée consiste donc à intégrer un message Facebook directement dans un article publié sur votre site Internet.

Pour cela, cliquez sur les trois petits points en haut à droite de votre message Facebook, puis sur « Intégrer à un site ».

Vous obtenez alors un code html, à copier puis coller sur votre site. Si vous n'êtes pas à l'aise avec le html, demandez à votre webmaster de le faire, il trouvera cela enfantin.

À noter l'existence de paramètres avancés qui vous permettent de personnaliser l'apparence du message sur votre site, et en particulier la largeur.

L'intérêt de cette technique est triple :

- Vous valorisez votre page Facebook et la faites connaître au plus grand nombre.
- Vous réutilisez votre contenu Facebook et lui donnez une seconde vie sur votre site.
- Vous démultipliez l'audience de vos publications Facebook.

L'intégration permet aussi d'enrichir un article en y plaçant le message de quelqu'un d'autre, pour apporter du contenu ou mettre en avant un partenaire.

Cette technique permet d'afficher un message Facebook bien spécifique, mais vous pouvez aller encore plus loin...

Tout votre contenu Facebook directement sur votre site Internet

Nous venons de voir qu'il était intéressant d'afficher vos messages Facebook sur votre site Web. Vous pouvez aller au bout de cette logique en affichant tous vos messages Facebook automatiquement sur votre site : ainsi, chaque nouveau message publié sur Facebook apparaîtra sur votre site. Cela garantira un plus grand succès à vos publications, tout en donnant l'occasion aux internautes peu friands des réseaux sociaux de les découvrir.

Si vous travaillez avec un webmaster, demandez-lui de le faire. Mais si votre site est sous WordPress, l'opération est très simple. Il suffit de chercher un plugin Facebook feed et de le configurer.

Pourquoi faire cela ? Et bien imaginez qu'en moyenne, vos messages sur Facebook soient lus par 1 000 personnes. En parallèle, vous estimez que 3 000 personnes visitent votre site quotidiennement. En intégrant votre fil d'actualité Facebook à votre site, vous allez multiplier l'audience de vos messages Facebook. Plus de lecteurs à effort égal donc ! De quoi résoudre en partie le problème de la baisse de la portée...

Seule réticence : sur Facebook les échanges ne sont pas toujours d'une grande cordialité. Vous pouvez donc décider, dans les options, de ne pas afficher les commentaires. Le plus important est de permettre aux personnes loguées sur Facebook de *liker* ou de partager directement depuis votre site Web.

Nous venons de voir de nombreuses méthodes pour faire grandir votre communauté de fans. Cette croissance quantitative ne doit pas vous faire oublier les aspects qualitatifs qui sont essentiels. En effet, qu'allez-vous obtenir d'une communauté très importante si elle est composée de personnes qui ne s'intéressent pas à votre activité ?

Mémento : Faire grandir sa communauté

- Si vous partez de zéro, demandez de l'aide à vos amis, collègues et proches : ils peuvent aimer votre page et la partager.
- Utilisez tous vos moyens de communication pour faire connaître votre page Facebook.
- Le plus important est votre site Web, sur lequel vous pouvez intégrer vos publications.
- Invitez les personnes qui réagissent à vos publications à aimer votre page.
- Enfin, acheter des fans bidons ne sert à rien, car la réussite de votre page se mesurera au ciblage : la qualité l'emporte toujours sur la quantité.

Le ciblage, la clé du succès

Si au début de ce livre je vous conseillais de bien identifier vos cibles, et même de créer des *personas*, ce n'est pas par hasard. Toute la difficulté sur Facebook est en effet d'attirer sur vos pages les bonnes personnes. En effet, sur Facebook, la qualité est toujours préférable à la quantité, et les community managers professionnels l'ont bien compris. À quoi sert une cohorte de fans si l'engagement est faible ?

Il faut donc d'abord chercher à obtenir des fans qui correspondent à votre cible : ils liront vos messages, interagiront, cliqueront sur vos liens et pourquoi pas achèteront vos produits.

Vos messages Facebook n'intéressent pas tout le monde ? Ciblez-les !

Sur Facebook, votre communauté ne forme pas un tout homogène. S'il existe forcément un centre d'intérêt commun, les différences, en particulier géographiques, font que vos publications peuvent ne concerner qu'une petite partie de votre communauté.

Comment résoudre ce problème ? En utilisant l'outil de ciblage proposé par Facebook lors de la publication des messages. Dans le Creator Studio, au moment de créer un message, cliquez sur « Limité » dans la rubrique « Paramètres de confidentialité ». Vous pourrez alors décider de limiter l'affichage de votre publication aux internautes d'un certain âge, ou vivant dans un pays spécifique.

À vous d'utiliser au mieux cet outil en fonction de vos objectifs.

Bien interagir avec sa communauté

Sur les réseaux sociaux, on parle de communauté car des échanges directs naissent entre vous et vos fans. Et contrairement à une idée reçue, cela ne se limite pas aux commentaires et aux messages directs.

Ne vous limitez pas aux commentaires pour interagir avec votre communauté

Vous devrez toujours répondre aux messages : c'est une règle de base afin de dynamiser sa communauté. Mais en réalité, vous devez appliquer la règle des trois interactions Facebook, qui ne concerne pas que les commentaires.

Il existe en effet trois types d'interactions possibles pour les internautes sur Facebook, et chacune doit provoquer une réaction de votre part :

- Le commentaire : nous venons d'en parler. Un commentaire = une réponse, si possible ouvrant encore davantage le débat ou impliquant d'autres membres de la communauté.
- Le *like* : si la personne qui *like* votre message n'est pas encore fan de votre page, interagissez avec elle en l'invitant à le faire.
- Le partage : si la personne partage votre message, *likez* son partage et remerciez-la en commentant directement son partage.

L'idée essentielle à retenir est que vous devez optimiser le nombre d'interactions avec votre communauté, et que cela ne se limite pas du tout à l'espace de commentaires.

Soyez créatif, rigoureux et patient, pour stimuler au maximum les échanges. Dans cette optique, la règle des trois interactions est un très bon début. Encore faut-il identifier toutes les interactions de vos fans, à commencer par les commentaires.

Commentaires : ne laissez pas Facebook faire le tri à votre place

Peu de gens le savent, mais Facebook classe automatiquement les commentaires de vos publications selon un critère de pertinence. Inutile de spéculer sur l'algorithme et d'essayer de trouver quels sont les critères de sélection.

Ce tri automatique pose deux problèmes :

- Les commentaires les plus récents ne sont pas affichés en premier : or, répondre vite est essentiel.
- Certains commentaires sont par défaut cachés. Or, ce qui est pertinent selon Facebook ne l'est pas toujours pour vous.

Je vous invite donc à vous rendre dans les paramètres de votre page. Dans la rubrique « Classement des commentaires », désactivez-le. Vous passez ainsi d'un tri automatique à un tout bête classement chronologique.

La sélection effectuée par Facebook est sans doute utile pour un utilisateur lambda qui ne veut pas être submergé, mais il est essentiel de voir en tête de gondole les derniers commentaires publiés.

Enfin, n'oubliez pas de cliquer systématiquement sur « Afficher les X commentaires » afin de tous les lister. En effet, l'objectif sera de répondre, mais aussi de générer un maximum d'engagement grâce aux discussions avec vos fans.

L'engagement, partout, y compris dans les commentaires

Sur les réseaux sociaux, l'engagement est la clé. Particulièrement sur Facebook, car la concurrence y est rude et l'algorithme fait un tri sans pitié. Seuls les messages qui génèrent le plus d'interactions seront visibles sur le fil d'actualité de vos fans.

On conseille généralement diverses techniques pour générer des interactions : poser des questions, demander l'avis des lecteurs, etc. Mais on pense beaucoup moins à créer de l'engagement au moment de répondre à des commentaires sur une page Facebook.

Or, si l'espace de commentaires de votre message est vivant, alors le taux d'engagement augmentera, tout comme la portée organique de vos messages. Cela signifie qu'il faut répondre à tous les messages, et de façon, là encore ouverte, afin que la discussion se poursuive. On a généralement tendance à se contenter d'une formule amicale du type « merci beaucoup XXX pour votre message, il me fait vraiment plaisir ». Cette réponse est meilleure qu'un silence (répondez toujours aux commentaires, bons ou mauvais !), mais elle est fermée et ne favorise pas la poursuite de la discussion. Rebondissez, posez une autre question, demandez à nouveau l'avis sur un sujet connexe... Bref, laissez la porte ouverte à de nouveaux commentaires!

N'oubliez pas non plus de taguer la personne afin qu'elle ne passe pas à côté de votre réponse.

Taguez seulement le prénom de vos fans sur Facebook

Sur Facebook, vous devez avoir le réflexe de taguer les utilisateurs, les fans et les pages dont vous parlez. En effet le tag envoie automatiquement une notification à la personne en question. Elle ne peut donc pas rater votre publication, et pourrait la partager. Cela vient de m'arriver ce matin: un média a publié une vidéo en taguant la page Facebook dont je m'occupe. Le contenu était en phase avec ma stratégie éditoriale, donc j'ai partagé. Simple et efficace. En l'absence de tag, je n'aurais sans doute jamais découvert cette vidéo, ou bien plus tardivement.

La technique pour taguer est très simple, et vous la connaissez sans doute déjà: il suffit d'écrire une arobase suivie du nom de la personne ou de la page.

Deux problèmes peuvent survenir:

- Dans certains cas vous ne trouverez pas dans la liste la bonne proposition de compte à taguer. Il vous faudra alors chercher le nom précis de la page ou de la personne en question. À noter que certaines personnes choisissent dans leurs préférences de confidentialité de refuser d'être taguées.
- Surtout, le tag inclut par défaut le nom et le prénom de la personne. Or sur Facebook les relations sont cordiales, on s'appelle souvent par son prénom. Pas super chaleureux de lire le nom + le prénom...

Il existe une astuce vraiment toute simple: une fois la personne taguée, appuyez une fois sur la touche « Retour arrière » (celle qui efface). Le nom de famille sera effacé, par contre le prénom et surtout le tag resteront. Cela permet de créer une plus grande proximité avec la personne: car qui appelle son interlocuteur par son nom de famille dans la vraie vie?

Utilisez les gifs animés pour répondre aux commentaires

Cette technique ne va pas changer la face du monde, loin de là, mais elle peut apporter un peu de bonne humeur dans vos échanges avec vos fans. Saviez-vous qu'il était possible de leur répondre par un GIF animé? Ces célèbres images qui défilent à la façon d'un mini-film permettent d'exprimer de façon décalée et originale une émotion.

Cliquez sur « Répondre », puis sur la petite icône GIF située à droite. Une bibliothèque de GIFs s'ouvre alors, à vous de choisir le mot-clé adapté. Si on vous fait des compliments, choisissez « Rougir » ou « Heureux ».

L'utilisation de cette technique peut poser trois problèmes que je préfère mentionner:

- Sur certaines pages, la tonalité choisie ne permet pas ce genre d'excentricité. Soyez sûr de ne pas écorner votre image en voulant jouer l'humour et la décontraction.
- Attention à l'humour qui fait un flop. Votre interlocuteur pourrait ne pas comprendre votre message, et se vexer. Choisissez un GIF qui transmet sans aucune ambiguïté l'émotion voulue, et évitez d'utiliser un GIF qui représente une personnalité contestée ou pouvant générer une quelconque polémique.
- Un GIF ne remplacera jamais un vrai message, rédigé et personnalisé. N'en abusez donc pas!

Depuis peu, Facebook vous donne la possibilité d'illustrer votre publication avec un GIF animé. Au moment de rédiger votre message, choisissez GIF. Vous pouvez alors choisir le plus adapté à votre propos, en tapant un mot-clef dans la barre de recherche. Cette fonctionnalité n'existe que sur smartphone, et n'apparaît pas sur la version desktop de Facebook.

Une modération plus facile et plus juste avec une charte de modération Facebook

Sur les réseaux sociaux, la modération est un véritable casse-tête. Les gens y sont souvent possédés, commentant à chaud et sans aucun recul. Résultat, les commentaires agressifs fleurissent.

Pour mettre un premier garde-fou dans votre communauté Facebook, pensez à créer une charte de modération, accessible directement via un lien figurant dans la rubrique « à propos » de votre page Facebook. Cela comporte plusieurs intérêts:

- D'une part, rédiger une charte vous forcera à réfléchir à ce que vous considérez comme acceptable ou non. L'improvisation n'est jamais une bonne solution pour modérer, car vous allez devoir agir vite et bien. La charte guidera vos choix.
- Votre modération reposera sur des critères objectifs et clairement définis, et donc justes. Vous pourrez toujours renvoyer un utilisateur mécontent à ce document, ce qui donnera beaucoup plus de force lorsque vous supprimerez un message.
- La charte aura une dimension pédagogique: expliquez à un utilisateur dont vous avez supprimé le message l'existence de la charte, et en particulier du message qui pose problème. Vous pouvez ainsi lui dire qu'en changeant un tout petit peu son message, il respectera la charte et que tout ira bien.
- Dernier conseil: respectez vous-même la charte!

Vous trouverez facilement des modèles de charte de modération, par exemple sur le site NetPublic.

Vous pouvez ensuite publier votre charte de modération, soit sous forme d'un message que vous épinglerez en haut de votre page, soit en plaçant un lien vers votre charte dans votre rubrique « à propos ».

La charte de modération facilite donc grandement vos échanges avec les internautes, et c'est un bon point de départ. Néanmoins, il ne faut pas oublier de réagir aux partages.

Votre message Facebook est partagé? Likez et remerciez la personne!

Votre objectif, lorsque vous publiez un message sur les réseaux sociaux, est d'obtenir un maximum de partages. Le mécanisme de la viralité est la base même de Facebook et Twitter, et il vous permet d'obtenir une audience large.

Souvent, on se contente de compter les partages, et de se réjouir lorsqu'ils sont nombreux. Ne vous contentez pas d'être heureux! Sous votre message Facebook, cliquez sur « X partages ». Vous verrez ainsi qui a partagé. Prenez alors le temps de *liker* le partage, voire d'écrire un petit commentaire de remerciement. Et cela pour plusieurs raisons:

- D'abord par politesse.
- Ensuite pour montrer à la personne qui a partagé que vous avez conscience de son geste. Ce sera pour elle très gratifiant, et l'encouragera à le refaire à l'avenir.
- Enfin, en *likant* et commentant, vous augmenterez la portée organique de ce même partage. Et oui, plus il y a d'interactions, plus le partage touchera un public large.

Répondre aux commentaires postés sur ses messages est un réflexe. Il faut intégrer un autre réflexe, celui d'interagir avec les partages! Cette technique est aussi valable sur Twitter.

Enfin, si votre communauté est énorme et que chacun de vos messages provoque des dizaines de partages, vous pouvez vous constituer un fichier texte avec différentes formules de remerciement. Vous n'aurez plus qu'à copier-coller, en personnalisant avec le prénom de la personne. Cela peut sembler un peu froid, mais au fond je trouve que prendre le temps de remercier autant de personnes, même par un copier-coller, est plutôt une marque d'intérêt et de respect. Sans cette astuce, vous ne pourriez sans doute pas le faire: est-ce vraiment mieux?

Mémento: Bien interagir avec sa communauté

- Pour que vos messages soient vus, la clé est l'interaction: insufflez de la vie, encouragez les commentaires, les échanges, les partages.
- Publier un message vivant est un bon début, mais n'oubliez pas de répondre de façon ouverte aux commentaires, afin d'amplifier l'engagement des lecteurs.
- *Likez* les partages, afin de remercier symboliquement les internautes qui vous soutiennent.
- Si vous avez le temps, remerciez les internautes qui partagent vos publications, cela les incitera à le refaire à l'avenir.
- Taguez les prénoms de vos interlocuteurs: cela crée une proximité appréciable, tout en leur envoyant une notification.
- Parlez de façon naturelle et simple, avec des *émojis* et pourquoi pas des GIFs animés si la situation s'y prête.
- Enfin, n'oubliez pas de rédiger une charte de modération pour encadrer les échanges et éviter les débordements!

Vos fans ont la parole

Sur Facebook, les internautes s'expriment et parlent de vous, voire avec vous. Cette capacité nouvelle à prendre la parole d'égal à égal avec les entreprises et les institutions prend plusieurs formes qu'il faut connaître pour en tirer profit.

Posez des questions à vos fans sur Facebook avec les sondages

Interagir avec vos fans est toujours une bonne idée, car cela génère de l'engagement. Or, plus l'engagement est élevé, plus votre message sera diffusé. C'est pourquoi le retour des sondages sur les pages Facebook est une excellente nouvelle. Pour en créer un, cliquez sur « Créer un sondage », tout simplement.

Une fenêtre s'ouvre. Vous allez devoir poser votre question, et proposer deux réponses possibles à vos lecteurs, en les accompagnant si besoin d'une image ou d'un GIF animé.

Le principal défaut est de ne pouvoir proposer que deux réponses, ce qui est bien souvent insuffisant. Par contre, les GIF animés permettent de faire preuve d'imagination, et d'offrir un contenu amusant.

Sur le fond, votre question doit avoir un intérêt. Je préfère le préciser, car de nombreuses pages ont publié des sondages lorsque cette fonctionnalité est apparue, mais ils n'étaient pas passionnants. La question doit avoir un lien avec votre activité, sinon quel est l'intérêt commercial pour vous ? Si vous gérez un restaurant, faites un sondage entre entrée-plat ou plat-dessert, mais en présentant à chaque fois vos produits et éventuellement un logo.

Notons que le sondage est aussi une bonne occasion d'atteindre son objectif de trafic vers le site Web. Par exemple, si votre sondage est un pronostic sportif, indiquez un lien dans votre message, en promettant d'y trouver votre pronostic, celui d'une célébrité, ou tous les éléments à savoir avant la rencontre. Ainsi, non seulement le taux d'engagement sera élevé du fait des nombreux votes, mais en plus vous allez rediriger vers votre site les votants. Car le risque avec les sondages Facebook est de s'amuser sans vraiment obtenir de réel avantage commercial.

Grâce aux événements Facebook, partagez un sondage sur votre page

Nous l'avons vu, sur les pages Facebook, vous ne pouvez proposer que deux réponses possibles à votre sondage. Oui ou non, noir ou blanc, cela n'est pas toujours suffisant ! Il existe pourtant une astuce pour contourner le problème.

Dans les événements Facebook, il devient possible de réaliser des sondages en proposant un grand nombre de réponses. Il s'agit donc de créer un événement, puis de publier un sondage dedans. Dernière étape, partagez le sondage créé dans l'événement sur votre page Facebook, et le tour est joué !

Astuce

Pensez à décocher « Autoriser tout le monde à ajouter des choix ». D'expérience cela pousse au troll et votre joli sondage peut rapidement partir dans des directions inattendues, et pas forcément de bon goût !

Toutes ces techniques visent à libérer la parole de vos lecteurs, qui peut porter une belle énergie que vous allez chercher à exploiter. Car sans vos fans, vous n'êtes rien, d'où la nécessité de constamment les valoriser.

Valorisez votre communauté Facebook

Afin d'encourager les *likes*, commentaires et partages, vous devez mettre en avant vos fans les plus actifs. Il existe plusieurs solutions pour atteindre cet objectif.

Soignez la forme de vos messages

Un message Facebook commence avant même le message!

Saviez-vous qu'il était possible d'orner votre message Facebook avec de nombreuses petites informations utiles ou amusantes, comme le lieu où vous vous trouvez ou votre état d'esprit?

J'ai cherché pendant une bonne dizaine de minutes un exemple, mais aucune page que je suis ne le fait! Avouez que c'est vraiment dommage, car cela ne prend que quelques secondes, et permet à votre publication de sortir du lot.

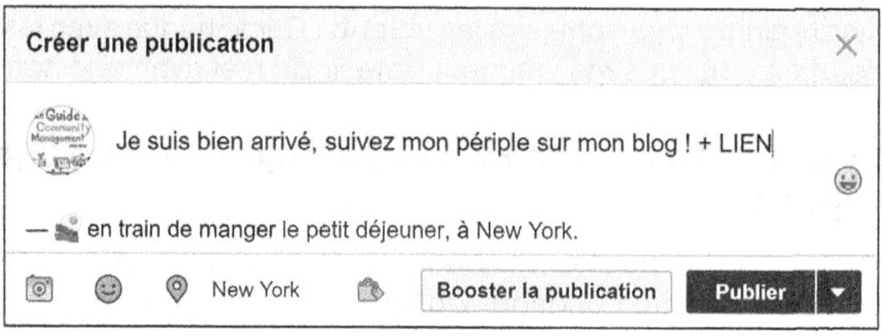

Ici, j'offre immédiatement au lecteur le contexte: je suis à New York, et avec le décalage horaire je suis à l'heure du petit-déjeuner. Le visuel est plutôt agréable, et cela permet de ne pas alourdir le message en lui-même.

L'usage le plus fréquent et le plus efficace consiste à indiquer son état d'esprit dans le message: heureux, en colère ou inquiet par exemple. Il s'agit d'un bon coup de pouce au lecteur qui peut ainsi mieux comprendre la tonalité de votre publication, tout en lui apportant un registre émotionnel qui est redoutablement efficace pour communiquer.

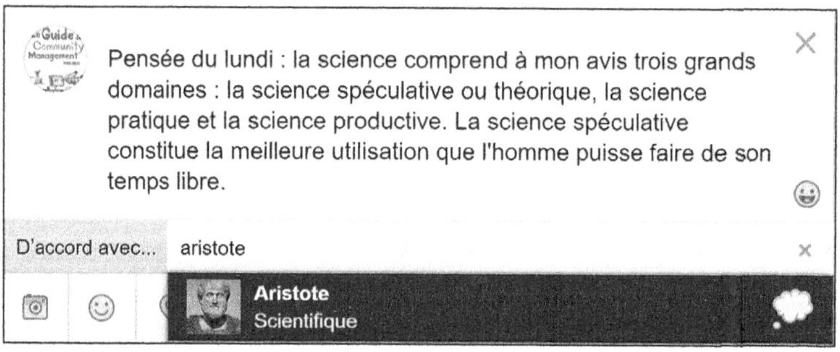

Comme toujours, fouillez dans la masse d'options proposées par Facebook. Vous pouvez même préciser que vous êtes d'accord avec Aristote, c'est vous dire si avec un peu d'imagination les possibilités sont infinies (et drôles)!

Cette astuce peut sembler accessoire, mais rappelez-vous : tout ce qui permet à votre message de sortir ne serait-ce qu'un peu du lot est bon à prendre.

Comment et qui taguer dans vos messages Facebook ?

Bien souvent vos messages Facebook impliquent différents acteurs : une personne, une ville, un groupe de musique, une marque, etc. Or, il est possible de taguer ces personnes afin d'attirer leur attention. Par taguer, j'entends mentionner, ce qui envoie à la personne en question une notification. Elle sera ainsi prévenue de votre message, puis pourra le lire et éventuellement le partager.

Pour taguer quelqu'un, il suffit d'écrire son nom dans votre message Facebook en plaçant au début du message une arobase @.

Attention, vérifiez qu'il s'agit de la bonne personne, car sur Facebook les faux comptes sont légion. Faites un essai avec Emmanuel Macron : on vous proposera alors de taguer le « Pot de départ du Président », évidemment satirique.

D'ailleurs, cela ne sert à rien de taguer une personnalité aussi importante. Elle croule sous les messages, et à moins d'être le ministre de l'Éducation nationale ou Barack Obama, même si votre tag est vu il ne sera jamais relayé. Misez plutôt sur les petits comptes, qui seront flattés par le tag.

Ratissez large, on n'imagine pas le nombre de tags possibles dans un message :

- Taguez la ville où se déroule votre événement.
- Mentionnez toutes les personnes visibles sur les photos.
- Vous parlez d'un livre ? Taguez son éditeur !
- Votre message concerne le sport ? Taguez l'équipe en question, la page Facebook de son stade, du club de supporters, etc.
- Vous pouvez aussi taguer la presse locale et régionale si vous souhaitez l'alerter sur votre message.

Taguer doit devenir un réflexe, car il s'agit de la meilleure façon de nouer des liens avec d'autres acteurs. Sur les réseaux sociaux, l'union fait la force, encore faut-il que tout le monde soit au courant ! Et pour avoir un maximum de chance d'intéresser des acteurs variés, vous devez apporter une réelle diversité dans vos publications.

Diversifiez vos types de publications sur Facebook

Variez les types de messages Facebook

Sur Facebook, vous pouvez publier de nombreux types de messages : texte seul, image, vidéo, lien, live... Vous n'avez que l'embarras du choix. Il est très important d'exploiter toutes ces possibilités et ce pour plusieurs raisons :

- Pour offrir un contenu qui ne lasse pas vos lecteurs. Plusieurs articles indiquent que les pages Facebook qui alternent les types de messages ont un engagement supérieur à la moyenne, ce qui est très logique.
- Car mon expérience m'indique que l'algorithme de Facebook valorise la diversité des types de messages.

Je vais aller plus loin dans la réflexion : Facebook pénalise la publication trop régulière de liens. Or, il s'agit de la principale technique pour générer du trafic sur son site Web. Mais pour ne pas trop subir de baisse de portée, il faut s'astreindre à publier d'autres types de messages (en particulier des photos).

Enfin, cette technique vaut aussi pour Twitter. Si le tweet + photo est un incontournable, publier de temps en temps un sondage ou une vidéo apporte une fraîcheur toujours très bien vue de vos followers.

Les principaux types de publications sur Facebook proposés au moment de rédiger votre message sont les suivants :

1. **Le texte seul :** rare et déconseillé, car les réseaux sociaux sont très visuels. Ils peuvent cependant attirer l'œil, justement car plus personne ne publie du texte seul !
2. **L'image :** la reine des publications. Le pouvoir de l'image est énorme sur Facebook, et je vous recommande de toujours illustrer vos publications. Les images peuvent rencontrer un grand succès, améliorent votre notoriété et peuvent créer le buzz.
3. **Le lien :** pour générer du trafic sur votre site Web. Ce type de message se génère automatiquement, dès que vous publiez une adresse Web dans votre message. Le lien est à mon avis tout aussi indispensable que l'image. Sans lien, votre message est une impasse. Il ne mène nulle part, ne permet pas à l'internaute d'aller plus loin. Et surtout, il ne vous permet pas d'atteindre vos objectifs. Car souvenez-vous, les réseaux sociaux ne sont pas un but en soi, ils vous servent à atteindre d'autres objectifs (vente, trafic Web, etc.). Lorsque vous placez un lien, Facebook capte automatiquement l'image principale de la page, qui devient cliquable. Idéal donc si votre objectif est le trafic.

4. **La vidéo en direct :** nous reparlerons des Facebook live, qui rencontrent un immense succès. Avec un simple smartphone vous pouvez diffuser une vidéo en direct. Cela ne s'improvise pas, mais le potentiel est élevé.
5. **Recevoir des messages :** crée une publication avec un bouton qui permet aux internautes de vous envoyer des messages privés via Facebook Messenger, Whatsapp, ou même directement par téléphone. Je trouve cela très utile dans de nombreux cas. Vous souhaitez poser des questions aux membres de votre communauté en toute discrétion ? Vous voulez mettre en avant votre service après-vente directement sur Facebook ? Ou vous aimeriez tout simplement échanger avec vos lecteurs pour nouer un contact privilégié ? Alors, essayez ce type de publication.
6. **Créer un événement :** nous le verrons, l'événement est très utile pour mobiliser votre communauté autour d'une opération ponctuelle et datée.
7. **Écrire un article :** comme nous l'avons vu dans le chapitre précédent, Facebook vous offre la possibilité de publier des textes mis en forme, avec des liens, images et titres, ce qui n'est pas du luxe.
8. **La cover :** il s'agit de la grande image rectangulaire qui figure en haut de votre page Facebook. Certes, peu d'internautes visitent les pages, car ils consultent principalement le fil d'actualité. Mais ils seront prévenus si vous changez de *cover*. Voilà donc une bonne méthode pour varier vos contenus de façon originale. N'oubliez pas de cliquer sur votre nouvelle *cover* afin de l'accompagner d'un texte.
9. **La photo de profil :** vous pouvez aussi changer votre photo de profil. Certains de vos fans verront votre nouvelle photo de profil s'afficher dans leur fil d'actualité. Comme pour la *cover*, cliquez sur votre nouvelle photo de profil pour y ajouter une description, et si possible un lien.
10. **L'album photo :** sur votre page, cliquez sur « Photos » puis « Créer un album ». C'est une très bonne solution pour classer des photos par thème, afin de faciliter la tâche aux internautes. Elles seront en effet toutes regroupées au même endroit.
11. **Les stories :** Facebook ayant racheté Instagram, cette fonctionnalité est désormais déployée sur Facebook. Je vous invite aussi à consulter le chapitre sur les *stories* Instagram, car le fonctionnement sur Facebook est presque identique.
12. **Les sondages :** ils ont fait leur grand retour fin 2017. Vous pouvez à nouveau poser une question à votre communauté, en lui proposant deux choix différents.
13. **Les listes :** ce format, disponible uniquement sur votre smartphone, permet d'énumérer divers éléments : vos habitudes, les lieux que vous souhaitez visiter, vos projets pour le week-end... Rien d'extraordinaire à première vue, mais les listes ont le mérite d'être visuellement très originales, et donc de capter

l'attention des lecteurs qui font défiler leur fil d'actualité. Faites preuve d'imagination : un cinéma pourrait par exemple faire la liste des 5 films qu'il attend le plus pour l'année à venir, tout en demandant à ses fans leur propre liste. De quoi dynamiser la page, tout en donnant envie à de nombreuses personnes de revenir dans les salles obscures…

Vous connaissez désormais tous les formats, nous pouvons à présent les détailler et voir comment en tirer profit.

La photo, format star de Facebook

Nous avons presque l'impression que Facebook a été créé pour diffuser des photos. Avec la généralisation des smartphones, prendre une photo devient facile, et en quelques clics vous pouvez la publier. Cela semble simple, et pourtant bien exploiter vos photos nécessite de prendre quelques précautions.

Apprenez à bien utiliser votre smartphone pour faire des photos

Nous disposons tous dans notre poche d'un excellent appareil photo pour obtenir du contenu à publier sur les réseaux sociaux : il s'agit de notre smartphone bien sûr. Mais le rendu n'est pas toujours très bon. Voici quelques astuces pour améliorer la qualité de vos photos :

- Pour éviter le flou, vous devez ne pas trembler. Prenez donc votre téléphone à deux mains pour le stabiliser, et coller vos coudes à votre corps – ou mieux sur une table – pour faire appui.
- Choisissez une qualité élevée dans les options photos de votre smartphone.
- Évitez les contre-jours, en ayant toujours le soleil dans le dos.
- Privilégiez les zones avec une bonne luminosité, car le flash n'est souvent pas de très bonne qualité. Si vous devez quand même l'utiliser, soyez près de la personne que vous photographiez.
- Nettoyez l'appareil photo de votre téléphone. C'est bête mais on y pense rarement.
- Ne zoomez pas, car le rendu est souvent catastrophique. Avancez-vous plutôt.
- S'avancer est aussi une bonne idée pour éviter les photos vides, où la personne prise en photo est entourée d'un vaste espace vide. Si cela vous arrive, retouchez la photo avant de la publier.
- Faites une photo droite en prenant pour repère la ligne d'horizon ou un élément statique de l'intérieur dans lequel vous vous trouvez (sauf si vous êtes à la tour de Pise).
- Prenez de nombreuses photos : cela vous permettra d'en avoir à coup sûr une de qualité.

- Fouillez dans les paramètres : mon téléphone permet par exemple d'augmenter l'exposition ou la luminosité.

Enfin, si vous savez utiliser un logiciel comme Photoshop ou Gimp, retouchez la photo pour corriger les imperfections. Pas besoin d'avoir des connaissances étendues, une simple amélioration de la luminosité et du contraste peut améliorer nettement le rendu.

Retouchez directement vos photos avant publication sur Facebook

Instagram a remporté un grand succès avec une fonctionnalité simple : proposer d'ajouter un filtre à sa photo avant de la publier. Cela est désormais possible, aussi Facebook a tendance à racheter ses concurrents et à les copier ! Une fois la photo *uploadée*, cliquez sur le pinceau en bas à droite (« Modifier la photo »).

Cet écran apparaît, et il vous permet :

- D'ajouter des filtres.
- De recadrer la photo.
- D'ajouter du texte.
- D'intégrer des stickers.

Comme souvent sur les réseaux sociaux, le bon goût n'est pas au rendez-vous ! Cela permet quand même de rectifier un oubli (image très mal cadrée par exemple) avec de la publier.

Au risque de radoter, je vous conseille malgré tout de retravailler vos photos avec un vrai outil comme Photoshop ou Gimp. Mais ces logiciels ne sont pas toujours faciles d'accès, et l'outil de retouche Facebook peut parfois se révéler utile.

Malheureusement, bien retoucher vos photos ne suffit pas à donner un bon résultat. Reste à voir comment Facebook décide de les afficher…

De l'affichage des photos sur Facebook

Mettre des photos dans ses publications Facebook est toujours une bonne idée. Mais en l'absence d'un outil de prévisualisation, on a parfois de mauvaises surprises une fois le message publié. C'est en particulier le cas si vous mettez en ligne deux photos. Elles seront parfois tronquées pour s'afficher en format portrait. À vrai dire, Facebook n'en fait qu'à sa tête et les règles d'affichage sont totalement imprévisibles, et semblent varier en fonction de la taille des images.

Le plus simple pour éviter un tel désagrément est encore de planifier le message, puis d'aller voir le rendu dans vos publications programmées. Si la disposition des images n'est pas satisfaisante, alors vous supprimerez le message pour en rédiger un nouveau !

Organisez vos photos sur Facebook avec les albums

Tout comme les autres messages, les albums photos apparaissent dans le fil d'actualité de vos fans. Ils apportent un contenu varié, avec une grande qualité: les photos sont classées selon un thème, que vous aurez défini. Je vous recommande donc d'en créer si vous avez un contenu visuel suffisant.

Pour créer un album photo, rien de plus simple. Allez sur votre page, cliquez sur « Photos », puis sur « Créer un album ». Enfin, sélectionnez les images de votre choix.

Avant de publier, veillez à bien donner un nom, une description et pourquoi pas un lieu à l'album. Vous pouvez aussi ajouter une description à chaque photo: je vous recommande d'y placer un lien vers votre site, ou vers un article en lien avec l'album. N'oubliez pas que les réseaux sociaux doivent vous aider à générer du trafic Web!

Astuce

Vous pouvez choisir quelle image sera la couverture de l'album, en cliquant sur la roue dentée en bas à droite de l'image. Choisissez une image percutante, de bonne qualité et surtout représentative du thème de l'album.

Mettez régulièrement à jour vos albums photos, car à chaque nouvelle image mise en ligne, vos fans peuvent la voir s'afficher dans leur fil d'actualité... et ainsi découvrir l'album.

Mais plus généralement, tout ce qui peut être classé peut faire l'objet d'un album photo. Vous vendez des vêtements? Alors classez les éléments de votre catalogue dans différents albums. Vous tenez un restaurant? Pourquoi ne pas créer des albums entrée, dessert, viande...

Augmentons maintenant la difficulté d'un cran, en passant des photos classiques aux photos à 360° qui présentent d'autres difficultés, mais surtout de nouvelles possibilités.

Osez les photos à 360 degrés

Facebook a réussi un tour de force: démocratiser les photos à 360 degrés. Encore faut-il oser les utiliser, et vous allez voir que ce n'est pas très compliqué...

Toutes les occasions sont bonnes pour publier des photos à 360 degrés

Un des formats les plus efficaces sur Facebook est ce type de photo. L'internaute peut alors se déplacer dans l'image, comme s'il était sur place. Une façon originale de se distinguer et de montrer à vos lecteurs de grands espaces. J'ai pourtant remarqué que ce format était peu utilisé, alors même que réaliser ces photos est enfantin. Au moment de publier votre message, choisissez « Photo 360 ».

Puis balayez lentement l'espace avec votre téléphone, qui capturera peu à peu ce qui vous entoure. Il est tout à fait possible de ne faire une photo qu'à 180 degrés, et dans certains cas c'est très pratique (par exemple si vous êtes en tribune dans un stade).

J'ai réalisé cette photo à 360° pendant un championnat d'échecs, afin de mettre en valeur la salle de jeu et les nombreux participants. Ce message a obtenu un réel succès, bien davantage que s'il s'agissait d'une photo ordinaire.

Message Facebook de la Fédération française des échecs du 20 août 2017 (https://www.facebook.com/ffechecs/)

Ce format est vraiment parfait pour montrer un paysage et de grands espaces. Mais pas seulement, soyez imaginatif car cela fonctionne pour presque toutes les activités : une photo 360° d'un restaurant, lors d'une conférence ou encore de vos différents produits.

Lorsque j'écris ces lignes, la possibilité de publier directement une photo à 360° via Facebook a malheureusement disparu. Pour les publier sur votre page, vous devrez utiliser une petite astuce, uniquement possible via votre smartphone. Au moment de prendre une photo avec votre téléphone, choisissez le mode 360°, appelé « Panorama » sur mon appareil Samsung. Puis, rendez-vous sur votre page Facebook, et ajoutez la photo en question. Une petite icône circulaire indique qu'elle est au format 360°. Une fois publiée, la photo sera automatiquement convertie au bon format par Facebook. Le processus est moins simple qu'avec l'option native qui existait jusqu'ici, mais la possibilité existe donc toujours !

La photo en 3D

Parmi les différents types de publication disponibles sur Facebook, un petit nouveau vient de faire son apparition : la photo 3D. Contrairement à ce que l'on pourrait croire, pas besoin d'être un as en informatique pour l'utiliser. Il suffit en effet de choisir une photo, et Facebook la transformera en version 3D, permettant aux internautes de profiter d'un effet de mouvement et de profondeur original. L'effet est d'autant plus saisissant qu'il existe d'importantes distances entre les éléments qui figurent sur votre image.

Pour publier une photo 3D sur votre page, il suffit, juste avant de la partager, de cliquer sur le bouton « Créer une photo en 3D » qui se trouve en haut de l'image sélectionnée.

Je vous invite à tester cette technique, car il est fort à parier que vos photos en 3D ne passeront pas inaperçues !

Cette option n'est disponible que sur smartphone, et pas sur desktop, ce qui explique qu'elle est encore peu connue, et donc peu utilisée.

Mémento : Bien publier des photos sur Facebook

- Si les photos publiées sur les réseaux sociaux sont souvent de qualité moyenne, évitez les contre-jours et les zooms avec votre smartphone. On ne s'improvise pas photographe, mais il est quand même possible d'obtenir un résultat convenable en ayant les bons réflexes.
- Sans être un as de Photoshop, essayez les retouches photographiques de base afin d'améliorer le rendu.
- Les réseaux sociaux sont d'abord visuels : mieux vaut un message avec une photo moyenne qu'un texte sans photo.

Publier des liens sur Facebook : pas si simple !

Vos messages Facebook comportent souvent des liens, car votre objectif est d'obtenir du trafic vers votre site Web. Suffit-il de faire un copier-coller du lien puis de cliquer sur « Publier » ? Malheureusement, non !

Comment bien publier un lien sur Facebook

En copiant-collant un lien dans votre message, Facebook récupère l'image principale de la page en lien, et elle devient cliquable. C'est le meilleur moyen de générer du trafic vers son site Web.

Vous voyez le problème? La taille de l'image n'est pas adaptée au format Facebook, l'image est tronquée. Elle est coupée sur les côtés, ce qui rend l'image non pas attractive, mais répulsive. Autre souci: si le titre est ici correct, la description en dessous ne l'est pas puisqu'elle reprend le contenu des boutons de partage (Partager sur Facebook, etc.). Mais comment changer cela?

La réponse ne se trouve pas sur Facebook, mais sur votre site Web. Vous pouvez demander à votre webmaster de modifier l'Open Graph. sans entrer dans les détails, il s'agit de données envoyées à Facebook depuis votre site, et qui déterminent l'image et le texte de votre lien. Si vous gérez vous-même un site WordPress, la meilleure solution est de chercher Open Graph WordPress sur Google. Non je ne botte pas en touche! Simplement, faire ici un long tutoriel sur un aspect technique très changeant ne me paraît pas adapté. Un simple plugin vous permettra d'avoir de belles images de liens Facebook.

Astuce

Une fois le lien copié-collé, Facebook récupère l'image et vous pouvez alors supprimer l'adresse du lien. Il reste alors le principal, c'est-à-dire l'image cliquable.

Deuxième astuce

Tous les internautes ne savent pas qu'il suffit de cliquer sur l'image pour accéder au lien. D'où le fait de placer une flèche qui va vers le bas, afin de montrer le chemin ! À noter que cette petite flèche pourrait bien inciter à cliquer ceux qui savent déjà très bien que l'image est un lien...

Message Facebook de l'Histoire en citations du 15 janvier 2018 (https://www.facebook.com/histoire.en.citations/)

Vous trouvez que l'Open Graph est trop compliqué ? Voici une solution simple (mais malheureusement mauvaise) : choisissez « Ajouter une image », puis copiez-collez le lien dans votre message. L'image s'affichera alors parfaitement bien. Pourtant, vous ne devriez jamais utiliser cette technique ! Pourquoi ? Car l'image ne serait plus cliquable, ce qui signifie que les internautes n'auraient qu'une solution pour aller visiter la page en lien : « Cliquer sur le lien ». Or, la majorité des internautes clique sur l'image, et non sur le lien. Cette solution de facilité, que l'on peut être tenté de faire pour ne pas avoir à passer par l'Open Graph, fait perdre beaucoup de clics.

L'aperçu de mon lien est mauvais, que faire ?

Régulièrement, au moment de poster un lien sur votre page Facebook, vous allez découvrir que l'image qui l'illustre n'apparaît pas, ou mal. Facebook a sans doute mal fait son travail de capture de l'image illustrative de votre page. Avant de publier, il vous faut donc aller sur la page de débogage Facebook : https://developers.Facebook.com/tools/debug/

Il suffit de copier-coller l'adresse URL de la page en question, puis de cliquer sur « Déboguer », et enfin sur « Re-collecter ». Facebook effectue alors une mise à jour de l'image.

Comme si cela n'était pas assez contraignant, un autre facteur vient s'ajouter à l'équation : l'affichage sur smartphone.

Attention à l'affichage de vos liens sur smartphone

L'image qui illustre votre lien Facebook peut poser problème en version mobile, si elle est trop petite. Tout est parfait sur *desktop*, avec une grande image en format paysage, mais sur mobile l'image est minuscule et carrée. Cela arrive lorsque l'image *uploadée* est trop petite. Par expérience, il faut compter au minimum 850px de large pour que l'image apparaisse convenablement sur mobile.

> **Conseil bonus**
>
> *Pour vos visuels, choisissez un ratio proche de 1:2, qui marche globalement bien pour tous les réseaux sociaux. Cela vous permettra d'utiliser la même image pour tous vos réseaux et donc de gagner du temps.*

Mais le véritable conseil est d'être à l'affût, et de bien vérifier l'apparence de vos messages sur plusieurs types de matériels. Ce qui s'affiche parfaitement sur l'écran de votre ordinateur pourrait donner un résultat médiocre sur smartphone. Vous devez donc penser vos messages sur tous les supports, et ce conseil ne vaut pas seulement pour vos liens. Ce conseil vaut aussi pour l'affichage de votre *cover*.

La cover et la photo de profil, une autre façon d'atteindre vos lecteurs

La *cover* est cette grande image qui figure tout en haut de votre page Facebook. Elle est la première chose que voient les internautes curieux qui se rendent sur votre profil, ce qui est une bonne raison de bien la choisir, mais aussi de la changer régulièrement.

Changez avec précaution votre photo de profil

En dehors des messages classiques sur Facebook, pensez à changer régulièrement de photo de profil et de *cover*. En effet, à chaque changement, la nouvelle image peut apparaître dans le fil d'actualité de vos fans.

Vous pouvez commencer par changer votre photo de profil, mais je ne vous le recommande pas. Elle est en effet un élément stable de votre identité visuelle, et la modifier ne peut que semer la confusion. Cela reste néanmoins exceptionnellement possible, par exemple pour coller à la saison (ajouter un bonnet de Père Noël pendant les fêtes) ou y faire figurer un élément marquant (un anniversaire par exemple). Mais fondamentalement, gardez dans la durée votre logo qui est un point de repère important pour vos lecteurs.

Pour changer de photo de profil, allez sur votre page, puis cliquez sur le petit appareil photo en bas à droite de votre photo de profil.

Mettez ensuite en ligne votre logo : l'originalité est un pari risqué, car les internautes doivent pouvoir identifier votre page en un clin d'œil. L'originalité trouve d'autres espaces pour s'exprimer, comme la *cover* que nous verrons un peu plus loin.

Attention aux dimensions et au cadrage ! Car en réalité, la photo de profil est arrondie. L'outil de prévisualisation peut donc être trompeur.

La photo de profil ne devrait généralement pas changer. Elle est le plus souvent votre logo, un point de repère visuel très important pour les internautes. Changer la charte graphique en permanence est très risqué, car cela brouille votre image.

Par contre, vous pouvez effectuer des changements cosmétiques pour surfer sur l'actualité : mettre un bonnet de Père Noël en fin d'année, ou un filtre avec de la neige par exemple.

Astuce

Vous pouvez rendre la nouvelle photo de profil provisoire, afin de ne pas oublier de remettre votre logo classique après les fêtes !

Changez régulièrement de cover, votre vitrine

Contrairement à la photo de profil qui est souvent immuable, la *cover* peut changer régulièrement. Elle ressemble à la « Une » d'un journal, mettant en avant un événement majeur, que vous souhaitez particulièrement valoriser. Ne la changez pas tous les jours, attendez une véritable occasion pour le faire ! Voici un bon exemple : l'association ATD Quart-Monde qui a changé sa *cover* à l'occasion d'un événement, le mettant ainsi très bien en avant.

Cover Facebook d'ATD Quart-Monde du 18 août 2017 (https://www.facebook.com/ATDQM/)

Pour la *cover*, cliquez sur « Changer la couverture en haut à gauche » (on ne le voit pas toujours si votre *cover* est noire !). Là aussi, vérifiez bien les dimensions de l'image, sa qualité et son cadrage.

Une fois votre photo de profil ou *cover* en ligne, n'oubliez pas de cliquer dessus pour l'accompagner d'un petit texte. En effet, il s'affichera dans le fil d'actualité de vos lecteurs. C'est l'endroit idéal pour placer un lien vers votre site Web, ainsi qu'un petit descriptif de vos activités !

Astuce

Il est désormais possible de mettre une vidéo en cover. C'est un moyen redoutable pour sortir du lot car cette technique n'a pas encore très répandue.

Pensez mobile

La majorité des personnes qui voient vos messages sur les réseaux sociaux le font sur smartphone, c'est désormais un fait incontestable. De plus en plus de sites sont désormais en *responsive design**, ce qui signifie qu'ils s'adaptent à la taille de l'écran de l'internaute. C'est une bonne chose, et cela doit aussi vous inspirer sur les réseaux sociaux. Car parfois, l'affichage est différent sur mobile et sur *desktop*. Une différence importante tient à la taille des images de couverture Facebook. On constate que sur un ordinateur de bureau, le haut et le bas de l'image sont coupés. Rien de bien grave, mais c'est une donnée à prendre en compte lorsque l'on choisit sa *cover*. Ne placez pas d'information importante en bas ou en haut, car elle ne serait pas visible pour tout le monde !

Soyez vigilant : la taille des images et *cover* changent régulièrement. Ce qui est vrai aujourd'hui pourrait ne plus l'être demain. C'est pourquoi je vous invite à vérifier régulièrement la dimension des visuels des réseaux sociaux. Des sites comme le blog du modérateur le font à chaque nouvelle mise à jour. Se tenir au courant est essentiel, car vous devriez changer régulièrement votre *cover* pour surprendre vos lecteurs.

Cachez une publication de votre profil Facebook

S'il est possible de mettre en avant certaines publications en les épinglant en haut de votre mur, il en est d'autres que l'on préfère cacher. Souvent, il s'agit d'une mise à jour de la photo de profil, de la *cover*, ou de la rubrique « À propos ». Car oui, toutes ces modifications sont ensuite ajoutées au fil d'actu de votre page.

Prenons l'exemple suivant: j'ai ajouté un bouton *call to action* à ma page, mais cela ne mérite pas forcément de figurer sur mon mur. Je préfère que les internautes n'y voient que mes vrais messages, et pas les mises à jour du profil. J'ai alors cliqué sur les trois petits points en haut à droite, puis sur « Masquer du journal ».

En résumé, la *cover* donne immédiatement au lecteur des informations sur votre identité. Et après tout, vous êtes sur les réseaux sociaux pour défendre votre cause! Néanmoins, cela ne doit pas vous faire oublier d'accepter de jouer le jeu des réseaux sociaux, et donc de partager le contenu des autres et de participer aux discussions.

Jouez le jeu des réseaux sociaux et soyez sociable

Facebook est une véritable fourmilière qui grouille de messages, et il serait bien étonnant que vous ne puissiez y trouver votre bonheur! Et en partageant les messages des autres, vous ferez coup double, en obtenant du contenu et en étant généreux, et donc bien vu.

Partagez le contenu des autres

Trouver du contenu à partager sur les réseaux sociaux sur... les réseaux sociaux eux-mêmes! On trouve tout sur Facebook, encore faut-il savoir comment bien chercher.

En effet, il ne suffit pas d'aimer de nombreuses pages pour rester au courant de l'actualité pertinente pour votre activité. Nous avons vu que l'algorithme fait le tri, et vous ne verrez dans votre fil d'actualité personnel que quelques messages. Avec le risque de passer à côté de contenus intéressants.

Pour ne rien rater, je vous conseille de faire la liste des pages en lien à surveiller: soit il s'agit de concurrents, soit elles proposent généralement des messages qui peuvent vous être utiles.

Une fois sur la page de votre choix, cliquez sur « Aimer en tant que votre page ». C'est un processus long et fastidieux, mais le résultat en vaut la peine. Une fois cette opération réalisée, allez sur votre page Facebook puis cliquez sur « Voir le fil des pages » qui se trouve à droite.

Vous verrez alors s'afficher toutes les publications des pages aimées en tant que page (désolé pour cette formulation un peu lourde, mais je n'ai pas d'autre solution !). De quoi vous donner beaucoup d'inspiration.

Interagissez avec les autres communautés en créant du contenu en dehors de votre page

Nous venons de voir comment aimer une page Facebook en tant que page. Le premier intérêt est de pouvoir suivre toutes leurs publications, et ainsi de réaliser un travail de veille utile pour dénicher du contenu ou trouver de bonnes idées.

Mais vous pouvez aller encore plus loin, en interagissant non pas avec votre compte personnel Facebook, mais en tant que page. Au moment de réagir à une publication Facebook, cliquez sur l'icône en bas à droite, puis sélectionnez votre page dans le menu déroulant. Ainsi, vous commenterez ou *likerez* au nom de votre page, et non plus avec votre compte personnel.

L'intérêt est de gagner en visibilité, puisque tout le monde verra votre commentaire. S'il est drôle ou simplement pertinent, il est très probable que des internautes décident de *liker* votre page. Pour mettre toutes les chances de votre côté, commentez en priorité les messages des grosses pages Facebook, car plus l'audience est élevée, plus la probabilité de vous faire remarquer est grande.

Il s'agit aussi de se faire remarquer de la page en question, qui verra d'un œil favorable vos commentaires et *likes*. Avec parfois à la clé un retour d'ascenseur. Ce mécanisme de don/contre don fonctionne bien, mais votre présence sur Facebook ne peut se limiter à cela.

Cette technique fait partie des astuces peu connues sur Facebook, et il en existe d'autres. Ce réseau social s'est en effet enrichi – certains diront complexifié. C'est pourquoi je vous propose maintenant de découvrir les formats méconnus et donc rarement utilisés sur Facebook.

Les formats peu utilisés sur Facebook

Alors que les photos et les vidéos pullulent sur Facebook, d'autres types de formats sont boudés sur Facebook, sans doute à tort.

Faites connaître vos événements via Facebook

Des organisateurs d'événements physiques me demandent souvent s'il faut créer une page Facebook dédiée. Ma réponse est toujours la même : créez plutôt un événement Facebook (ce qui relève du bon sens, je ne prétends pas inventer l'eau chaude). En effet, créer une nouvelle page spécialement pour votre événement revient à repartir à zéro fan. Or, comme les bénéfices des réseaux sociaux ne s'observent que dans la durée, créer une nouvelle page est vouée à l'échec. Ne faites pas cette erreur!

Allez sur votre page et choisissez l'option « Créer un événement ».

Remplissez les informations de l'événement. Mettez-vous dans les chaussures de vos lecteurs: il faut trouver, de façon simple et concise, toutes les informations utiles comme le lieu, l'heure, le prix, le plan d'accès, l'âge minimum, le but de l'événement, le programme... Vous connaissez votre événement sur le bout des doigts, mais ce n'est pas le cas des internautes.

Astuce

Vous pouvez mettre en cover une vidéo. C'est une bonne idée pour sortir du lot, à condition bien sûr d'avoir une vidéo de qualité et qui permette de se faire une idée de ce qu'est l'événement.

Lisez avec attention les options proposées, en particulier celles qui concernent les publications: je vous conseille d'autoriser tout le monde à publier, mais après votre approbation (pour éviter les débordements).

Les événements ont en effet vocation à devenir des espaces d'échanges entre les internautes. L'onglet « Discussion » est prévu à cet effet, avec pour avantage de ne pas noyer votre page Facebook sous les messages en lien avec l'événement. Les personnes vraiment intéressées peuvent suivre les messages directement dans l'événement. Celles qui ne sont pas intéressées ne les verront pas.

Pour faire connaître l'événement, cliquez sur « Partager », puis sur:

- « Inviter des amis ». Votre liste apparaît, sélectionnez les personnes qui pourraient être intéressées et envoyez-leur l'invitation. Elles recevront une notification et pourront rejoindre l'événement.
- « Partager dans Messenger »: proche de la technique précédente, elle permet d'envoyer une invitation directement par message privé via Facebook Messenger.
- « Partager dans le fil d'actualité »: le plus important! L'événement s'affichera sur votre page Facebook, et touchera donc vos fans.

Mes astuces pour faire vivre votre événement:

- Pensez à créer un événement Facebook dès que vous avez un élément *datable*: un anniversaire, un concert, la sortie d'un livre, le début d'une promo... Soyez créatif, les événements Facebook ne sont pas limités aux seules réunions de personnes! Dès qu'il y a une date, alors il y a potentiellement un événement.

- Comme nous l'avons vu, vous pouvez créer un sondage dans un événement, puis le partager sur votre page. Or, les sondages génèrent beaucoup d'engagement en donnant directement la parole à vos lecteurs.
- Créez l'événement le plus tôt possible! Inutile de le créer la veille, cela ne laissera pas assez de temps aux personnes concernées de le rejoindre. Si possible, anticipez et créez-le plusieurs mois à l'avance.
- Publiez régulièrement dans votre événement, avec des informations utiles, des photos, des anecdotes... Cela permettra de faire « monter la pression » et de susciter de l'intérêt.
- Partagez régulièrement l'événement sur votre page. Pas tous les jours bien sûr, mais une à deux fois par mois, accompagné d'un commentaire différent (« J-15! », « Rejoignez-nous! », « Déjà XXX participants »).
- Mieux, partagez sur votre page Facebook les messages publiés dans l'événement. Cela vous donnera du contenu tout en augmentant la notoriété de l'événement.
- Demandez aux internautes de publier des photos ou des anecdotes dans l'événement: le contenu généré par les utilisateurs eux-mêmes est souvent le plus apprécié.
- Demandez aux participants d'inviter leurs amis à l'événement.

Enfin, si vous souhaitez donner rapidement un coup de fouet à votre événement, il faudra payer. Dans le gestionnaire de publicité, choisissez l'objectif « Interaction », puis « Réponses à un événement ». Comme toujours, le ciblage sera essentiel: concentrez-vous sur un très petit échantillon de personnes qui sont vraiment susceptibles de venir. Toucher de très nombreuses personnes en visant large est purement et simplement une perte d'argent.

Je souhaite terminer cette présentation des différents types de publications Facebook pour un format innovant qu'il faut connaître, *les stories* et les *instant articles*.

Optez pour les **Instant articles** *Facebook, plus rapides à charger*

La majorité des utilisateurs visitent Facebook sur leur smartphone. Or, la connexion n'est pas toujours parfaite, d'où la création du format des *Instant articles*, un format plus léger, et donc plus rapide à charger. C'est essentiel, car un internaute n'attendra pas plus de quelques secondes qu'un site se charge: rapidement, il quittera votre site si le chargement prend du temps.

Commencez par vous rendre sur la page https://instantarticles.fb.com/ puis cliquez sur « Sign up », pour vous inscrire. En effet, vous n'avez pas par défaut la possibilité d'utiliser les *instant articles*.

Une fois inscrit, une nouvelle rubrique apparaît dans les paramètres de votre page: les *instant articles*.

Vous y trouverez de nombreux éléments à configurer, Facebook voulant s'assurer que vous êtes bien le propriétaire du site. Il étudiera aussi vos premiers articles pour en vérifier la teneur, et vous donner le droit – ou non – d'utiliser cette option.

Vous allez vite vous rendre compte que tout configurer prend du temps et n'est pas simple ! Heureusement Facebook met à votre disposition un guide complet pour vous aider, disponible sur https://instantarticles.fb.com/

> **Conseil**
>
> *Si votre site publie très régulièrement des articles, lancez-vous ! Le gain pour l'utilisateur est réel. Vous pourrez même monétiser vos articles, là encore en suivant pas à pas le tutoriel proposé par Facebook https://developers.facebook.com/docs/instant-articles?locale=fr_FR*

Facebook mettant à votre disposition de nombreux documents d'aide, je ne vais pas tout expliquer en détail. Sachez simplement que les *instant articles* existent, et qu'ils pourraient bien vous donner d'excellents résultats si votre site est régulièrement mis à jour avec de nouveaux contenus.

Mémento : Ne négligez aucun type de contenu

- Sur Facebook, vous allez surtout publier des photos et des liens. Mais n'oubliez pas les autres formats qui vous sont proposés, afin de diversifier vos messages.
- Votre *cover* est une belle vitrine que vous pouvez mettre à jour au gré de votre actualité.
- Changer votre photo de profil est plus risqué, car elle constitue un point de repère pour vos lecteurs.
- Ne négligez pas les événements Facebook, spécialement conçus pour une manifestation ponctuelle.
- Surtout, partagez le contenu des autres. Vous sortez ainsi de l'isolement, montrez un visage généreux et offrez à votre lecteur du contenu de qualité.

Les vidéos et le live, l'avenir de Facebook ?

Faut-il tout miser sur les vidéos Facebook ?

La vidéo est le format de message Facebook qui permet d'obtenir la meilleure portée. *A priori* il faut donc massivement l'utiliser. Mais ce n'est pas si simple.

En effet, des études montrent que si les vidéos obtiennent une excellente portée, l'engagement est souvent plus faible que pour d'autres types de messages. Je pense en particulier au bon vieux lien qui présente un visuel cliquable, et qui de loin génère le plus de clics.

Les vidéos rencontrent plusieurs problèmes : outre le temps de chargement sur certains appareils, l'absence de *call to action* intuitif freine l'interaction autre que le simple *like*.

En revanche, publier régulièrement des vidéos permet d'obtenir un pic de portée organique qui profitera à vos autres publications. Faites-le de temps en temps et reboostez ainsi votre portée organique.

Donc, si votre objectif est de générer du trafic vers votre site Web, ne vous tournez pas automatiquement vers la publication de vidéos.

Sur Facebook, faut-il publier des vidéos native ou Youtube ?

La vidéo est le format à la mode sur les réseaux sociaux. Elle génère en effet sur Facebook une portée élevée, alors même que le *reach* de plus en plus bas suscite l'inquiétude des community managers. Mais toutes les vidéos ne sont pas sur un pied d'égalité.

Il faut en effet savoir que Facebook va largement favoriser les vidéos natives, c'est-à-dire directement uploadées sur sa plateforme, au détriment des vidéos Youtube. La différence de portée est énorme.

Privilégiez donc les vidéos *native* de Facebook si vous souhaitez obtenir plus de vues. Le principal inconvénient est qu'une fois la vidéo regardée, l'internaute risque de passer à autre chose, là où sur Youtube il lui est possible de s'abonner à la chaîne ou de cliquer sur un *call to action* dans la description de la vidéo.

Je pense donc qu'il faut trouver un équilibre entre les deux pratiques, et surtout se demander quelle est la finalité de la vidéo postée. Pas de recette miracle donc !

Pensez à ajouter des sous-titres à vos vidéos sur Facebook

La raison est simple : la plupart des utilisateurs sur mobile n'activent pas le son des vidéos, pour des raisons évidentes (imaginez un peu les transports en commun si c'était le cas…).

Or, vous devez dès les premières secondes de votre vidéo capter l'attention de l'internaute, car il peut facilement abandonner le visionnage et continuer à survoler son fil d'actu. Or, en intégrant des sous-titres, vous lui envoyez un message positif : même sans le son, la vidéo a de l'intérêt. Les sous-titres peuvent même apporter une vraie valeur ajoutée à la vidéo s'ils sont bien utilisés, en apportant un complément d'information ou en générant un effet comique.

En résumé, lorsque vous préparez vos vidéos, partez du principe que la personne va généralement la regarder, mais pas l'entendre. Et là, les sous-titres deviennent évidemment indispensables!

Au moment d'uploader vos vidéos, Facebook vous proposera, dans l'onglet « Sous-titres », d'importer un fichier .srt. Créer ce type de fichiers n'est pas très compliqué et il existe de nombreux logiciels pour le faire.

Vous obtiendrez alors une bonne vidéo, même pour quelqu'un qui la regarde sans le son. Mais il existe un format vidéo encore plus efficace: le live.

Réalisez facilement des vidéos de qualité

Vous pouvez aussi créer facilement des vidéos de toutes pièces, sans aucune connaissance en montage, grâce à des sites faciles d'utilisation. Mon préféré est https://animoto.com

Il vous permet de réaliser en quelques minutes des clips vidéos à partir de modèles prédéfinis: il ne vous reste qu'à importer vos images et à ajouter le texte, et le tour est joué. Les transitions et les effets de style sont déjà chargés, vous n'avez plus qu'à personnaliser les modèles proposés.

Ce site présente d'énormes avantages:

- Vous allez pouvoir transformer vos articles de blog en petites vidéos, en reprenant des extraits de vos contenus textuels.
- La présence de texte tout au long de la vidéo est un atout, car comme nous venons de le voir les utilisateurs activent rarement le son lorsqu'ils sont sur Facebook.
- Il s'agit d'une excellente façon de mettre en avant vos articles, mais aussi vos produits ou vos services.
- Les vidéos ainsi créées trouvent leur place sur Facebook, mais aussi sur les autres réseaux sociaux: pour un investissement très limité en temps, vous allez ainsi obtenir un impact important.

Si Animoto permet de réaliser des montages vidéos à partir d'images, il est tout à fait possible d'y intégrer... des vidéos! Le plus simple est alors d'utiliser votre smartphone, mais pensez aussi à exploiter les banques de vidéos gratuites en ligne, comme https://pixabay.com/fr/videos/

Potentiellement, tous vos contenus peuvent être transformés en vidéos de cette façon. Ayez le réflexe de le faire, il s'agit d'une belle vitrine pour vos contenus!

Diffusez vos vidéos comme des lives

Il est possible de diffuser vos vidéos classiques comme s'il s'agissait de vidéos en direct, favorisant ainsi les interactions - et donc la portée - de votre vidéo. Cette technique est particulière attractive, même si elle doit être réservée aux vidéos longues (un direct d'une minute n'a aucun sens, car il ne laisserait pas le temps aux internautes de le rejoindre). Le format « première » est bien adapté aux vidéos dans lesquelles vous faites une annonce importante, comme le lancement d'un produit. Surtout, pensez à être présent au moment de la diffusion de la vidéo, afin de pouvoir répondre aux questions des internautes dans le chat.

Publier une vidéo « Première » est très simple : mettez en ligne une vidéo de façon traditionnelle, puis cliquez sur le bouton suivant. Cochez ensuite « Première », et le tour est joué !

Conseils pratiques pour réussir son Facebook live

Le Facebook live est l'une des tendances à la mode. Il permet de diffuser très simplement une vidéo en direct, et Facebook valorise énormément cette technique, de sorte que les vidéos en direct apparaissent fréquemment dans les fils d'actualité. À l'heure où la portée de vos messages est en baisse, difficile de ne pas être tenté ! Pourtant, faire un Facebook live ne s'improvise pas. Voici huit astuces :

- Privilégiez une connexion wifi. La 4G fera souvent l'affaire, mais reste plus incertaine. Une mauvaise connexion entraînera forcément un live médiocre, pixelisé, avec des coupures fréquentes ou un son pénible.
- Rechargez votre téléphone à 100 % avant le début. Si possible, ayez la possibilité de le brancher sur secteur, sinon embarquez une batterie de secours.
- Utilisez un trépied pour stabiliser l'image et choisir le bon cadrage.
- Si possible, achetez un micro-cravate pour améliorer la qualité du son, et surtout amplifier ce que vous dites, et minorer les bruits extérieurs.
- Crucial : faites un test ! Lancez un Facebook live en mode privé, afin de vous assurer que tout fonctionne bien.
- N'oubliez pas d'activer le mode « ne pas déranger » de votre smartphone ! Imaginez un coup de téléphone en plein milieu de votre live, cela ne serait pas très pro…
- Annoncez votre live en avance, et pas seulement sur Facebook.
- Intégrez un lien (*call to action*) dans votre description car avoir de nombreux spectateurs n'est pas une fin en soi.
- Lisez les commentaires, qui peuvent être des questions : pour cela, il vous faudra nécessairement un second écran.

Tout est prêt pour un Facebook live de qualité. Mais très vite vous allez éprouver une certaine frustration face aux limitations techniques du smartphone. Après tout, ce ne sont pas des appareils faits pour diffuser de la vidéo en direct. D'où la possibilité très intéressante de réaliser ses *lives* sur un bon vieil ordinateur.

Les Facebook lives ne sont pas réservés aux smartphones

Afin d'encourager l'utilisation des vidéos en direct, Facebook a ajouté la possibilité de faire un live sur ordinateur de bureau. Il suffit d'aller sur votre page et de cliquer sur « Démarrer une vidéo en direct ».

Deux options sont possibles:

- Un live qui utilise votre webcam. Très pratique si vous souhaitez diffuser en direct une interview, ou faire un petit speech de présentation d'un événement, d'un produit...
- Le live avec partage d'écran: à mon avis, cette possibilité est encore plus intéressante. Elle vous permet de montrer aux internautes ce qui se trouve sur votre écran. Idéal pour présenter votre nouveau site Internet, une nouvelle rubrique, des photos... Pour ce faire, cliquez sur « Partager l'écran ». Vous pourrez alors choisir l'onglet qui sera visible sur votre diffusion en direct. Pour un bon fonctionnement, il faut utiliser le navigateur Chrome. Facebook vous demandera d'installer une extension appelée « Facebook screen sharing », qui comme son nom l'indique lui permet de capturer ce qui est affiché sur votre écran.

Je vous conseille néanmoins, si vous avez un peu de temps, de vous pencher sur un logiciel comme Xsplit qui permet de faire des lives avec partage d'écran de bien meilleure qualité.

Avec un logiciel comme Xsplit, vous pouvez diffuser une capture d'écran de votre ordinateur, ajouter en mode fenêtré votre visage avec votre webcam, ajouter du texte, des images... Bref, de nouvelles possibilités s'offrent à vous, comme si vous disposiez d'un mini plateau de télé. Vous pouvez afficher les différents tweets qui défilent avec les questions, faire figurer le logo de votre marque, placer un compte à rebours si besoin, montrer différentes images pour illustrer votre propos... Tout cela rappelle en fait le streaming, tel qu'il existe sur Twitch ou Youtube.

Mais n'oubliez pas que le rendu ne sera pas le même sur votre écran et sur le téléphone portable de la personne qui regardera votre vidéo. La fenêtre de diffusion sera très réduite, votre *layout* (organisation) doit être minimaliste et les textes suffisamment gros pour être lisibles.

J'utilise Xsplit pour faire des lives Facebook depuis mon PC. C'est un logiciel assez simple à utiliser, et qui propose un mode d'emploi pour les Facebook lives.

La mise en œuvre est facile, il suffit d'installer un plugin. Vous pouvez aussi utiliser OBS, mais ne l'utilisant pas je ne peux pas vous donner mon avis.

Annoncez en avance votre direct Facebook en le programmant

Les Facebook lives ont un inconvénient majeur: ils n'apparaissent qu'une fois commencés. Or, de nombreuses personnes passent à côté. Si vous avez prévu de faire un direct important, cela peut être très frustrant.

Il existe une technique simple pour prévenir vos fans que vous allez lancer un direct, ce qui augmentera le nombre de personnes qui vous suivront. Dans le Creator Studio, créez un nouveau message et choisissez « Lancer un direct ». Le Live Producer s'ouvre alors, vous permettant de programmer votre live à la date souhaitée. Ainsi, votre vidéo en direct devient un événement.

Ainsi, avant même le lancement de votre vidéo en direct, un message annoncera le live à venir. Il est possible de le partager à nouveau sur votre page pour augmenter le nombre de personnes prévenues. La fonctionnalité la plus intéressante est le rappel: toute personne qui clique dessus recevra une notification lorsque le direct débutera.

Astuce

Il est tout à fait possible de sponsoriser votre annonce de Facebook live. Si votre live est important, vous pouvez dépenser un peu d'argent pour être sûr d'avoir une audience suffisante.

Comment tirer profit de vos Facebook lives après diffusion?

Les Facebook lives permettent d'obtenir une portée organique élevée. Mais tout ne s'arrête pas une fois le live terminé! Réaliser un live est un investissement important en temps, vous devez donc donner une seconde vie à votre direct pour en tirer le plus possible.

D'abord, une fois votre live terminé, votre vidéo s'affichera sur les fils d'actualité de certains de vos fans, avec la mention « était en direct ». Continuez à surveiller les commentaires, les personnes regardant la vidéo après coup peuvent avoir des questions ou des remarques. Profitez-en pour répondre à leurs interrogations, et à les orienter vers votre site en publiant des liens si cela est pertinent.

Si une vidéo a connu un beau succès, vous pouvez la partager à nouveau. Tout le monde ne l'a sans doute pas vue. Attention toutefois à ne pas être trop redondant, attendez un peu avant de le faire, et utilisez une accroche qui justifie cette republication.

Pensez à utiliser l'outil de découpage des vidéos proposé par Facebook, en particulier pour enlever le début. En effet, le démarrage des lives est généralement lent et consacré à l'accueil des arrivants. Pour utiliser cette technique, cliquez sur les trois petits points de suspension en haut à droit du message qui contient votre live, puis sur « modifier la publication ».

Surtout, vous pouvez extraire votre Facebook live pour le publier sur d'autres supports. On pense évidemment à Youtube. Un bon Facebook live servira à alimenter votre chaîne Youtube avec un contenu de qualité. Si vous réalisez votre live sur ordinateur avec Xplit ou OBS, n'oubliez pas de faire un enregistrement local (local recording) : votre vidéo en haute qualité sera directement présente sur votre disque dur. Si votre live était réalisé depuis un téléphone portable, utilisez un outil comme Internet video converter pour l'extraire. Une fois la vidéo en ligne sur Youtube, parlez-en sur vos autres réseaux sociaux, comme Twitter.

Vous pouvez aussi *embedder* (intégrer) votre vidéo directement sur votre site ou votre blog.

Cherchez donc toujours les moyens d'exploiter au maximum votre Facebook live, car il serait dommage qu'une bonne vidéo se limite à quelques minutes sur Facebook !

Vous avez toutes les cartes en main pour produire un contenu de qualité et percutant, en particulier en misant sur les vidéos en direct. Mais vous n'êtes pas sur les réseaux sociaux uniquement pour la beauté du geste, et il reste le plus important : obtenir quelque chose des internautes.

Il est temps de passer à l'action

Invitez vos lecteurs à discuter en privé avec vous

Après avoir ajouté une photo à votre message Facebook, il devient possible de placer un *call to action* incitant le lecteur à lancer une conversation privée avec vous, via Messenger ou Whatsapp. Pour ce faire, rendez-vous dans les paramètres de votre page, puis dans la section « Messagerie ». Cochez alors la case « Inciter les personnes à envoyer des messages ». Vos publications comporteront alors automatiquement un bouton « Envoyer un message » sous vos photos.

À noter que cette option existe aussi pour vos vidéos Facebook.

Réfléchissez bien avant de le faire : en quoi est-ce utile ? Si vous publiez une photo très générale sur, disons, les meilleurs clubs de football, cela n'a aucun intérêt. Par contre, si votre message propose de tester un nouveau produit, cela devient intéressant. Vous pouvez même modifier votre message en tenant compte de ce *call to action* : « Cliquez sur le bouton contactez-nous, nous serions heureux de vous faire tester notre produit ! »

Mais si vous souhaitez simplement demander leur avis aux internautes, demandez-leur plutôt de le faire en commentaire. Car plus il y a de commentaires, plus l'algorithme Facebook considère que votre message est populaire, et plus il sera diffusé. Réservez donc cette possibilité de parler en privé pour des sujets qui n'ont pas vocation à être étalés sur la place publique (demande d'adresse par exemple). Cette technique ne vise pas à simplement échanger avec sa communauté, mais bien à nouer un premier contact avec des prospects.

Créez une boutique Facebook

Facebook est souvent une vitrine pour votre entreprise, dont la finalité est de vendre. C'est pourquoi je vous conseille de créer une boutique Facebook sur votre page.

Nous ne parlerons pas aujourd'hui des véritables boutiques de social-commerce, qui d'ailleurs ne connaissent pas le succès annoncé. Elles sont complexes à mettre en place et dépassent largement le cadre de ce livre.

Je vais vous parler des boutiques Facebook de redirection, qui permettent de mettre en avant vos produits, et qui favorisent l'achat sur une page tierce. Typiquement celle de votre site Web déjà en place. Cela vous évite beaucoup de travail pour un résultat finalement assez proche.

Si tout se passe bien, vous devez voir dans le menu de gauche de votre page l'onglet « Boutique ». Cliquez dessus.

Et si tout se passe mal et que le bouton n'apparaît pas, allez dans les paramètres de votre page, puis « Modèles et onglets », puis ajoutez un onglet, puis « Boutique ». Retournez sur votre page, l'onglet « Boutique » apparaît dans le menu de gauche, cliquez dessus.

Ensuite, acceptez les conditions générales et les politiques du commerçant. Enfin, choisissez « Payer sur un autre site Web ».

Voilà, votre boutique Facebook est sur pied. Il ne vous reste plus qu'à l'alimenter avec des produits. Remplissez les différents champs, en prenant soin de faire un descriptif factuel, court, mais percutant. Surtout, une fois le produit créé, retournez dans votre boutique pour vérifier que tout est présenté comme vous le souhaitez.

Vous pensez avoir terminé ? Vous oubliez le plus important, c'est-à-dire la mise en avant des produits de votre boutique dans vos messages. Désormais, au moment de la publication, vous disposez d'une nouvelle icône en forme de panier qui vous permet de taguer les produits présents dans votre message. Ils seront mentionnés sous la publication, ce qui permettra au lecteur d'identifier les produits, mais surtout de les acheter en un clic.

Identifiez les produits dont vous parlez sur Facebook

Nous avons vu comment créer une mini-boutique sur votre page Facebook. Nous allons voir aujourd'hui comment mettre en avant facilement dans vos messages Facebook, les produits créés.

Une fois la boutique créée et les produits ajoutés, commencez comme d'habitude la rédaction d'un message. Une nouvelle icône est alors disponible : « Étiqueter un produit ». Cliquez dessus, et choisissez dans la liste le ou les produits en lien avec votre message. Notez que cette possibilité n'existe que pour les publications de photos, mais pas de liens.

Si votre publication est une image, vous avez la possibilité de taguer directement votre produit dessus, comme vous le feriez pour taguer un autre utilisateur.

Il ne faut pas abuser de cette astuce, car la publicité frontale est mal vue sur les réseaux sociaux. Il faut aussi veiller à ce que le produit affiché soit en lien direct avec le message, sinon cela sera jugé non seulement trop publicitaire, mais surtout hors sujet !

De manière générale, les messages publicitaires marchent moins bien que ceux désintéressés. La meilleure façon de les diffuser largement est donc de payer, et nous allons voir comment le faire le plus intelligemment possible.

Faire de la publicité sur Facebook

Sur Facebook, il ne suffit pas de publier un message pour qu'il s'affiche sur l'écran d'une personne qui a *liké* votre page. L'algorithme fait le tri, et publie en priorité les publications jugées les plus en phase avec les attentes et les goûts de l'internaute. Et même si votre message est bon et partagé, il n'atteint pas autant de personnes que souhaité. La seule solution est alors de dépenser de l'argent pour sponsoriser votre message.

Le grand intérêt de la publicité Facebook est son ciblage très précis. Avec les techniques présentées dans ce chapitre, vous allez découvrir comment toucher avec une très grande précision vos cibles. À ma connaissance, aucun média ne permet un ciblage aussi fin, et c'est pourquoi je vous recommande d'utiliser votre budget publicitaire en priorité sur Facebook, plutôt que sur les médias classiques.

Comme le ciblage est excellent, vous allez obtenir des résultats en dépensant de très petits budgets. Une association peut très bien se faire connaître à toutes les personnes susceptibles de la rejoindre pour quelques dizaines d'euros. Idem pour un commerce local, qui pour moins de 100 euros par mois touchera une partie importante des clients potentiels de sa zone de chalandise. Bien sûr, une entreprise plus grande pourra dépenser davantage.

Voyons donc le verre à moitié plein : si Facebook vous incite à payer pour que vos messages soient lus, reconnaissons que l'efficacité de son système publicitaire rend la chose moins douloureuse, créant même de réelles opportunités pour les petites structures au budget limité.

On me demande parfois quel est le bon budget publicitaire sur Facebook, mais c'est en réalité une mauvaise façon de tourner le problème. Pensez comme une start-up : si chaque euro dépensé vous rapporte plus qu'un euro, alors c'est une bonne chose. Continuez à dépenser ! La bonne façon de déterminer son budget publicitaire Facebook relève donc à mon avis d'une logique d'analyse coûts/avantages.

Payer pour obtenir de meilleurs résultats

De plus en plus, Facebook ressemble à un réseau social payant. En effet, la portée gratuite de vos messages sera généralement faible. La tendance est structurellement à la baisse, ce qui implique d'utiliser le système publicitaire pour conserver une bonne visibilité.

Nous allons voir ici la méthode la plus simple, qui n'est pas la meilleure. Si vous souhaitez aller plus loin, je vous expliquerai comment faire dans une autre astuce.

Allez sur votre page Facebook et identifiez le message que vous souhaitez diffuser plus largement. Cliquez sur « Booster la publication ».

La première étape est de sélectionner un objectif : soit des visites sur le site, soit des interactions. Par expérience, choisir les interactions est généralement une meilleure idée. Car plus votre message obtiendra des *likes*, partages et commentaires, plus il sera diffusé à un grand nombre de personnes. Et mécaniquement, le nombre de personnes cliquant dessus augmentera.

Ensuite, vous devez sélectionner une audience. Par défaut s'affiche « Personnes qui aiment votre page » et « Personnes qui aiment votre page et leurs amis ». Vos fans étant *a priori* proches de vous, les cibler est souvent une bonne idée pour obtenir des réactions et des clics. Cibler aussi leurs amis permet d'élargir l'audience à des personnes qui n'aiment pas encore votre page, en faisant que le pari que les amis de vos amis sont vos amis.

Néanmoins ce ciblage est très basique, et répondra rarement à vos objectifs marketing. C'est pourquoi vous pouvez cliquer sur « Créer une audience » afin de définir avec une plus grande précision les personnes que vous souhaitez toucher. Cela vous permet de faire un ciblage sur des critères de lieux et de centres d'intérêt. Impossible de vous donner un conseil général, car chaque situation est différente. Si vous organisez une soirée *afterwork* à Clermont-Ferrand, alors le ciblage géographique est essentiel. Ce n'est que du bon sens!

Facebook vous donne aussi une indication concernant la taille de votre audience: trop large signifie que vous n'avez pas assez de critères pour vraiment caractériser vos cibles. Trop restreint vous fait courir le risque de ne pas avoir assez de personnes à qui diffuser la publicité. Auparavant, il était recommandé de créer des audiences très ciblées, et donc les plus petites possibles. Désormais, cette recommandation a beaucoup perdu de sa pertinence. En effet, l'algorithme publicitaire de Facebook s'est considérablement perfectionné ces dernières années, et l'homme fait désormais moins bien que la machine. Même si votre audience est plutôt large, Facebook parviendra à trouver à qui montrer votre publicité au sein de cette audience. Par conséquent, le travail de ciblage est aujourd'hui bien plus simple qu'autrefois. Contentez-vous de choisir deux ou trois critères nets (le pays et un centre d'intérêt par exemple), puis laissez Facebook faire le travail à votre place. Ils sélectionnera les internautes vraiment intéressés par vos messages, mieux que vous ne pourriez le faire vous-même.

Il ne vous reste plus qu'à choisir votre budget, qui dépend de vos objectifs et de vos moyens. Facebook vous affiche une estimation du nombre de personnes qui verront votre message.

Utilisez le gestionnaire de publicité pour booster vos messages Facebook

La solution la plus simple pour booster un message est, nous l'avons vu, de cliquer sur le bouton « Booster la publication » qui apparaît juste en dessous du message en question. Par facilité, de nombreuses personnes procèdent de cette façon. Mais très vite, vous devriez utiliser à la place le gestionnaire de publicité. L'outil est un peu plus compliqué, mais il vous ouvre de nombreuses possibilités nouvelles très intéressantes.

Pour accéder au gestionnaire, cliquez sur la flèche tout en haut à droite de l'écran, puis sur « Créer des publicités ».

L'écran suivant s'affiche :

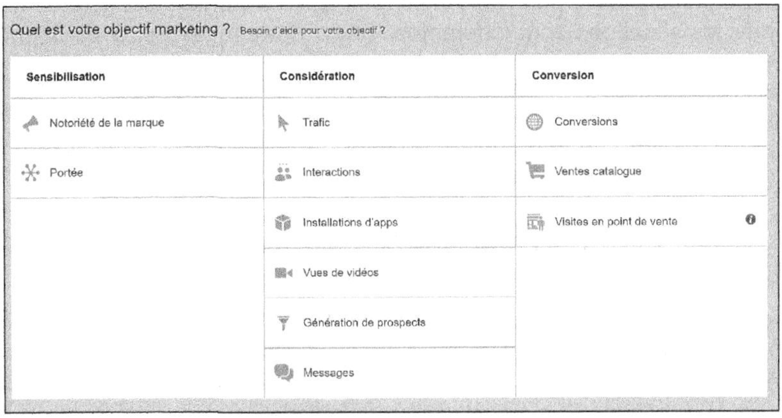

L'objectif « Notoriété de la marque » vise à maximiser la diffusion de votre message, pour obtenir une grande exposition. Une approche quantitative donc.

Si vous souhaitez booster vos messages de façon plus qualitative, les options « Trafic » (davantage de clics sur les liens) et « Interactions » (davantage de *likes*, commentaires et partages) sont les meilleurs choix.

Vous allez très vite vous rendre compte que le gestionnaire vous ouvre de nouvelles portes :

- Choisissez où va s'afficher votre message : sur le fil d'actualité, sur le menu de droite, ou même sur Instagram (racheté par Facebook, ceci explique cela).
- Sélectionnez le type d'appareil du lecteur : ordinateur de bureau, téléphone portable…
- Choisissez quelques critères de ciblage assez généraux, et de bon sens (l'âge, le pays, ou un centre d'intérêt). Même si votre audience cible est large, Facebook fera ensuite automatiquement le tri.
- Programmez la diffusion de la publicité dans le temps à l'aide d'un calendrier.

Le ciblage est bien meilleur via le gestionnaire de publicité. Vous pouvez par exemple toucher les personnes qui ont répondu à un de vos événements Facebook. Vous organisez la seconde édition de votre salon ? Alors visez les personnes qui sont venues la première année.

Vous pouvez aussi choisir le rythme de diffusion : voulez-vous un maximum d'affichage, ou au contraire une seule diffusion par personne chaque jour ?

Expliquer point par point tous les éléments du gestionnaire de publicité serait trop long, même si je vous présentais les plus utiles. À vrai dire, bien utiliser le gestionnaire pourrait faire l'objet d'un livre entier! Pour autant, ne soyez pas effrayé et testez les différentes options. Rien ne remplace l'expérience et le tâtonnement, car toutes les situations sont différentes. On ne devient pas un as de la publicité Facebook en un jour: commencez petit, puis complexifiez progressivement vos critères.

Tester, analyser les résultats, puis modifier pour améliorer: telle est la méthode gagnante pour réussir ses publicités Facebook.

Bien choisir quel message mettre en avant par la publicité Facebook

Parfois, on constate qu'un message échoue lamentablement: peu de *likes*, aucune réaction. Et pourtant, vous aviez bien travaillé le contenu, avec un texte soigné et une jolie illustration. Par frustration, on cherche alors à compenser cet échec par la publicité. C'est un très mauvais réflexe.

Votre raisonnement doit être précisément l'inverse: c'est parce qu'un message marche bien qu'il faut le booster et utiliser la publicité. Dépenser un peu d'argent constitue alors un effet de levier pour que votre publication devienne virale.

Facebook vous suggérera même parfois de le faire, en affichant sous un de vos messages ce petit texte.

> **Maximisez vos J'aime, commentaires et partages**
> Cette publication est plus efficace que 95 % de celles déjà présentes sur votre Page. Pourquoi ne pas la booster ? Boostez cette publication pour 3 € pour toucher jusqu'à 3 100 personnes.

Il s'agit d'une bonne indication, mais je vous conseille malgré tout d'étudier attentivement le message en question. Car Facebook vit de la publicité, et a tendance à inciter à la dépense.

Publiez votre message, surveillez les réactions, et si au bout de quelques dizaines de minutes vous sentez la mayonnaise prendre, alors boostez-le.

Il existe une exception notable à cette règle: les messages publicitaires. Leur contenu est d'informer le lecteur de l'existence de votre produit, et de l'inciter à l'acheter. Ce type de message génère très peu d'interactions (qui va *liker* une publicité?). Même si le message marche donc mal, par nature, vous souhaitez le diffuser au maximum dans une logique purement commerciale. La seule solution consiste alors à utiliser la publicité Facebook.

Néanmoins, ne pensez pas votre publicité Facebook comme une publicité classique, à la façon d'une affiche publicitaire. Vous devez respecter les codes de ce réseau social, avec des formules courtes et percutantes, centrées sur les besoins de l'internaute. Votre produit n'est jamais la star, car sur les réseaux sociaux l'internaute est roi ! Présenter votre produit n'est pas suffisant, vous devez apporter un contenu original, agréable et visuellement fort. Théoriquement, la bonne publicité Facebook est celle que l'on peut partager avec ses amis, comme pour un message qui ne serait pas publicitaire.

Ne mettez pas trop de texte dans vos publicités Facebook

Une règle publicitaire à connaître sur Facebook concerne la quantité de texte présente dans l'image qui va l'illustrer : elle doit contenir moins de 20 % de texte pour obtenir une diffusion maximale. Au moment de créer votre publicité, cet avertissement s'affichera si vous dépassez la limite.

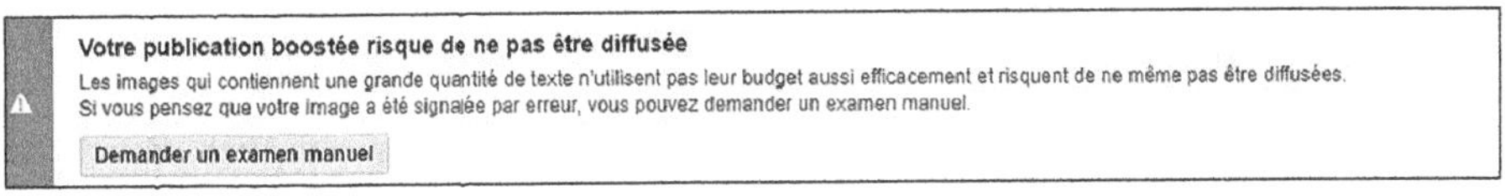

Auparavant, toute publicité avec plus de 20 % de texte était interdite. Désormais, plus votre image publicitaire contient de texte au-delà de 20 %, moins sa portée sera élevée. Cette règle est contraignante, car vous souhaiterez souvent publier de nombreux éléments textuels sur votre publicité : le prix, une condition, une présentation du produit... Il faut donc trouver le compromis idéal entre les éléments essentiels du message et le respect de la règle de 20 %.

Comment vérifier votre image ? Facebook met à disposition un outil en ligne qui vous dira s'il faut retirer du texte : https://www.Facebook.com/ads/tools/text_overlay

Il suffit d'uploader votre image, et vous obtiendrez une estimation.

Astuce annexe

J'ai le sentiment que Facebook pénalise les images et miniatures de liens avec beaucoup de texte, même si elles ne sont pas sponsorisées. Je vous conseille donc d'appliquer cette règle de 20 % dans tous vos messages, même ceux que vous ne prévoyez pas de booster.

Choisissez avec soin sur quel type d'appareil doivent apparaître vos publicités Facebook

Au moment de la création d'une publicité Facebook, on fait généralement attention au ciblage par intérêt, ou selon le profil démographique. Mais tout aussi important est désormais l'appareil sur lequel va s'afficher la publicité. Le mobile représente la majorité du trafic sur Facebook : or, on n'utilise pas un smartphone de la même façon qu'un ordinateur de bureau.

Par défaut, votre publicité s'affichera partout : *desktop* et mobile. Or, cela n'est pas optimal dans de nombreux cas.

On sait que les actes d'achat sont beaucoup plus nombreux sur *desktop* que sur mobile. Vous vous imaginez vraiment sortir la carte bleue dans le RER pour acheter un billet d'avion ?

Votre site est-il vraiment optimisé mobile ? Si ce n'est pas le cas, n'affichez la pub que sur *desktop*. Et surtout, passez votre site en *responsive*, par pitié !

Votre lien renvoie vers une page lourde à charger, ou vers un fichier Pdf volumineux ? Vous pouvez soit exclure les mobiles, soit ne toucher que les smartphones en wifi (et non en 3G ou 4G).

Impossible de faire la liste de toutes les possibilités, chaque situation est différente. Mais réfléchissez bien à cet aspect lors de la création de votre publicité, et ne laissez rien au hasard.

Que doit contenir ma publicité Facebook ?

Sur Internet (et dans ce livre), on trouve de nombreux articles qui expliquent en détail comment réussir sa publicité Facebook. Ciblage, *retargeting*, choix des audiences, *testing*... tout y est. Sauf un point crucial : mais que dois-je mettre dans ma publicité ? Quel texte, quelle image ? Nous sommes tellement obnubilés par les possibilités marketing presque infinies de Facebook qu'on a tendance à oublier la base, c'est-à-dire le contenu du message.

Je vous propose quelques règles pour vous aider :

- Choisissez une couleur plutôt vive pour attirer l'attention. Le bleu étant à bannir, car c'est la couleur dominante sur Facebook et votre message risque de passer inaperçu.
- Indiquez si possible le prix. Je suis convaincu que les lecteurs ne passeront pas à l'action si un flou existe sur un point aussi fondamental.
- Évitez les formules racoleuses du type « la meilleure offre du marché, les gens en sont fous ». Plus personne n'accorde de crédit à ces phrases creuses.
- Rassurez le lecteur : certification, expérience, paiement sécurisé et retours clients sont vos meilleurs alliés.
- Exprimez clairement votre offre : vous connaissez vos produits et vos services, ce n'est pas toujours le cas du lecteur.
- Soyez synthétique : personne n'aime voir de la pub, alors une pub longue... le risque est que votre cible n'aille pas au bout du message et passe à autre chose.

- Jouez si possible sur le sentiment d'urgence: offre valable jusqu'au...
- N'oubliez pas un appel à l'action, car l'objectif de toute publicité est bien de pousser le lecteur à faire quelque chose: « Découvrez nos promos de l'hiver », « Téléchargez gratuitement un extrait »...
- Sur la photo, montrez votre produit ou mieux, montrez quelqu'un utilisant votre produit. Humaniser votre publicité est toujours une bonne chose.

Voici la publicité que j'avais réalisée pour mon premier livre. Je ne prétends pas avoir atteint la perfection, mais les résultats ont été très bons c'est pourquoi je souhaite vous la montrer.

Reboostez régulièrement la portée organique Facebook des fans avec des publications sponsorisées

Il est possible de retrouver une bonne portée organique en utilisant... la publicité Facebook! Cela peut sembler paradoxal, car la portée organique Facebook se définit précisément comme celle obtenue sans publicité.

Le *reach* (la portée) est de plus en plus bas, et seule une petite partie des fans de votre page voit vos publications. L'algorithme de Facebook fait qu'une personne qui ne *like* pas vos publications ne verra plus s'afficher vos messages. Or, si elle ne voit plus vos messages, elle n'a plus l'opportunité de les *liker*, et donc de les voir s'afficher à nouveau. C'est un cercle vicieux! En boostant régulièrement vos messages auprès de vos fans, vous vous offrez la possibilité de briser cette spirale.

Le ciblage doit exclusivement concerner vos fans. Choisissez bien entendu une publication qui marche et qui génère beaucoup d'interactions. Le but est vraiment que les fans tombés dans les soupiraux remontent à la surface!

Finalement, des fans autrefois « exclus » de vos publications pourraient à l'avenir les voir s'afficher de nouveau: votre portée organique devrait ainsi remonter... pour un temps seulement!

Allez encore plus loin avec les techniques publicitaires avancées de Facebook

Nous venons de voir comment toucher efficacement ses cibles avec le redoutable système publicitaire de Facebook. Il est pourtant possible de faire encore mieux en créant des audiences totalement personnalisées, pour un ciblage sur mesure.

Diffusez vos publicités Facebook aux personnes qui y réagissent

Si votre objectif publicitaire Facebook est d'obtenir un maximum d'interactions, vous pouvez créer une audience personnalisée très efficace. Elle ciblera en priorité les personnes qui ont déjà réagi à un de vos messages (par un *like*, commentaire ou un partage). De quoi vous assurer du succès de votre publicité !

Rendez-vous dans le gestionnaire de publicité, puis dans « Créer une audience », puis « Audience personnalisée », et enfin choisissez « Interactions ».

Je ne parlerai ici que de l'audience concernant les personnes ayant interagi avec votre page. Il en existe d'autres, moins utiles en pratique, que vous pouvez néanmoins tester.

Les options disponibles sont très nombreuses. Vous pouvez définir la date de la dernière réaction : viser un an en arrière peut être utile pour faire revenir sur votre page d'anciens fans actifs qui se sont progressivement éloignés. Si par contre vous souhaitez maximiser le nombre de réactions, privilégiez un délai plus court, de l'ordre d'un ou deux mois.

Il n'existe pas de manuel d'utilisation clé en main de cette option, car tout dépend une fois encore de vos objectifs. Je vous invite à tester plusieurs possibilités, car en tâtonnant vous obtiendrez des résultats bien supérieurs à ceux du simple *boost* que propose Facebook. Créer ce type d'audience prend plus de temps et semble complexe, mais le jeu en vaut la chandelle.

Utilisez les données de votre entreprise pour créer des publicités Facebook très efficaces.

Saviez-vous qu'il était possible d'importer vos fichiers d'entreprise afin de créer des audiences très personnalisées sur Facebook ?

Si le ciblage traditionnel (par ville, âge, centre d'intérêt, etc.) est efficace, vous pouvez encore faire mieux en créant une audience à partir de vos fichiers clients. Facebook vous propose en effet d'importer les adresses mails dont vous disposez afin de les croiser avec les comptes Facebook. Et donc de leur afficher directement vos publicités !

Imaginez un peu l'efficacité d'un tel dispositif si vous disposez d'une base mail de prospects qualifiés ! Par expérience, je sais que cette technique est très efficace et que le coût par interaction de mes publicités est très faible.

Pour utiliser cette astuce, rendez-vous dans le gestionnaire de publicité Facebook, puis l'onglet « Audiences », créez une audience, et enfin créez une audience personnalisée. L'interface vous proposera de nombreuses options, dont le fameux fichier client !

Vous pouvez croiser ces informations avec les critères de ciblage traditionnels, et même avec le retargeting du pixel Facebook dont nous allons parler, pour un ciblage redoutable !

Les audiences similaires Facebook pour atteindre vos cibles

Les audiences similaires Facebook ne sont pas toujours bien connues. Elles permettent pourtant de toucher, via la publicité Facebook, un public pertinent. Le principe est simple : à partir d'une base de personnes-cibles, Facebook va déterminer des utilisateurs dont le profil est proche.

Il existe trois méthodes pour utiliser les audiences similaires :

- Les audiences similaires à celles qui suivent déjà votre page.
- Les personnes similaires à celle de votre base de clients/prospects. Le préalable est d'avoir configuré une audience personnalisée, comme expliqué ici.
- Les personnes similaires à celles qui visitent votre site Web. Dans ce cas, il faut que le pixel Facebook soit installé sur votre site. Nous verrons comment faire un peu plus loin.

Pour créer une audience similaire, rendez-vous dans le gestionnaire de publicités, puis dans « Audiences », puis cliquez sur le bouton « Créer une audience », et enfin sur « Audience similaire ».

Je vous invite à essayer cette technique si votre objectif est d'élargir votre audience et de gagner en notoriété, sans pour autant chercher totalement à l'aveugle. Tout dépend bien entendu de la qualité de la base de départ : privilégiez le fichier mail de clients qui reste le plus précis.

Ciblez les personnes qui rassemblent à vos acheteurs

Nous avons déjà parlé des audiences similaires, Facebook cherchant à toucher des personnes qui ressemblent à vos fans. Cette technique est possible de façon encore plus efficace, en ciblant les personnes qui ressemblent à vos acheteurs. Cela vous permet de toucher de nouveaux clients, tout en maximisant les chances de convertir la publicité en vente.

Rendez-vous dans le gestionnaire de publicité, puis dans « Audiences », puis dans « Créer une audience », puis cliquez sur « Audience personnalisée », puis « Fichier client ».

Exportez alors votre base de clients, Facebook se chargera d'en déduire qui sont les utilisateurs qui ressemblent à votre clientèle actuelle.

Lors de votre prochaine création de publicité, vous n'aurez plus qu'à sélectionner cette audience. En règle générale, les résultats obtenus sont bien meilleurs qu'avec les simples critères d'âge ou de centres d'intérêt.

Ciblez les personnes qui ont interagi avec votre événement Facebook

La quête du ciblage parfait sur Facebook passe parfois par des options cachées, mais très utiles. Saviez-vous qu'il était possible de cibler vos publicités à destination des personnes qui ont réagi avec un de vos événements ? Imaginez : vous organisez votre deuxième salon annuel, et vous souhaitez inciter les personnes venues l'an dernier à s'inscrire de nouveau. Ce ciblage permet de le faire avec précision.

Vous devez d'abord créer votre audience personnalisée, en allant dans le gestionnaire de publicité, puis dans « Audiences ». Cliquez sur « Créer une audience », puis sur « Audience personnalisée », et enfin sur « Événement ». Choisissez comme critère « Interactions ».

Vous avez alors la possibilité de créer une audience sur mesure, basée sur les réactions à vos événements Facebook précédents, en choisissant :

- Le type de réaction à votre événement : souhaitez-vous cibler les personnes qui ont répondu « participer », ou voulez-vous viser plus large en touchant aussi celles « intéressées » ?
- La durée prise en compte : une personne intéressée par un ancien événement organisé il y a dix mois sera sans doute moins facile à faire venir qu'une venue il y a seulement deux mois. Mais s'il s'agit d'un événement annuel, alors n'hésitez pas à allonger la durée, car vous pouvez viser les participants des deux dernières années.

Une fois l'audience créée, il suffira de la sélectionner dans le gestionnaire de publicité au moment de la création de votre pub.

Par expérience, l'audience sera généralement assez restreinte. Le volume publicitaire global sera réduit, mais la qualité compensera largement la faible quantité.

Mettez Facebook au service de votre newsletter

Peu de gens le savent, mais il est possible d'obtenir via Facebook de nombreuses adresses mails qualifiées afin d'alimenter sa base de mailing. C'est une stratégie que je recommande pour ceux qui souhaitent donner un coup de fouet à leur base mail, et surtout l'élargir à de nouveaux prospects.

Fondamentalement, le principe est le même que pour n'importe quelle publicité Facebook: ciblage, création d'un visuel, définition d'un budget... Mais dans ce cas précis, l'internaute verra s'afficher un formulaire dans lequel il pourra indiquer son adresse mail, que vous récolterez.

Comment faire? Rendez-vous dans le gestionnaire de publicité, et choisissez comme objectif « Génération de prospects ». Il ne vous reste plus qu'à vous laisser guider et à remplir les différents champs de votre formulaire.

Quelques conseils pour réussir votre publicité:

- Faites un ciblage très détaillé: votre but n'est pas d'attraper des adresses mails non qualifiées et de voir vos mails finir dans les spams (ce qui vous poserait des problèmes de délivrabilité). Soyez extrêmement rigoureux!
- Expliquez en quelques mots l'intérêt d'une inscription à votre newsletter: les internautes sont submergés de courriels et ne donneront leur adresse que si vous leur donnez une bonne raison de le faire.
- Rassurez les internautes quant à la fréquence d'envoi. Vous envoyez un mail par semaine? Très bien, faites-le savoir!
- Ne mentez pas sur le contenu! Soyez transparent et faites figurer clairement le nom + logo de votre entreprise. Tout contenu déceptif peut avoir de mauvaises conséquences sur le taux de réception et sur votre image.

Obtenir de meilleurs résultats publicitaires avec le pixel Facebook

Vous utilisez le système publicitaire Facebook, mais saviez-vous qu'il est possible d'obtenir des résultats encore meilleurs grâce au pixel publicitaire Facebook? Car si le ciblage par défaut est excellent, le pixel permet d'y ajouter du *retargeting*, c'est-à-dire un ciblage selon les sites Internet visités.

Concrètement, vous pourrez:

- Cibler spécifiquement les personnes ayant visité votre site.
- Cibler très spécifiquement les personnes qui ont visité votre boutique en ligne, mais n'ont pas terminé leurs achats.
- Suivre les conversions (les ventes), et plus seulement les interactions ou clics vers votre site.

À vous d'en tirer profit selon vos objectifs!

Pour y accéder, rendez-vous dans le gestionnaire de publicité, onglet « Pixel ». Vous y trouverez toutes les instructions pour intégrer le traqueur sur votre site Web. Il s'agit d'un bête bout de code à intégrer à votre site. Facebook vous propose même d'envoyer directement les instructions par mail au webmaster.

Une fois le pixel installé, la technique la plus utile consiste à cibler les personnes qui ont visité votre site Web. Rendez-vous dans le gestionnaire de publicité, puis sur « Audiences ». Cliquez sur « Créer une audience », puis sur « Audience personnalisée ». Choisissez « Trafic du site Web ».

Vous pouvez créer différentes audiences personnalisées:

- Pour les visiteurs de votre site Web en général.
- Pour ceux qui visitent une page en particulier.
- Pour ceux qui n'ont pas visité une page spécifique.
- Tout en précisant la période concernée: incluez-vous quelqu'un qui a visité votre site il y a plus d'un mois?

Les possibilités commerciales sont intéressantes: vous pouvez, par exemple, cibler les visiteurs qui sont allés sur la page d'un de vos produits, mais qui n'ont pas vu s'afficher la page de confirmation de la commande. Ce qui signifie qu'ils étaient tout près d'acheter, mais qu'ils ont abandonné leur panier en cours de route. Une publicité sur Facebook pourrait les tenter à nouveau...

Plus simplement, diffuser vos publicités en priorité aux personnes qui visitent votre site Web devrait donner de meilleurs résultats que les simples critères d'âge, de lieu, ou même de centres d'intérêt.

Au moment de créer votre publicité Facebook, vous aurez désormais la possibilité de sélectionner l'audience ainsi créée. Cela ne vous empêche pas d'ajouter d'autres critères (géographiques, âge) afin d'avoir un ciblage encore plus redoutable.

De quoi rendre vos publicités plus performantes sur Facebook! Mais pour en être sûr, il faut maintenant passer à la phase d'évaluation de leurs résultats.

Mesurez l'efficacité de vos publicités Facebook

Les techniques présentées plus haut vous permettront d'atteindre des résultats supérieurs à ceux obtenus par le simple *boost* proposé par défaut par Facebook. Vous allez donc tester et croiser les différents ciblages possibles.

Mais à moins d'être millionnaire, vous devrez toujours analyser avec attention les performances de vos campagnes publicitaires, afin d'optimiser chaque euro dépensé. Et surtout, pour identifier les meilleurs ciblages qui auront vos faveurs à l'avenir.

Publicités Facebook: surveillez leur efficacité et ne gardez que la plus performante

Sur Facebook, réaliser une bonne publicité n'a rien d'évident. Outre le ciblage, le contenu même du message publicitaire peut vous poser des questions. Faut-il une image du produit ou une image inspirante? Quelle personnalité faut-il montrer? Faut-il mentionner le prix? Un texte de huit lignes sera-t-il un repoussoir? Les questions sont nombreuses.

La meilleure façon d'obtenir des réponses est de tester différentes versions d'une publicité. Les statistiques Facebook vous donneront rapidement des résultats précis, en particulier le coût par clic ou par interaction. Et avec ces statistiques, vous pouvez identifier la meilleure publicité, pour stopper les autres et ne conserver que la meilleure.

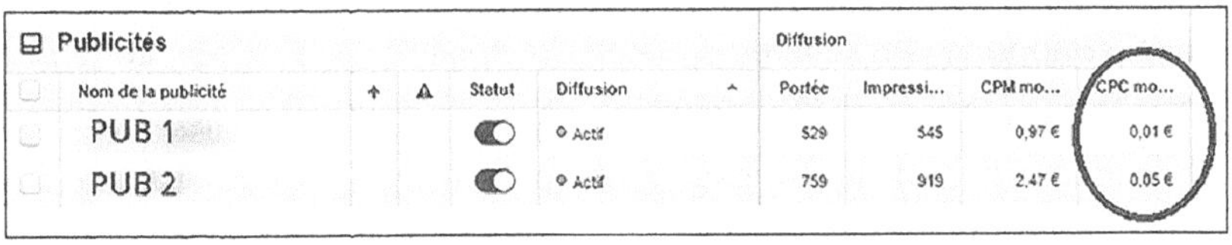

Publicités				Diffusion			
Nom de la publicité	Statut	Diffusion	Portée	Impressi...	CPM mo...	CPC mo...
PUB 1		Actif	529	545	0,97 €	0,01 €
PUB 2		Actif	759	919	2,47 €	0,05 €

Ici, on observe que le CPC (coût par clic) est cinq fois plus élevé dans la seconde publicité. Je décide donc logiquement de l'arrêter, en cliquant sur le bouton coulissant bleu de la colonne statut. J'ai volontairement choisi un exemple simple et caricatural. En pratique, vous pouvez choisir entre quatre ou cinq publicités différentes, et n'en garder qu'une seule qui concentrera alors l'intégralité de votre budget.

Vous pouvez comparer les résultats assez vite, en général quelques heures suffisent à voir une tendance claire se dégager.

Créer plusieurs publicités et ne garder que la meilleure prend du temps, et nécessite du savoir-faire. Heureusement, Facebook propose désormais de répartir automatiquement votre budget pub et de l'allouer en priorité aux publicités qui marchent le mieux. Au moment de créer votre campagne, sélectionnez l'option « Optimisation du budget de la campagne ». Ainsi, Facebook fera lui-même la ventilation de votre budget entre les différents ensembles de publicités, de façon optimale.

De même, si un de vos ensembles de publicités comporte plusieurs publicités, Facebook orientera les dépenses vers les publicités les plus performantes, sans qu'une intervention de votre part soit nécessaire.

Cette automatisation est un grand soulagement pour celles et ceux qui lancent régulièrement des campagnes de publicité. Elle permet non seulement de gagner du temps, mais aussi d'économiser de l'argent, le budget étant dépensé de façon efficiente.

Pour en profiter pleinement, je vous recommande de toujours créer plusieurs ensembles de publicités et plusieurs publicités, puis de laisser Facebook faire le travail. Créer une seule publicité serait une erreur, car Facebook ne pourrait pas sélectionner la meilleure! Votre travail se concentre désormais sur la phase de création des messages à sponsoriser, et non plus sur la gestion fine du budget.

Créez des rapports publicitaires

Créer une publicité n'est qu'une étape, vous devez ensuite surveiller ses performances attentivement. Et lorsque vous menez plusieurs campagnes publicitaires de front, la tâche peut vite devenir complexe. C'est pourquoi je vous conseille de créer des rapports publicitaires. Rendez-vous dans le gestionnaire de publicité, puis dans « Rapports publicitaires ». Cliquez simplement sur « Créer un rapport ».

Un rapport par défaut s'affiche, mais vous pouvez le personnaliser, en ajoutant des filtres (dates, nom de la campagne, objectif...).

Vous avez également la possibilité de personnaliser les indicateurs utilisés, en cliquant sur « Performance » puis « Personnaliser les colonnes ».

Ici, tout dépend de vos objectifs: si vous souhaitiez obtenir plus de fans, vous devez ajouter la colonne « Mention j'aime » d'une page. Si votre objectif était la notoriété, choisissez « Portée » et « CPM » (le coût pour 1 000 vues).

Si vous êtes vraiment allergique aux chiffres, vous pouvez utiliser les indicateurs de performance mis en place par Facebook pour vous donner une estimation de l'efficacité de vos publicités:

- Qualité (classement): cet indicateur constitue une estimation globale de l'efficacité de votre publicité. Difficile de savoir en détail comment il est calculé, Facebook n'étant pas avare en secrets...
- Taux d'interaction (classement): cet indicateur évalue seulement les performances en termes d'interactions, c'est-à-dire les clics, partages et commentaires. Si votre objectif publicitaire choisi au moment de la création de la publicité est « interactions », alors vous devrez consulter cet indicateur en priorité.
- Taux de conversion (classement): il mesure la capacité de votre publicité à atteindre son objectif.

Si vous souhaitez accéder à ces informations mais qu'elles n'apparaissent pas par défaut dans votre gestionnaire de publicité, vous devrez cliquer sur « Colonnes », puis sur « Personnaliser les colonnes » qui figure dans le menu déroulant, comme expliqué plus haut.

Comme vous pouvez l'imaginer, ces indicateurs ne sont pas très précis. Ils constituent néanmoins un bon repère pour découvrir en un coup d'œil si votre publicité est plus performante que les autres. Dans ce cas, il faudra l'amplifier, ou s'en inspirer pour vos futures publicités. Par contre, si les performances sont en dessous de la moyenne, stoppez la publicité en question, tout en essayant d'identifier l'origine du problème (le ciblage, le contenu du message, l'illustration ?).

Enfin, vous pouvez exporter un rapport publicitaire au format Excel, ce qui est très pratique pour manier les résultats et réaliser des présentations lors de réunions.

Le but de ce rapport publicitaire est de repérer ce qui fonctionne (et que vous devriez donc reproduire) et ce qui ne marche pas. Essayez d'identifier les raisons de ces succès et de ces échecs, pour en tirer les leçons pour vos futures publicités.

En effet, lorsque vous menez des campagnes publicitaires Facebook, soyez pragmatique : analysez les résultats avec du recul, et n'hésitez pas à tester différents textes ou visuels avec des sommes limitées. Une fois la meilleure publicité identifiée, vous pourrez alors utiliser tout votre budget de façon efficace. Tester, échouer, corriger et ajuster sont les maîtres mots du cycle de création d'une publicité Facebook.

Exploitez les interactions sur vos publicités

Nous avons parfois tendance à ne surveiller que les données chiffrées des publicités Facebook : combien de clics ? Combien d'affichages ? Cette démarche quantitative est essentielle, mais vous pouvez aussi surveiller les effets qualitatifs de vos publicités.

Pour cela, rendez-vous dans le gestionnaire de publicités, puis sélectionnez la rubrique « Publications de page »/« Publications publicitaires ». Vous y découvrirez toutes vos pubs, ainsi que les likes et commentaires des internautes qui les ont vues. Vous pourrez ainsi répondre aux commentaires, et inviter à aimer votre page tous ceux qui ont « liké » vos publicités. De quoi accélérer encore davantage la croissance de vos comptes !

Mémento: Réussir ses publicités sur Facebook

- Il faut désormais accepter de faire régulièrement des publicités sur Facebook pour obtenir des résultats satisfaisants, car la portée gratuite baisse drastiquement.
- Une fois familiarisé avec les bases, recourez au gestionnaire de publicité, moins facile à utiliser mais plus efficace.
- Avant de vous lancer, réfléchissez aux différents ciblages possibles: à qui s'adresse votre offre? Qui peut être intéressé? Cette étape déterminera la réussite ou l'échec de votre publicité.
- N'utilisez la publicité que pour vos messages qui marchent, et testez plusieurs versions de votre publicité pour ne conserver que la meilleure.
- Seule exception à cette règle: les messages purement publicitaires (vente de produits ou de services) génèrent peu d'engagement, or vous allez souvent devoir malgré tout en faire la publicité.
- Commencez à cibler la diffusion de votre publicité avec des critères généraux, comme les données démographiques, les centres d'intérêt...
- Mais allez plus loin et fouillez dans le gestionnaire de publicité pour exploiter les possibilités de ciblage à partir de votre base de mails, des visiteurs de votre site grâce au pixel Facebook, des audiences similaires...
- Mesurez les résultats de vos publicités pour savoir s'il faut les abandonner, les modifier, ou au contraire les amplifier.
- Enfin, continuez à faire de votre mieux pour obtenir une portée satisfaisante de façon gratuite: la possibilité de payer ne doit pas vous inciter à faire moins d'efforts pour générer de l'engagement sur vos messages.

Facebook est encore le roi des réseaux sociaux. Mais ce chapitre sur la publicité montre bien que le tout gratuit appartient désormais au passé. Ainsi, payer devient indispensable pour obtenir de bons résultats. Heureusement, de nouveaux formats sont apparus récemment et ils permettent quand même d'obtenir une bonne portée sans mettre la main à la poche, en particulier les stories et les groupes Facebook que nous allons étudier dans le prochain chapitre.

Chapitre 3

Stories et groupes Facebook : les nouveaux formats à utiliser

Face à la baisse constante de la portée des messages sur les pages Facebook, vous allez devoir vous tourner vers deux nouveaux formats : les stories et les groupes. Ils répondent à des logiques spécifiques, avec des codes et des pratiques qu'il faut connaître, afin d'en exploiter tout le potentiel.

Les stories

Vous avez entendu parler des stories, mais ignorez comment elles fonctionnent ? Cela vous semble compliqué ? Ce chapitre vous expliquera pas à pas comment bien utiliser ce nouveau format incontournable.

Les stories sont en effet LE phénomène à la mode sur les réseaux sociaux : apparues avec Snapchat, ces publications éphémères ont depuis été adoptées par Instagram et Facebook. Or, je constate que ce format est trop souvent négligé sur Facebook, le plus souvent car nous avons la mauvaise habitude de n'y publier que des messages classiques. Or, le potentiel, tant pour la notoriété de votre entreprise que pour générer du trafic vers votre site web, est énorme. Si vous n'utilisez pas encore les stories sur Facebook, vous serez convaincu de leur utilité après avoir lu ce chapitre !

Les stories sont aussi utilisées sur Instagram. Nous verrons donc dans ce chapitre leur fonctionnement général, avant d'étudier leur utilisation spécifique sur Instagram dans un chapitre dédié.

Qu'est-ce les stories ?

Les stories sont des photos ou des vidéos éphémères, qui disparaissent de votre page Facebook au bout de 24h seulement. Les différentes photos que vous intégrez à votre story défilent automatiquement au bout de 7 secondes. Vous pouvez, et même devez, publier plusieurs photos dans votre story, afin qu'elles s'enchaînent, telle une petite histoire. Les vidéos, quant à elles, ne peuvent excéder une durée de 15 secondes.

L'autre particularité des stories est leur format 9/16e, très immersif puisque toute la hauteur du smartphone est utilisée. Cela signifie que vous allez devoir produire des contenus dont les dimensions sont parfaitement adaptées aux écrans de smartphone, ce qui peut représenter un travail supplémentaire. Ajoutons que, de par ce format 9/16e, les stories ont vocation à être vues sur un appareil mobile, et que ce format perd beaucoup de son intérêt sur desktop.

Les utilisateurs ont la possibilité, lorsqu'ils consultent votre story, de faire défiler les images plus vite en tapotant sur la droite de leur écran, ou même de sortir de votre story et de basculer vers celle d'un autre utilisateur, en glissant vers la droite avec leur doigt. Enfin, si votre image les intéresse particulièrement, ils peuvent laisser leur doigt de façon statique sur l'écran, afin d'arrêter le défilement des images.

Les stories favorisent la viralité et les interactions, car elles présentent dans la partie inférieure de l'écran un bouton de partage, ainsi qu'une boîte de dialogue, pour lancer une conversation par Messenger. De plus, il est tout à fait possible de réagir à une story par un like : nous retrouvons ici les mêmes logiques fondamentales que pour des messages Facebook classiques. Avec pour corollaire la nécessité de diffuser un contenu qui plaît à vos lecteurs, car l'algorithme de Facebook prend en compte la popularité des stories pour déterminer l'ordre dans lequel il les affiche…

Contrairement à vos publications classiques, les stories n'apparaissent pas dans le fil d'actualité, que l'utilisateur fait défiler. Facebook souhaite vraiment mettre en valeur ce nouveau format, c'est pourquoi les stories apparaissent en première position dans l'application, au-dessus des messages classiques. Ce positionnement privilégié constitue évidemment un point fort des stories.

Ma première recommandation consiste à aller regarder les différentes stories qui apparaissent lorsque vous ouvrez votre compte Facebook. Leur simple observation vous familiarisera avec leur fonctionnement, les codes visuels, et vous donnera des idées d'utilisation. Pour les stories comme pour le reste, si vous souhaitez briller sur les réseaux sociaux, il convient d'abord d'observer attentivement les publications des autres, et de pratiquer régulièrement afin d'être parfaitement à l'aise avec les outils et formats que vous utilisez.

Pourquoi utiliser les stories ?

Chaque jour, 500 millions d'utilisateurs Facebook consultent leurs stories. Ce chiffre donne le tournis, et pourtant le potentiel de ce format est loin d'être totalement achevé. Cela ne représente en effet que moins d'un utilisateur sur quatre de Facebook, alors même qu'un internaute sur deux consulte ses stories sur Instagram. Je suis persuadé que la croissance des stories Facebook va se poursuivre, au détriment des messages classiques. Ces derniers voient leur portée s'effondrer mois après mois, et les stories constituent une des solutions pour continuer à toucher gratuitement un nombre satisfaisant d'internautes.

Sur certaines des pages Facebook sur lesquelles je travaille, les stories génèrent désormais presque autant de clics que mes publications traditionnelles. Je me suis lancé dans ce nouveau format très tôt, alors même que le discours dominant était : « Les stories ne marcheront jamais sur Facebook, les internautes sont trop habitués aux messages classiques ». Mon expérience personnelle prouve le contraire !

Pourtant, comme à chaque fois qu'un nouveau format apparaît, des freins puissants génèrent des réticences, et ralentissent l'adoption des stories.

D'abord le caractère éphémère : à quoi bon travailler un message s'il disparaît au bout de 24 heures seulement ? Cette objection est très théorique : personne n'a jamais arrêté de tweeter alors même que la durée de vie d'un message se compte en heures sur ce réseau social. Même vos publications classiques sur Facebook ne survivent guère plus de deux jours.

Ensuite, un autre frein est la nécessité de créer du contenu spécifique, car la taille des images rend difficile sa réutilisation ailleurs. Nous verrons dans ce livre qu'au contraire, les stories peuvent facilement être recyclées, que ce soit sur Pinterest ou pour vos stories Instagram. L'investissement en temps est donc à mon avis tout à fait justifié.

Enfin, dites-vous que si vous êtes réticent à utiliser les stories, de nombreux autres utilisateurs sont dans le même cas, et que par conséquent la concurrence est moins féroce sur ce format que pour les publications classiques. Or, mieux vaut éviter de prendre une route embouteillée !

Adopter un nouveau format demande de prendre de nouvelles habitudes : nous allons voir que, concernant les stories, elles ne sont pas si difficiles que cela !

Comment publier une story ?

Techniquement, créer une story est très simple : prenez une photo avec votre smartphone, puis allez sur votre page Facebook. Cliquez sur votre photo de profil, et choisissez « créer une story ». Sélectionnez la photo de votre choix, puis ajoutez-y du texte, des effets ou des stickers (nous verrons plus loin comment faire). Répétez l'opération autant de fois que vous le souhaitez, afin de créer une story qui comporte plusieurs images ou plusieurs vidéos. Si votre vidéo fait plus de 15 secondes – la limite fixée par ce format – pas de panique : il existe des logiciels pour découper votre vidéo en segments de 15 secondes, par exemple l'application https://storyslicer.us/ Évitez toutefois de publier des vidéos trop longues, même segmentées : les stories restent fondamentalement un format court, et l'attention de vos lecteurs ne dépassera pas la minute.

Les stories réalisées avec l'appareil photo de votre smartphone sont parfaites pour couvrir un événement, ou capturer sur le vif un moment fort que vous souhaitez partager avec les internautes. La qualité ne sera pas digne d'un professionnel, mais personne ne vous le reprochera, car ce format met la spontanéité et la créativité à l'honneur, bien plus que la technique. Je pense même que des stories trop soignées ne respectent pas les codes attendus par les internautes, qui veulent voir un contenu authentique et non des superproductions hollywoodiennes.

Néanmoins, utiliser l'appareil photo de votre smartphone n'est pas toujours une solution satisfaisante. Par exemple, vous pouvez avoir besoin de publier une image, ou un montage, qui est stocké sur votre ordinateur. Vous avez réalisé une belle infographie au format 9/16e et souhaiteriez la diffuser en story ? Il sera alors nécessaire de la transférer dans la galerie photos de votre smartphone. Cette technique vous ouvre des nouvelles possibilités : vous allez pouvoir créer de belles stories depuis votre ordinateur, pour ensuite les mettre en ligne.

Comment créer une story ?

Comme ce format est relativement récent, et qu'il offre des possibilités plus larges que les publications Facebook classiques, il n'existe pas réellement de dogme quant au contenu ou à la forme que doivent prendre les stories. Le seul impératif est de respecter les dimensions 9/16e.

Vous disposez donc d'un espace de liberté beaucoup plus large, vos seuls juges étant vos lecteurs. L'important est de partager de façon sincère et authentique votre message auprès de vos lecteurs, en faisant preuve d'imagination.

Pour réaliser facilement vos stories, je vous recommande d'utiliser le site https://www.canva.com/

Cet outil vous permet de créer gratuitement et très simplement des visuels totalement personnalisés, qui intègrent vos images, votre logo et votre texte. Son utilisation ne requiert aucune connaissance particulière en graphisme, car son fonctionnement est très intuitif. Si vous éprouvez des difficultés dans sa prise en main, je vous invite à regarder l'un des nombreux tutoriels qui figurent sur Youtube, car il serait trop long, et sans doute hors de propos, de tout expliquer dans ce livre.

Outre les possibilités graphiques, les images réalisées sur Canva auront toujours le bon format pour les stories, c'est-à-dire le fameux 9/16e. Vous pourrez ensuite télécharger vos créations, pour les envoyer sur votre smartphone, et enfin les mettre en ligne. De plus, si vous optez pour la version payante de Canva, vous pourrez ajouter des effets à vos images en les transformant en vidéo, par exemple pour intégrer un léger zoom, technique pratiquée par tous les youtubers pour capter l'attention des spectateurs…

D'autres applications existent pour réaliser des stories : Adobe Spark Post, ou encore Quik pour vos vidéos. Je les mentionne sans en dire plus, car je n'utilise au quotidien que Canva.

Cette illustration, qui présente l'interface de création d'une story sur Facebook, vous permettra de mieux visualiser les éléments dont nous allons parler dans la suite du livre :

1. Les stickers
2. Le texte
3. Le trait libre
4. Les effets
5. Les liens

Ajoutez des stickers à vos stories

Les stickers sont des petits éléments textuels ou graphiques qui vont se superposer à l'image que vous avez mise en ligne dans votre story.

Pour les utiliser, commencez par créer votre story en ajoutant une image. Puis, cliquez sur la petite icône en forme de feuille souriante en haut de votre écran (1). Plusieurs possibilités s'offrent alors à vous, voici les plus utiles.

Le sticker événement

Ce sticker est en réalité un bouton, qui permettra à l'internaute d'aller directement sur votre événement Facebook. Utile pour en faire la promotion, en particulier en amont. Imaginez un événement sportif: vous allez pouvoir publier régulièrement des photos des participants dans votre story, en intégrant le bouton événement qui permettra à l'internaute d'aller chercher des informations supplémentaires, par exemple concernant la billetterie.

Le tag

Si votre story concerne quelqu'un (ou une page entreprise), pensez à utiliser le tag afin qu'elle en soit notifiée. Il s'agit d'un moyen de créer des liens, avec l'espoir que la personne taguée partage votre story.

Les émotions

Moins utiles que pour une publication classique, le sticker « émotion » permet néanmoins de donner facilement une dimension personnelle à votre story, et de jouer sur le registre affectif, humanisant ainsi votre communication.

L'heure et la position

Ces stickers sont utiles lorsque vous couvrez un événement: ils permettent en effet à l'internaute de suivre avec précision le déroulé chronologique des contenus publiés. Voir les photos heure par heure donne une image dynamique à votre story, proche du direct. Cette remarque vaut aussi pour la position, qui permet d'indiquer l'endroit où vous vous trouvez et renforce l'immersion de l'internaute, tout comme le caractère exclusif des informations, car publiées sur place.

Comment se débarrasser d'un sticker?

Un accident peut arriver, et un sticker peut se glisser malencontreusement sur votre story. Si vous souhaitez vous en débarrasser, faites-le simplement glisser tout en bas de l'écran. Une poubelle apparaît, permettant d'effacer le sticker indésirable.

Agrandir ou réduire la taille des éléments

Il est possible d'augmenter ou de diminuer la taille de la plupart des éléments que vous ajoutez à votre story, comme le texte ou les stickers. Pour cela, il suffit de zoomer ou de dézoomer sur l'élément, avec deux doigts, comme lorsque vous souhaitez zoomer sur une de vos photos.

Les stickers constituent un des éléments qui permettent de donner à votre story son caractère propre, unique. Mais d'autres éléments existent, toujours pour produire un contenu qui reflète le mieux possible votre identité.

Personnalisez vos stories

Ajoutez du texte

Si les stories sont le royaume de l'image et de la vidéo, rien ne vous empêche d'y ajouter du texte. Bien au contraire, il serait dommage de ne pas profiter des stories pour faire passer votre message.

Pour ajouter du texte, cliquez simplement sur l'icône « Aa » (2) située en haut à droite de votre écran, au moment de la création de votre story. Vous pourrez choisir la couleur du texte, ce qui est bien pratique, par exemple pour écrire en blanc lorsque votre photo est sombre. Vous avez aussi la possibilité de changer la police d'écriture, et d'intégrer un fond coloré pour éviter que votre texte ne se noie avec l'image.

Gardez à l'esprit que les stories défilent rapidement, et qu'il est impossible de lire un long paragraphe en seulement 7 secondes. Il est préférable de privilégier les textes courts, d'une phrase maximum. Si vous avez beaucoup à dire, alors étalez le texte sur plusieurs images : ce découpage est de toute façon plus conforme à l'esprit de ce format, tout en fluidité.

Le trait libre

Cette option, qui se trouve en haut de l'écran (3), permet de tracer au doigt des traits sur votre story. Inutile de préciser que le rendu sera quelque peu grossier, voire amateur. C'est pourquoi je vous en déconseille l'utilisation, sauf si précisément vous souhaitez mettre l'accent sur la spontanéité de votre message. Cet effet peut être utile pour entourer un élément important de votre story, que les internautes auraient pu ne pas voir sans cela.

Les effets

Les effets se trouvent en bas à gauche de l'écran (4), au moment de créer votre story. Ils permettent d'ajouter un habillage, pas toujours de très bon goût: des étoiles, un gâteau d'anniversaire, des feuilles d'arbre... Il s'agit donc d'un moyen facile de créer une ambiance particulière dans votre story.

Les filtres

Facebook vous permet d'ajouter des filtres à votre story, qui permettent d'accentuer automatiquement les contrastes, ou de modifier la luminosité. Cette option est bien pratique, en particulier lorsque votre photo d'origine présente des déséquilibres trop frappants au niveau des couleurs. À titre personnel, j'utilise surtout les filtres pour passer la photo en noir et blanc, lorsque je souhaite faire passer une émotion particulière aux internautes.

Pour ajouter un filtre, faites glisser vers la gauche ou vers la droite l'écran au moment de la création de votre story.

Intégrez des liens dans votre story

La possibilité d'intégrer des liens directement dans votre story est une excellente nouvelle, en particulier pour générer du trafic vers votre site web. De plus, les liens sont très faciles à ajouter, puisqu'il suffit de cliquer sur le bouton situé tout en haut à droite de l'écran (5). Vous pourrez choisir des boutons standards comme « en savoir plus » (qui reprennent ceux de votre bouton d'action – voir «Ajoutez un bouton d'action sur votre page Facebook», page 140), ou un lien de votre choix.

L'internaute qui consulte votre story verra s'afficher en bas de son écran la mention « voir plus », accompagnée d'une petite flèche qui pointe vers le haut. En effet, le lecteur devra « swiper » pour ouvrir le lien, c'est-à-dire effectuer un mouvement de doigt du bas vers le haut. Heureusement, cliquer sur le lien fonctionne tout aussi bien!

Toutes les pages ne permettent pas d'ajouter un lien totalement personnalisé: celles qui comptent moins de 10000 fans doivent se limiter aux boutons préconfigurés, comme « réserver » ou « en savoir plus ». Cette option étant en déploiement au moment de la rédaction de ce chapitre, je vous invite à la surveiller sur vos pages Facebook.

Quoi qu'il en soit, l'intégration de liens dans vos stories est une arme redoutable pour compenser la baisse du nombre de clics dans vos publications traditionnelles. Ne passez pas à côté de cette fonctionnalité redoutable, et surtout donner envie aux internautes de « swiper » en leur offrant un aperçu alléchant du contenu qu'ils trouveront sur votre site internet.

Les stories vidéo

La plupart des stories sont des photos, mais il est tout à fait possible d'y intégrer une vidéo, soit directement avec votre smartphone, soit en important une vidéo réalisée avec un outil.

J'avais évoqué le site Animoto, qui permet de réaliser facilement de belles vidéos. Depuis sa dernière mise à jour, ce site permet de choisir le format des vidéos créées, et donc d'adopter le ratio 9:16e des stories !

Si la durée de votre vidéo dépasse les 15 secondes, limite pour chaque story, utilisez une application pour la découper en lots de 15 secondes. De nombreux outils existent, j'utilise pour ma part « Story Cutter ». Une fois votre vidéo coupée en tranches, vous pourrez la mettre en ligne.

Cette technique est indispensable, car elle permet de réutiliser au maximum le contenu créé. En effet, réaliser une vidéo prend du temps, il est donc important de pouvoir la diffuser à la fois sur votre page Facebook de façon classique, mais aussi en story (Facebook, Instagram, et Twitter).

Racontez des histoires

Story signifie histoire : il est donc naturel d'utiliser ce format pour mettre en avant un récit, une narration, qui se déploie si possible en plusieurs images ou vidéos. Une bonne façon de procéder consiste à segmenter vos articles en plusieurs images qui se suivent et révèlent une progression. Chaque image peut être une phrase importante de l'article, accompagnée d'une illustration qui appuie le propos. À la fin de votre story, vous pouvez ajouter un lien pour inciter l'internaute à consulter le contenu complet sur votre site internet.

Comme une histoire comporte toujours plusieurs chapitres, une story est toujours constituée de plusieurs images, si possible avec du texte, pour raconter quelque chose à votre lecteur. Tout contenu long et lourd a vocation à être découpé, pour devenir une petite histoire.

Mauvaise nouvelle : vous allez devoir créer, sans doute via l'outil Canva, plusieurs images pour raconter cette histoire. Cela va vous demander du temps et un réel effort créatif.

Bonne nouvelle : il s'agit d'une excellente façon de recycler un contenu déjà créé. Quel plaisir, après avoir passé des heures à rédiger un article, que d'en faire une story, sans avoir à partir de zéro ! Vous avez déjà fait le plus dur, il ne vous reste plus qu'à reprendre vos contenus et à les adapter au format des stories. J'avoue prendre personnellement un certain plaisir à le faire, car le résultat permet souvent de redécouvrir son propre travail sous un angle différent et bien souvent plus esthétique. Les internautes ne s'y trompent pas, car les stories constituent une technique privilégiée pour susciter l'intérêt, et donner envie d'aller lire la suite. Si vous cherchez de l'inspiration, je vous recommande la lecture des stories du journal Le Monde, qui mettent généralement bien en avant les articles à consulter le site.

La spontanéité avant tout

Lorsque l'on publie une story pour la première fois, une certaine appréhension peut exister: est-ce que mon contenu est vraiment satisfaisant? Ai-je bien utilisé les nombreux stickers ou outils à ma disposition? Rassurez-vous, pour les stories comme pour tout le reste, la technique est finalement assez secondaire. Le plus important est de communiquer de façon sincère, et avec une bonne dose de spontanéité. Les stories - et les réseaux sociaux en général – ont été créés pour des utilisateurs lambda, comme un simple moyen de communication ouvert à tous.

Vous n'avez donc pas besoin de travailler vos créations pendant des heures: les stories sont un format amateur par excellence. Elles ne s'affichent que 7 secondes, et visent à transmettre une émotion vive, et non un esthétisme raffiné nécessitant plusieurs minutes pour être apprécié. Encore plus que pour un message Facebook classique, vos lecteurs vous pardonneront un cadrage imparfait. Je pense même que les stickers proposés par Facebook sont kitsch à dessein, et que l'amateurisme fait partie des codes de ce nouveau format.

De nombreuses marques se trompent en faisant réaliser des stories dignes de films hollywoodiens par des équipes dédiées: je ne crois pas que les utilisateurs recherchent cela. Lorsque je tombe sur une story léchée et parfaitement réalisée, je me dis tout de suite « tiens, voilà de la pub! ». Et je me trompe rarement. Or, tout l'enjeu des réseaux sociaux est, pour une entreprise, de se fondre dans la masse, en se faisant passer pour un simple utilisateur. Cela permet de tromper la vigilance de l'internaute, et de lui faire passer un message publicitaire sans qu'il ne s'en rende compte.

Commencez donc, avant de publier vos stories, à regarder celles des internautes: vous comprendrez ainsi l'univers des stories, leur graphisme.

Nouez des liens avec votre communauté.

Les principes généraux des réseaux sociaux restent les mêmes avec les stories, et en particulier le plus important de tous: vous devez créer des contacts avec les membres de votre communauté. Pour ce faire, plusieurs solutions existent.

Le sticker sondage

Tout d'abord le sticker sondage, qui permet à vos lecteurs de sélectionner un des deux choix que vous leur proposez. Bien souvent, il s'agira du choix entre « oui » ou « non », en particulier si vous posez une question. Mais les boutons de réponses sont personnalisables, ce qui ouvre de nouvelles possibilités.

Au moment de créer votre story, demandez-vous toujours quelle question vous pourriez poser à vos lecteurs. Voici quelques sources d'inspiration :

- Vous réalisez des vidéos sur Youtube ? Laissez les internautes choisir le sujet de votre prochaine réalisation.
- Vous évoquez l'actualité sportive ? Ajoutez un petit pronostic sur le résultat du prochain match.
- Vous évoquez un sujet de société ? Demandez aux internautes ce qu'ils en pensent.
- Vous faites la promotion touristique d'une ville ? Posez une question sur le patrimoine, puis apporter la réponse dans la story suivante.
- Vous publiez une citation ? Laissez les internautes deviner son auteur, ou compléter le mot qui manque.

L'exemple ci-contre prouve qu'il est souvent possible, et même facile, d'interpeller vos lecteurs. La citation est accompagnée du sticker sondage afin de demander à l'internaute s'il est d'accord ou non avec l'auteur. Pas besoin de vous compliquer la vie, la simplicité est une qualité sur les réseaux sociaux, et vos fans seront très heureux de dire s'ils apprécient ou non cette citation !

Les possibilités sont presque infinies, à vous de trouver la façon la plus ludique pour impliquer votre audience. L'objectif est de ne pas laisser le lecteur passif, car le format story est par nature immersif. Pour une expérience complète, vous devez essayer de faire participer l'internaute de façon immersive, par le biais de ce sticker.

Enfin, si aucune question pertinente ne vous vient à l'esprit pour votre story, mieux vaut ne pas en mettre. En effet, les internautes pourraient garder un mauvais souvenir d'une interrogation alambiquée ou sans réel intérêt.

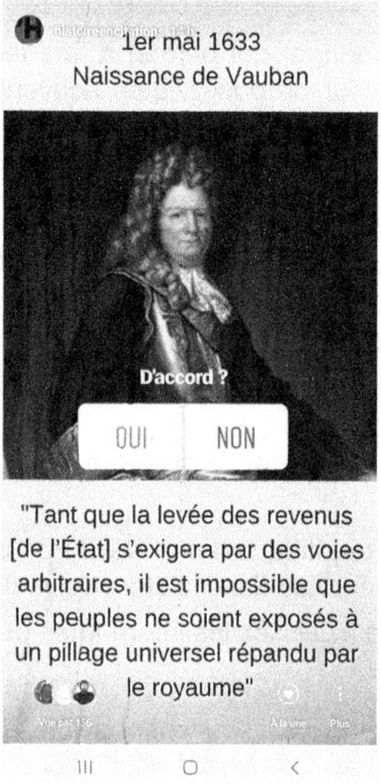

Story de l'Histoire en citations https://www.facebook.com/histoire.en.citations/

Incitez les internautes à vous envoyer un message

La partie inférieure d'une story Facebook affiche « Répondre à »: cette boîte de texte permet d'écrire directement à la page qui a publié la story, via Messenger. Profitez de cette occasion pour nouer le contact avec vos fans, en leur posant des questions. Contrairement au sticker sondage, cet outil permet de créer des échanges plus élaborés.

Pour encourager la discussion, placez un repère visuel, par exemple une flèche qui pointe vers la boîte de texte, accompagnée d'un petit texte court comme « répondez-nous ici ». Cela vous permettra de recueillir des avis précieux, ou même de proposer une prise de rendez-vous.

Recyclez vos stories

Créer de toutes pièces des stories peut être un travail chronophage, et un sentiment de frustration peut poindre au moment de leur disparation précoce, après seulement 24 heures. La bonne philosophie étant de toujours chercher à maximiser l'impact et les effets de son travail, voici quelques techniques pour recycler vos stories Facebook.

Mon premier conseil est d'utiliser vos stories Facebook sur Instagram. Le format est en effet le même, et il serait donc dommage de s'en priver. Il est parfois nécessaire de procéder à quelques ajustements : par exemple, sur Instagram nous verrons que les hashtags sont utiles dans les stories, ce qui n'est pas le cas sur Facebook. De même, vos audiences peuvent être très différentes sur ces deux réseaux, et il est parfois pertinent de se demander si les attentes de vos fans sont vraiment identiques. Néanmoins, réutiliser sur Instagram vos stories Facebook est généralement une très bonne idée. Plus loin dans ce livre, vous découvrirez les spécificités des stories sur Instagram, qui offrent des possibilités plus poussées que celles sur Facebook.

Mon second conseil est de partager vos stories Facebook sur Pinterest. En effet, la dimension 9/16e est le format idéal pour un affichage optimisé sur Pinterest. Au moment de créer votre story Facebook, envisagez donc déjà sa seconde vie sur Pinterest ! Certains ajustements seront sans doute nécessaires, mais le jeu en vaut la chandelle. J'ai personnellement réorienté ma stratégie sur les réseaux sociaux pour une page de citations d'histoire dont je m'occupe : progressivement, mon attention s'est principalement tournée vers les images 9/16e, que ce soit sur Pinterest, ou pour alimenter mes stories Facebook et Instagram. Les résultats sont au rendez-vous, et ce format est en passe de devenir mon premier fournisseur de clics, loin devant Twitter et les publications Facebook traditionnelles...

Analysez les performances de vos stories

Comme pour n'importe quels messages, vous devez analyser l'impact de vos stories, en particulier pour savoir si ce que vous proposez à vos fans correspond à leurs attentes.

Pour afficher les statistiques, allez avec votre smartphone dans votre story Facebook, puis « swipe up » (faites glisser vers le haut). Plusieurs données apparaîtront alors.

- Le nombre de vues pour chaque story : ces données sont utiles pour évaluer l'impact de votre travail, mais surtout le taux de déperdition entre la première image de votre story et la dernière. Si seulement 10 % des internautes regardent toutes vos publications en story, cela signifie sans doute que le contenu n'est pas adapté, car elles ont préféré arrêter leur lecture en cours de route.
- Vous pouvez affiner cette analyse en étudiant les statistiques de « glissement vers l'avant », ce qui signifie que l'internaute a décidé de mettre fin à votre story et de passer à celle d'une autre page. Si une de vos story provoque un grand nombre de glissements vers l'avant, alors vous avez sans doute des choses à améliorer. Cette remarque vaut aussi pour le chiffre de sorties.

- Le nombre d'appuis vers l'avant signifie souvent que l'internaute voulait voir la suite sans avoir à attendre que les 7 secondes soient écoulées. Rien de bien grave donc!
- Enfin, un grand nombre de « glissements vers l'arrière » indique que votre image demandait beaucoup de temps à être analysée. C'est généralement le cas des stories avec une importante quantité de texte. En effet, tous les utilisateurs ne savent pas qu'il suffit de laisser un doigt sur la story pour la figer et bloquer le passage à l'image suivant.
- Enfin, « action faire glisser » apparaît si vous avez intégré un lien à votre image. Cette statistique indique le nombre de swipe up, et se rapproche d'un « clic sur le lien ». Un nombre élevé montre que votre story suscite la curiosité du lecteur, alors enclin à lire la suite sur votre site web.

Faites de la publicité pour vos stories

L'objectif de Facebook étant bien entendu de générer des revenus, il est logique de voir le système publicitaire s'étendre aux stories, afin d'en assurer la diffusion auprès d'un public plus large. Fort heureusement, le système publicitaire des stories est très simple à utiliser, puisqu'il est intégré au gestionnaire de publicités classique de Facebook.

Au moment de créer votre publicité, dans la partie « placements », cochez « stories Facebook ». Vous pouvez même décocher tous les autres emplacements, si vous souhaitez miser uniquement sur une publicité sous la forme de story, ce qui peut être une excellente idée à tester. De même, pensez à cocher le placement « story Instagram » si vous êtes présent sur ce réseau social, afin d'assurer une plus large diffusion de votre publicité.

Je vous déconseille d'utiliser l'option « Utiliser une publication existante », qui créerait la publicité à partir d'un message Facebook traditionnel. En effet, le format story 9/16e est très spécifique, et le rendu serait alors médiocre. Le mieux est donc de choisir l'onglet « Créer une publicité » qui vous permet de fabriquer sur-mesure une publicité qui exploite parfaitement les dimensions des stories.

Attention: les publicités via les stories ne fonctionnent pas avec l'objectif publicitaire « interactions ». Vous devez, lors de la première étape, choisir « trafic ».

Les groupes Facebook

Face à la baisse de la portée des messages classiques sur Facebook, l'autre solution pour conserver une bonne visibilité est de miser sur les groupes, dont le fonctionnement est légèrement différent de celui des pages.

Pourquoi créer des groupes Facebook ?

Un groupe Facebook ressemble aux forums qui pullulaient sur Internet à une époque déjà lointaine, et que les moins de vingt ans ne peuvent pas connaître. Ces espaces d'échanges, avec des membres réunis autour d'une thématique précise, connaissaient alors une belle activité. Facebook tente de les remettre au goût du jour, afin de connecter des personnes proches, dans des communautés moins vastes mais plus soudées que sur les pages. De mon point de vue, cette tendance confirme la volonté de Facebook de « retourner aux sources », en faisant émerger de petites communautés aux liens forts, et non de gigantesques pages brassant des millions de personnes qui ne se parleront jamais.

Dans les groupes que vous allez créer, vous ne serez qu'un acteur parmi d'autres : la communication y est donc résolument horizontale, et non verticale. Tout le monde pourra publier des messages, même si vous conserverez votre rôle d'administrateur disposant du pouvoir de les supprimer. Vous devez comprendre que dans les groupes, les internautes viennent pour discuter sur un pied d'égalité, et non pour être pris de haut par une marque, une entreprise ou une organisation.

On peut comparer un groupe Facebook à un bar où se réunissent des habitués, et dans lequel vous seriez le serveur. Il s'agit de votre bistrot, vous pouvez fixer certaines règles, mais ce sont bien les clients qui le feront vivre et qui animeront les discussions. Et si vous agissez de façon condescendante ou ressassez des discours publicitaires qui n'intéressent personne, il est fort à parier que les clients n'y remettront plus les pieds.

De plus, votre groupe peut être fermé, là où une page est toujours publique, ce qui vous permet de sélectionner les membres. Voilà qui tranche avec la course aux fans d'une époque heureusement révolue où l'objectif était d'avoir un maximum de likes ! Moins de membres, mais des personnes mieux ciblées et plus d'échanges : telle est la philosophie des groupes Facebook.

Les membres peuvent même parfois recevoir une notification si un nouveau message est publié. Cela ne signifie pas qu'ils iront forcément la voir, mais il s'agit d'un vrai plus par rapport aux pages. Les groupes permettent donc de bénéficier d'une meilleure portée pour les publications. En effet, les messages publiés dans les groupes touchent davantage d'internautes que ceux qui émanent d'une page. L'avantage est évident : sur les groupes, votre communication portera donc plus loin.

Cela n'a rien de théorique : je suis personnellement sidéré de voir qu'un de mes groupes qui réunit 500 membres obtient de meilleurs résultats que la page associée qui compte 20 000 fans.

Mais le bénéfice n'est pas seulement quantitatif, car en réunissant des communautés plus restreintes, mais mieux ciblées, vos messages auront plus de chance de toucher les bonnes personnes. Conséquence, l'audience est de meilleure qualité : les personnes qui rejoignent un groupe sont généralement intéressées par son sujet. Les échanges sont aussi plus nombreux : les membres discutent plus librement et plus souvent sur les groupes.

En résumé, les groupes sont des espaces moins peuplés que les pages, mais beaucoup plus qualitatifs. Or, vous devez justement viser la qualité, et non la quantité : les groupes Facebook constituent l'outil idéal pour revenir aux fondamentaux des réseaux sociaux, et repartir sur des bases saines après des années d'excès.

Comment créer des groupes ?

Rendez-vous sur votre page Facebook, puis, sous votre cover, cliquez sur «...». Dans le menu déroulant s'affiche « Créer un groupe ». En procédant de cette façon, le groupe sera associé à votre page, qui en deviendra l'administrateur.

Ensuite, vous devrez choisir le nom de votre groupe. Cette étape est essentielle et mérite un temps de réflexion de votre part. En effet, de nombreux internautes vont découvrir votre groupe en utilisant la barre de recherche Facebook. Or, si les mots-clés qu'ils utilisent ne figurent pas dans le nom de votre groupe, alors les chances qu'ils le rejoignent diminuent drastiquement. Par conséquent, essayez de placer au moins un mot emblématique et usuel, et évitez les choix originaux à l'excès. Faites donc preuve de bon sens, et mettez-vous à la place de l'internaute : que va-t-il chercher, et que lui proposez-vous ?

Ensuite, choisissez la confidentialité de votre groupe :

- S'il est secret, il sera impossible de le trouver via le moteur de recherche de Facebook. La seule façon de l'intégrer est de recevoir une invitation d'un des membres. Ce choix est généralement peu adapté pour votre entreprise ou votre association, qui cherche au contraire à faciliter l'adhésion de nouveaux membres. Le groupe secret peut être une bonne idée pour valoriser vos ambassadeurs et membres les plus actifs, en leur réservant un espace VIP. L'objectif peut être de solliciter leur avis, ou de leur offrir des infos exclusives, et ainsi renforcer leur engagement à votre service.
- Si le groupe est public, alors son contenu sera visible par tout le monde, y compris les personnes qui ne sont pas membres du groupe. Cela ne signifie pas que le groupe est ouvert comme un moulin, car vous pourrez valider ou non les demandes d'adhésion.
- Enfin, le groupe fermé porte mal son nom : tout le monde peut demander à le rejoindre, même si votre approbation est obligatoire. Par contre, les messages qui y sont publiés ne seront visibles que pour les membres.

Dans votre cas, vous devez vous tourner vers un groupe public ou privé. Je préfère généralement les groupes publics, car les membres du groupe peuvent partager les messages du groupe auprès de leurs amis, même s'ils ne font pas partie du groupe. La viralité est ainsi plus facile, avec un inconvénient : les messages négatifs à votre encontre auront une diffusion plus large.

Au moment de la création du groupe, vous avez la possibilité d'ajouter des personnes, c'est-à-dire d'indiquer le nom de vos amis que vous souhaitez inviter dans ce groupe. Évitez d'inviter toute votre liste de contacts, car le but n'est pas de réunir le plus de personnes possible, mais bien celles qui sont intéressées par la thématique du groupe. De plus, pensez à ajouter un mot personnalisé si vous lancez des invitations, pour bien expliquer au destinataire le bénéfice qu'il peut attendre du groupe : cela l'incitera à accepter votre demande.

La création de votre groupe ne devrait pas prendre plus de quelques minutes, mais il vous reste désormais à choisir les principaux paramètres.

Configurer votre groupe

Pour configurer votre groupe, allez dans ce dernier, puis cliquez sur le bouton « plus » situé sous la cover, puis sur « modifier les paramètres du groupe ». Une nouvelle page s'ouvre alors, vous permettant de personnaliser au maximum votre groupe :

Nom du groupe : si vous constatez que le nom du groupe choisi au moment de sa création n'était pas idéal, ou si la nature du groupe change avec le temps, vous avez la possibilité de le rebaptiser.

Type de groupe : choisissez la catégorie qui correspond à votre groupe. L'impact sera très limité : par exemple, en choisissant le type « offres d'emploi », vous pourrez fort logiquement publier des messages au format « offres d'emploi ». De même, un groupe « achat-vente » permet de publier des petites annonces sous forme de publications qui intègrent le prix, la description et la localisation du bien en question.

Description : ce résumé de votre groupe ressemble trait pour trait à la rubrique « à propos » de votre page Facebook. Traitez donc là de la même façon, en y faisant figurer un descriptif précis et honnête du contenu de votre groupe et de sa raison d'être.

Lieu : si votre groupe a un ancrage géographique, indiquez-le ici afin de permettre aux personnes à proximité de le trouver plus facilement. En effet, l'algorithme de Facebook prend en compte le lieu pour offrir aux internautes des résultats plus pertinents lorsqu'ils utilisent la barre de recherche.

Mots-clés : vous pouvez associer jusqu'à cinq termes génériques en lien avec votre groupe. Cet élément permet lui aussi de faciliter la découverte de votre groupe par les internautes qui auraient les mêmes centres d'intérêt.

Page associée : il s'agit de votre page Facebook, qui constitue en quelque sorte la maison mère du groupe. Tout l'intérêt sera de pouvoir commenter et publier dans ce groupe au nom de votre entreprise, ce qui rappellera votre marque à tous les lecteurs.

Adresse web : tout comme pour votre page, vous devez créer une adresse personnalisée qui permet d'accéder à votre groupe. En effet, l'URL par défaut est constitué d'une série de chiffres peu engageants et difficiles à retenir. Choisissez donc une adresse courte et constituée de mots-clés qui reprennent le nom de votre groupe.

Confidentialité du groupe : vous pouvez à tout moment transformer votre groupe fermé en groupe ouvert, ou vice-versa. Une information à garder en tête, si après avoir lancé un groupe fermé pour débuter, vous avez gagné en confiance et souhaitez à présent l'ouvrir. Mais attention : si votre groupe secret ou fermé dépasse 5 000 membres, vous ne pourrez plus le rendre public.

Approbation d'adhésion : choisissez qui peut valider les demandes d'adhésions. Vous pouvez garder le monopole, ou laisser les membres du groupe intégrer eux-mêmes de nouvelles personnes. Il est généralement recommandé, en particulier pour une entreprise ou une association, de laisser aux seuls administrateurs ce pouvoir. Vous conservez ainsi une bonne maîtrise sur le groupe et ses entrées.

Pré-approbation d'adhésion : cette option permet de gagner du temps, en évitant de devoir systématiquement valider les demandes d'adhésion de nouveaux membres. Une fonctionnalité particulièrement utile si vous disposez de nombreux groupes sur des thématiques proches, car le membre d'un autre groupe sera automatiquement accepté dans celui-ci. De même, vous pouvez définir des utilisateurs acceptés par défaut à partir de leurs adresses mail.

Demandes d'adhésion : une fonctionnalité très utile, car elle permet de poser des questions aux personnes qui souhaitent rejoindre le groupe. Cela peut vous permettre de mesurer le sérieux des demandes d'adhésions, par exemple en sondant les raisons pour lesquelles l'internaute veut rejoindre ce groupe. En effet, l'absence de réponse ne laisse pas présager d'un grand investissement dans le groupe… Or, vous cherchez justement des personnes actives et impliquées. Ces questions peuvent aussi être utiles pour obtenir des informations sur le profil des membres de votre communauté. Par exemple, un groupe de littérature peut demander à futur membre quel est son auteur préféré, afin ensuite de proposer un contenu en adéquation avec ses goûts.

Cette section vous propose aussi de créer des règles pour votre groupe, en particulier de bonne conduite. Mettre sur pied une charte est toujours une bonne idée, pour vous prémunir contre les excès, et pour justifier vos actions de modération. L'internaute qui souhaite rejoindre votre groupe devra les accepter (à défaut de les lire...)

Permission de publication: détermine qui aura la possibilité de publier des messages dans votre groupe. Généralement, cette option est ouverte à tous les membres, ce qui est beaucoup plus conforme à l'esprit même des groupes Facebook, beaucoup moins verticaux que les pages. Laisser les membres du groupe diffuser des messages permet aussi de générer beaucoup d'animation, même en votre absence. Le groupe sera donc plus vivant, décentralisé voire autonome, ce qui provoquera une plus grande confiance de la part des membres. Pour autant, je vous invite à cocher la case « toutes les publications doivent être approuvées par un administrateur ou un modérateur », garde-fou indispensable pour éviter les débordements. De plus, de nombreux faux comptes rejoignent les groupes uniquement pour y publier de la publicité et des arnaques. Or, vous ne pourrez pas toujours être derrière votre écran pour les effacer dans la minute.

Modifiez la cover du groupe

Comme pour une page Facebook, pensez à changer la cover de votre groupe, qui sera la première chose que verront les internautes. La méthode reste la même : rendez-vous dans votre groupe, puis cliquez sur le bouton « importer une photo » qui figure sur votre cover. Vous aurez alors la possibilité de télécharger l'image de votre choix.

Quels groupes créer ?

Segmentez vos thématiques

Créer un groupe est pertinent dès lors qu'il est possible de segmenter la thématique de votre page Facebook en sous-sections. Imaginons une page pour les fans de livres, qui suivent l'actualité littéraire. Créer un groupe pour chaque genre (roman historique, science-fiction) semble malin, et pourquoi pas un groupe avec l'actualité dans les librairies (séances de dédicaces), ou un groupe relatif à un auteur? Pensez aussi aux groupes géographiques, par exemple si votre activité se déploie sur des territoires très différents.

Pour la page Facebook de la Fédération française des échecs dont je m'occupe, j'ai par exemple associé un groupe consacré aux annonces de tournois d'échecs. Il s'agit d'un sous-thème d'intérêt (les tournois) qui fait partie du thème plus large de ma page (le jeu d'échecs). Cette segmentation accrue comporte à mon avis plusieurs avantages :

- Dynamiser la présence sur les réseaux sociaux en créant un nouveau point de contact.
- Recycler les annonces de tournois que je publiais sur Twitter, mais qui n'avaient pas leur place sur la page Facebook, car trop spécifiques pour une page grand public.
- Cibler davantage l'audience, car les personnes qui rejoignent le groupe sont intéressées par la thématique.
- Développer une logique participative, car j'autorise tout le monde à publier son annonce de tournoi dans le groupe. Cela facilite mon travail de veille tout en donnant la parole aux internautes. Pour que cela ne se retourne pas contre vous, veillez à bien définir dès le départ les règles du jeu dans une publication que vous épinglerez en haut du groupe.
- Renforcer l'image de la Fédération, en plaçant en cover notre logo, en diffusant des annonces de tournois que nous organisons, et en plaçant des liens vers notre site Web.

L'essai en cours est concluant, et j'envisage de créer de nouveaux groupes associés sur des sous-thématiques, comme un groupe qui réunit tous les articles de presse publiés sur le jeu d'échecs, ou encore les vidéos pour progresser.

Un groupe pour vos événements

Si vous organisez un événement récurrent (par exemple un congrès annuel), je vous recommande de créer un groupe plutôt qu'un événement Facebook. Cela peut sembler saugrenu, mais la raison est simple : une fois terminé, l'événement disparaît, et tous ses membres avec. À l'inverse, un groupe s'inscrit dans la durée, et vous n'aurez plus qu'à le réactiver l'année suivante, sans repartir à zéro.

Des groupes centrés sur des thématiques, et non sur vous

Pensez aussi à créer des groupes qui ne sont pas centrés sur vous, mais plutôt sur les thématiques prisées par les internautes et en lien avec votre activité. Personne n'a vraiment envie d'adhérer à un groupe Facebook d'une célèbre marque française de cassoulet. Par contre, créer un groupe sur la gastronomie du sud-ouest, avec comme fil conducteur le partage de recettes et de techniques de cuisine, est bien plus malin. Comme toujours, avancez vos messages commerciaux de façon déguisée : partez d'un centre d'intérêt général, pour mieux atteindre les lecteurs.

Un groupe qui reprend le contenu de votre page

Vous pouvez tout simplement créer un groupe qui reprend le contenu et les thématiques de votre page Facebook. L'idée est ainsi de profiter de la meilleure portée des groupes sans avoir à créer du contenu spécifique. Vous êtes commerçant et avez une page Facebook pour votre magasin ? Créez aussi un groupe pour votre magasin. Cela peut sembler simple, trop simple, mais cette technique fonctionne plutôt bien. Votre page et votre groupe risquent parfois de se marcher sur les pieds, en partageant les mêmes messages, mais votre portée sera supérieure. Bien entendu, cette pratique n'est pas du tout dans l'esprit des groupes Facebook, mais comme elle fonctionne je me devais de la partager avec vous.

Un groupe pour vos ambassadeurs

Sur votre page Facebook, vous devriez généralement identifier un petit groupe d'internautes très actifs, et pleins de bonne volonté. Bienveillants, prêchant la bonne parole, ils sont vos ambassadeurs. Vous devez les chouchouter car ils stimulent le reach (la portée de vos messages) en interagissant avec vos publications. Ils sont précieux, car souvenez-vous que seule une infime minorité des membres de votre communauté va prendre quotidiennement le temps de commenter voire de partager. On parle généralement de la règle des 90-9-1 : 90 % des internautes sont des consommateurs passifs, 9 % interagissent de temps en temps, et 1 % très régulièrement. Il s'agit d'une estimation grossière, mais qui reflète assez bien la réalité.

Pour valoriser ce 1 % si précieux, vous pouvez créer un groupe Facebook privé, lié à votre page, afin d'en faire un espace d'échange privilégié. Une sorte de club VIP dans lequel vous demanderez l'avis des membres, partagerez des infos exclusives, voire des bons de réduction et autres cadeaux. Loin d'être une page bis qui ne ferait qu'en reprendre le contenu, utilisez-la pour souder et valoriser les membres les plus dynamiques de votre communauté.

Ce groupe privé peut devenir un espace privilégié pour la cocréation : quels sont les sujets dont ils aimeraient que vous parliez ? Quel est le meilleur visuel selon eux ? Sur les réseaux sociaux les internautes attendent souvent de la reconnaissance, et passer derrière le rideau est bien souvent une formidable reconnaissance, forcément très appréciée.

Un ou plusieurs groupes ?

Notez que ce chapitre s'appelle « quels groupes créer », au pluriel. Il est en effet tout à fait possible et même souhaitable d'animer plusieurs groupes : chacun correspondra alors à une thématique spécifique, ou s'adressera à une cible bien particulière. J'anime par exemple en moyenne une petite dizaine de groupes pour chacune de mes pages. Cela peut sembler beaucoup, mais une fois que vous aurez bien réfléchi aux différents types de lecteurs qui se trouvent sur votre page, et aux divers centres d'intérêt qui les séduit, vous aurez bien souvent de nombreuses idées de groupes !

En résumé, un groupe est davantage un espace d'échanges et de débats sur un thème très précis, qu'un outil de communication classique. En cela, il correspond mieux à la philosophie originelle de Facebook. Bien sûr, vous allez l'exploiter pour y faire passer vos annonces et vos messages, mais ils ressemblent davantage aux forums d'antan. Vous ne serez donc plus tout à fait maître du jeu. Cela n'est pas forcément un mal, car en laissant plus de liberté aux internautes, ils réalisent eux-mêmes une partie du travail.

En lançant les groupes, Facebook n'avait sans doute aucune idée préconçue sur leur utilisation : à vous de la trouver, en fonction de votre situation. À vous de bien animer ces groupes et d'en exploiter le potentiel pour atteindre subtilement vos objectifs !

Comment promouvoir vos groupes ?

La difficulté en créant un groupe est de devoir repartir de zéro, ce qui peut être très frustrant ! En effet, après avoir créé votre groupe, il ne contiendra aucun membre. C'est pourquoi vous devez en faire la publicité sur votre page, ce qui amène très rapidement un grand nombre de membres.

Faites connaître vos groupes sur votre page : publiez régulièrement des messages sur votre page Facebook pour annoncer soit la création d'un nouveau groupe, soit un événement important dans ces mêmes groupes (plus de 100 membres, contenu exclusif...) Vous inciterez ainsi vos fans à les rejoindre, et augmenterez votre audience.

Faire de la publicité pour votre groupe : s'il est impossible de faire directement de la publicité pour votre groupe, il est tout à fait possible de sponsoriser le message de votre page qui fait la promotion de votre groupe. L'idée est un peu tirée par les cheveux, mais elle fonctionne très bien. J'ai ainsi réussi à faire venir dans mes groupes de nombreux fans, avec à la clef une bien meilleure portée pour mes messages. Dans les options du gestionnaire de publicité, ciblez en priorité vos fans qui sont les plus à même de rejoindre vos groupes.

Invitez les gens qui aiment votre page à rejoindre votre groupe : rendez-vous sur votre page, puis cliquez sur « groupe » dans le menu de gauche. La liste de vos groupes apparaît, avec à droite un bouton « inviter » qui permet de demander à certains des fans de votre page de rejoindre votre groupe. Les possibilités sont malheureusement très limitées, car seul un petit échantillon de vos fans, sélectionné arbitrairement par Facebook, y figure.

Recommandez des groupes existants : sur votre groupe, vous remarquerez, sous l'espace de publication des messages, l'option « groupes recommandés ». Elle vous permet de mettre en avant d'autres groupes, ce qui est particulièrement utile pour faire connaître les vôtres ! N'oubliez pas que vos groupes, pages et stories Facebook forment un écosystème, et doivent travailler de concert. C'est pourquoi il est souhaitable de créer un maximum de passerelles entre vos différents dispositifs de communication.

Le dernier conseil, et sans doute le plus important, est d'animer régulièrement vos groupes en y publiant du contenu de qualité. Ce précepte fondamental pour vos pages Facebook vaut aussi pour vos groupes. Certes, les membres du groupe devraient eux aussi publier du contenu, mais cela est rarement suffisant. Reste à savoir ce qu'il faut publier dans les groupes : est-ce la même chose que sur les pages ?

Quels contenus pour vos groupes ?

Reprenez certains contenus de votre page : créer un contenu totalement original pour chacun de vos groupes est chronophage. Je vous recommande donc de reprendre au moins en partie les publications de votre page. Attention toutefois si votre groupe a une thématique plus restreinte que votre page à ne pas faire un « hors sujet ». N'hésitez pas non plus à reprendre le contenu publié sur vos autres réseaux sociaux.

Souhaitez la bienvenue aux nouveaux membres : dans la partie droite de l'écran de votre groupe, vous aurez chaque semaine la possibilité de créer une publication pour souhaiter la bienvenue aux nouveaux membres. En tant que chef d'orchestre du groupe, il s'agit d'une occasion à ne pas rater afin de le dynamiser, et de faire passer un petit message personnalisé.

Les commentaires : dans les groupes, votre activité passera autant par les commentaires que par les publications elles-mêmes. Vous devez réagir aux messages, en particulier ceux publiés par les internautes, poser des questions, demander ou apporter des précisions, ou simplement remercier. Cela rappellera à tous votre présence et votre statut d'administrateur du groupe

Élargissez votre territoire : bien souvent, vous serez réticent à publier des contenus très spécifiques sur votre page Facebook, qui s'adresse à un public large et sans réelle cohérence. L'avantage des groupes Facebook est que leur thématique est souvent plus précise. Vous avez donc la possibilité de publier de nombreux messages qui n'auraient pas eu leur place sur votre page.

En résumé, le contenu que vous allez publier dans vos groupes répond aux mêmes règles que ceux publiés sur votre page Facebook. Trouvez des thématiques qui intéressent vos lecteurs et qui sont susceptibles de générer des discussions, tout en veillant à bien coller à la thématique du groupe, souvent plus restreinte que celle de la page.

Les fonctionnalités utiles pour gérer vos groupes

Invitez les gens qui aiment vos publications dans le groupe à aimer votre page : lorsqu'un membre de votre groupe aime une des publications, vous avez la possibilité de l'inviter à aimer votre page (et pas seulement votre groupe). Par cela, cliquez sur les réactions qui figurent sous le message ; la liste des personnes qui ont réagi s'affiche, et vous pouvez alors les inviter à aimer votre page. J'utilise très peu cette fonctionnalité, car à mes yeux tout l'enjeu est d'inciter les fans de ma page à rejoindre mon groupe, et non l'inverse. En effet, le membre d'un groupe a une valeur bien supérieure à celle d'un fan de ma page.

Épinglez une publication pour en faire une annonce : en tant qu'administrateur, vous avez le pouvoir de choisir une publication et de l'épingler en haut de votre groupe. Pour cela, rendez-vous sur la publication en question, puis cliquez sur la petite flèche en haut à droite, puis sur « Marquer comme annonce ». L'occasion de placer en tête de gondole un de vos messages, surtout s'il contient une information importante sur votre activité, et un lien vers votre site internet...

Indiquez des thèmes pour décrire vos publications : Facebook propose de coller à chaque message du groupe une étiquette, sorte d'indexation sur des mots-clés, afin de faciliter la recherche de sujets précis. Par exemple, dans un groupe sur le tourisme à Bordeaux, on peut envisager de créer des étiquettes comme « œnotourisme », « tourisme fluvial » ou encore « monuments historiques ». Ainsi, l'internaute pourra en un clic filtrer les thématiques de son choix. L'étiquette offre aussi une information contextuelle, à la manière d'un hashtag : si un message qui traite d'astronomie a pour étiquette « humour », je sais d'avance qu'il ne s'agit pas d'un contenu scientifique. Pour ajouter des étiquettes, cliquez sur « catégorisez les publications » sur la partie droite de l'écran.

Publication de fichiers : dans les groupes, vous pouvez joindre un document à votre message. Cette possibilité, qui n'existe pas pour les pages, est idéale pour partager un PDF avec vos lecteurs, par exemple une brochure sur votre nouvelle offre de service, ou votre dernier fichier MP3 si vous êtes musicien.

Mise en forme de vos messages : au moment de rédiger une nouvelle publication dans votre groupe, vous découvrirez sur la partie gauche de la fenêtre de rédaction une petite forme grisée. Lorsque vous la survolez, vous aurez la possibilité de mettre en forme votre texte, en ajoutant des titres, des citations, ou même des listes. Nous sommes ici bien loin des possibilités d'un traitement de texte, mais il s'agit néanmoins d'un grand progrès par rapport aux messages publiés sur les pages Facebook, à la mise en forme totalement neutre. Cette technique est à utiliser sans modération, car elle permet à vos messages d'immédiatement sortir du lot dans le fil d'actualité de vos lecteurs : un gros titre ne passe jamais inaperçu ! Encore une raison supplémentaire de préférer les groupes aux pages, qui ont pourtant un avantage : les statistiques.

Analysez les statistiques de votre groupe : les statistiques disponibles pour vos groupes sont faméliques. Là où vos pages vous permettent de découvrir des chiffres très précis sur des aspects variés, ceux des groupes sont réduits au strict minimum. Vous y découvrirez le nombre de nouveaux membres, de publications et d'interactions et... rien d'autre ! Pour être parfaitement honnête, vous n'y apprendrez rien d'important, et devez accepter de naviguer à vue.

Les fonctionnalités des groupes Facebook évoluent régulièrement. Il est par exemple désormais possible d'approuver automatiquement les demandes d'adhésions des internautes qui font déjà partie d'un autre groupe que vous gérez.

C'est pourquoi je vous recommande de prendre régulièrement du temps pour regarder les différentes options qui s'offrent à vous.

Profitez des groupes qui ne vous appartiennent pas

Souvenez-vous que sur les réseaux sociaux, vivre en autarcie est dangereux ! C'est la raison pour laquelle il est important d'identifier les groupes aux thématiques proches de vôtres, pour les rejoindre et éventuellement y propager subtilement votre bonne parole.

Vous êtes gérant d'un restaurant ? Pourquoi ne pas participer aux discussions dans les groupes de bons plans ou de tourisme de votre ville ? Vous aurez forcément l'occasion de présenter votre carte et vos réalisations, et pourquoi pas d'inviter des membres à rejoindre votre groupe s'ils se montrent intéressés. L'important est d'être subtil, de respecter les codes des groupes et d'éviter de faire systématiquement de l'autopromotion.

Mémento : Bien utiliser les nouveaux formats Facebook

- Ne vous contentez pas de faire des publications classiques sur Facebook : les résultats sont en baisse, et cette tendance va se renforcer.
- Pensez Facebook comme un médias protéiforme, et diffusez des messages sur votre page, animez des groupes et publiez des stories. Ces différents formats sont complémentaires.
- Recyclez au maximum vos contenus afin de limiter l'effort généré par cette multiplication des formats : vos stories Facebook peuvent par exemple être réutilisées sur Instagram et Pinterest.
- Adoptez une démarche de proximité avec vos lecteurs, engagez au maximum des discussions et favorisez les interactions.
- Gardez à l'esprit que tous les groupes Facebook peuvent constituer une opportunité pour votre activité, et pas seulement les groupes que vous avez créé : soyez social !

Conclusion du chapitre

Si les stories et les groupes Facebook semblent donner un nouveau souffle à ce réseau social, il faut dès à présent anticiper la chute à venir de la portée de vos messages. Car d'ici quelques mois, de nombreux acteurs du web les adopteront, et cette concurrence à venir tirera vos résultats à la baisse. Cela doit vous pousser dès maintenant à diversifier votre présence sur les réseaux sociaux, afin de ne pas dépendre d'un seul, qui peut changer à tout moment les règles du jeu. D'où l'intérêt de maîtriser Twitter, que nous allons découvrir dans le chapitre suivant.

Chapitre 4
Réussir sur Twitter

Twitter est généralement considéré comme le deuxième réseau social à investir après Facebook. Cela s'explique par la présence de nombreuses personnes influentes, en particulier les journalistes, personnalités politiques et chefs d'entreprise. Faire passer son message à cette audience qualifiée est donc une réelle opportunité pour faire connaître votre projet.

Néanmoins, Twitter n'est pas aussi populaire que Facebook car son fonctionnement assez particulier peut rebuter les néophytes. Avec ses textes courts truffés de hashtags, qui rendent la lecture des messages difficile, Twitter est pour beaucoup d'internautes assez répulsif. Dans ce chapitre, nous allons voir ensemble que son utilisation n'est pas si compliquée, et que son potentiel est important pour promouvoir votre entreprise, association ou projet.

Partez sur de bonnes bases

Twitter sélectionne les tweets à afficher en premier

Il y a quelques années, Twitter se contentait d'afficher les tweets dans votre *timeline* (fil d'actualité) de façon ante-chronologique : les derniers messages publiés apparaissaient en premier. Ce n'est plus tout à fait le cas désormais. Face à la marée de tweets publiés chaque minute, et pour offrir une meilleure expérience à ses utilisateurs, Twitter sélectionne certains tweets, qu'il affiche en pole position avec la mention « Au cas où vous l'auriez manqué ».

On ne peut qu'essayer de deviner comment fonctionne l'algorithme de Twitter:

- L'engagement: comme pour Facebook, un tweet qui génère beaucoup de *likes*, de retweets et de réponses sera considéré comme populaire, et donc affiché en priorité.
- La date de publication: les tweets récents sont favorisés.
- Votre affinité avec le compte qui a émis le tweet: si vous *likez* souvent les tweets du Monde.fr, ils apparaîtront davantage en tête de votre timeline.

Cette tendance va, je crois, se généraliser. L'algorithme de Twitter fera de plus en plus le tri, d'où la nécessité de bien comprendre l'algorithme et de miser sur la qualité pour conserver votre visibilité.

De toute façon, un bon message sera retweeté (partagé), et aura donc une visibilité bien plus importante. Comme sur Facebook, votre objectif est donc de générer de l'engagement, qui garantit la bonne diffusion de vos tweets.

Désormais, il ne suffit plus de poster beaucoup pour être lu sur Twitter, il faut surtout publier régulièrement un contenu qualitatif et nouer des relations durables avec vos lecteurs. Cela tombe bien, vous n'aviez pas prévu de publier de mauvais messages!

Que faut-il mettre dans son profil Twitter?

Sur Twitter, votre profil est essentiel. Il s'agit de la vitrine de votre entreprise, qui permet en un coup d'œil de savoir si vous valez la peine d'être suivi ou non. En général, l'internaute qui regarde une biographie survole rapidement, et cherche un mot-clé ou un hashtag qui lui prouve l'intérêt de vous suivre. Il faut donc y porter un grand soin:

- Soyez concis: vous n'avez que 160 caractères.
- Réfléchissez sur une bonne vieille feuille de papier à quelques mots-clés qui définissent votre activité. Ils devront figurer dans votre biographie Twitter.
- Pour gagner de la place, évitez les redondances: si votre compte s'appelle « Resto Viande », pas besoin d'indiquer « Bienvenue sur le compte Twitter de resto Viande ».
- Si vous manquez vraiment de place, faites une liste de mots-clés séparés par une virgule ou le signe |
- Soyez engageant, ouvert à l'échange, bref, accueillez le visiteur curieux qui regarde votre profil.
- Soyez original, un jeu de mot ou des *émojis* peuvent égayer la biographie et attirer l'attention. Vous trouverez sur la page https://fr.piliapp.com/Twitter-symbols/ de nombreux *émojis*.

- Si votre compte Twitter a une vocation particulière (par exemple le service après-vente), mentionnez-le clairement.
- Utilisez des hashtags pour les mots-clés de votre biographie, car ils sont pris en compte dans le moteur de recherche Twitter.
- Placez l'adresse de votre site Internet. N'oubliez surtout pas ce point, car votre objectif est bien de générer du trafic Web et éventuellement des ventes/de la notoriété. Si un seul lien ne suffit pas, placez-en un second dans votre biographie elle-même (vers un catalogue de produits par exemple).

Tout ce qui peut faciliter la prise de contact est utile sur Twitter : configurez bien votre compte

On a parfois peur, sur les réseaux sociaux, d'ouvrir grand la porte. Les trolls, les critiques, le flot de messages nous pousse à limiter les interactions possibles avec les internautes, qui sont généralement de parfaits inconnus.

Pourtant, votre objectif en étant présent sur les réseaux sociaux est bel et bien de nouer un maximum de contacts, si possible avec de nouvelles personnes. Cela comporte des inconvénients, mais c'est la règle du jeu sur les réseaux sociaux.

C'est pourquoi vous devez bien vérifier dans les paramètres de votre compte Twitter si toutes les options qui facilitent le contact sont bien activées. Rendez-vous dans « Mon profil », puis cliquez sur « Confidentialité et sécurité ».

Ne protégez pas vos tweets, car cela aurait pour effet d'en limiter l'impact. J'ai rencontré plusieurs personnes qui préféraient protéger le compte de leur association pour éviter les ennuis potentiels : le meilleur moyen de se protéger est de ne pas avoir de compte Twitter. Vous ne devez pas faire les choses à moitié, en créant un compte Twitter vous allez en tirer de nombreux bénéfices, les casse-pieds seront le prix à payer. Et ils sont plutôt rares.

De la même façon, autorisez tout le monde à vous identifier sur les photos. Les internautes pourront ainsi vous « taguer », et vous recevrez une notification si l'on parle de vous.

En permettant de vous retrouver avec l'adresse mail ou le numéro de téléphone, vous augmentez les chances d'obtenir de nouveaux followers. Pas d'hésitation donc.

Enfin, une dernière option est importante : cochez la case « Recevoir des messages privés de n'importe qui ». Dans le cas contraire, seules les personnes que vous suivez pourront vous contacter, ce qui serait totalement contraire à votre intérêt. Vous êtes un commerçant, recevoir des messages privés d'un nouveau prospect est très positif. Vous gérez une association et une personne que vous ne connaissez pas s'intéresse à vos activités ? Offrez-lui la possibilité d'échanger avec vous.

Faites certifier votre compte Twitter

Après une longue interruption, Twitter a de nouveau autorisé les demandes de certification des comptes. Concrètement, un compte certifié s'affichera avec un petit badge bleu, qui garantit à l'internaute qu'il s'agit d'un compte officiel. Les fake news et usurpations d'identité étant fréquentes sur les réseaux sociaux, ce simple badge a des vertus rassurantes !

Pour demander la certification de votre compte, allez dans « Paramètres et confidentialité », puis « Compte », et enfin « Demander la certification ».

Pour aboutir, votre démarche doit respecter plusieurs critères, qui vous seront présentés : votre compte doit être authentique (vous devrez le prouver, papiers à l'appui) mais aussi notable. Ce dernier critère est subjectif, mais implique une certaine notoriété. N'espérez donc pas certifier votre librairie ou restaurant.

Twitter reste le royaume des messages courts

Fin 2017, le passage de 140 à 280 caractères sur Twitter a bouleversé ce réseau social. Le doublement de la longueur maximale des messages change radicalement la donne, en vous permettant de développer davantage votre propos. Pourtant, avec quelques mois de recul, je pense qu'il faut essayer de publier des messages bien plus courts que la limite ne l'autorise :

Twitter est fondamentalement un réseau social de micro-blogging. Si votre message est plus long, cela ne signifie pas forcément qu'il sera lu en entier par les internautes. En effet, si la limite du nombre de caractères augmente, les pratiques des twittos* ne changent pas. Ils aiment picorer des tweets courts.

Bien souvent, le passage à 280 caractères a surtout favorisé la paresse : plutôt que de faire un effort pour synthétiser son message, on se laisse aller à des formules à rallonge. Le contenu reste le même, mais la forme traîne en longueur.

Votre façon de rédiger vos tweets ne doit donc pas changer : faites le plus court possible, allez à l'essentiel. Considérez le passage au 280 seulement comme une façon de mettre fin à la situation désagréable et fréquente qui arrivait lorsque votre tweet faisait 142 caractères et qu'il fallait rogner un espace ou supprimer un hashtag pour rester dans les clous.

Les 280 caractères sont une réelle opportunité pour vous, car tout le monde va relâcher ses efforts et faire des tweets inutilement longs. Or, les *timelines* sont déjà surchargées d'informations. Ne faites pas cette erreur, fixez-vous une longueur de 100 à 140 caractères, et vous en tirerez un avantage.

Variez vos types de messages

Si Facebook offre une variété record, Twitter vous donne aussi la possibilité de publier des types de messages différents. Encore faut-il le savoir, c'est pourquoi je vais vous les présenter.

Les différents types de messages Twitter

On croit souvent qu'un tweet est un petit texte de moins de 280 caractères. En réalité, il existe de très nombreuses variantes, qu'il faut connaître :

- **Les tweets avec du texte seul :** rarement une bonne solution, car sur Twitter comme ailleurs la force de l'image est telle qu'on ne doit pas s'en passer.
- **Les tweets avec une image :** cela doit devenir une habitude ! Cherchez toujours une image pour habiller votre texte. Attention, les images ne s'affichent pas avec la même dimension sur mobile et *desktop*. À l'heure où j'écris cet article, les images s'affichent avec un ratio de 2:1 sur *desktop*, contre 1,78:1 sur smartphone. Pensez-y en ne plaçant pas d'élément important à droite de votre image, ou simplement en augmentant la hauteur de l'image pour rétablir un bon ratio.
- **Les tweets avec plusieurs images :** vous pouvez ajouter jusqu'à quatre images. Attention alors à l'affichage : avec quatre images, la première est carrée, et les trois autres apparaissent en miniature à droite.
- **Les tweeter cards :** elles s'obtiennent automatiquement si votre site Web est bien configuré. Lorsque vous publiez un tweet avec un lien, mais sans image, Twitter récupère alors automatiquement la « carte » associée au lien, c'est-à-dire son image et son titre. Nous vous expliquerons comment faire un peu plus tard. Sinon, demandez à votre webmaster de le faire. C'est très simple, il existe par exemple de nombreux plugins WordPress pour le faire.
- **Les vidéos :** il est désormais possible de mettre en ligne une vidéo et de la tweeter.
- **Le direct :** comme pour les Facebook lives, vous pouvez faire un direct vidéo sur Twitter. Cette option n'est disponible que sur smartphone, ce qui est logique ! Pour lancer une vidéo en direct, créez un tweet, cliquez sur l'icône « appareil photo », puis choisissez « direct ». Cette fonctionnalité n'est pas évidente à trouver...
- **Les GIFs :** Twitter vous propose une bibliothèque de GIFs animés, ces petites images qui ressemblent à de courtes vidéos. Elles cartonnent sur Internet, même si elles ne renvoient pas forcément une image très sérieuse.
- **Le sondage :** vous pouvez poser une question dans votre tweet, et proposer le choix entre plusieurs réponses (quatre au maximum). Une option très intéressante pour générer de l'engagement auprès de votre communauté et pour varier les plaisirs.

Cet inventaire des différents types de messages réalisé, il est temps d'entrer un peu plus dans les détails.

Utilisez les Twitter cards

Les cartes Twitter sont une présentation de votre contenu de façon optimisée pour Twitter. J'ai pris l'exemple de mon tweet qui pointe vers un article de mon blog. Contrairement à un tweet classique, un résumé et le nom du site s'affichent sous l'image. La présentation est donc plus belle et plus exhaustive.

La forme compte presque autant que le fond sur les réseaux sociaux, c'est pourquoi vous devriez mettre en place ces cartes. En effet, elles génèrent davantage d'interactions et de clics que les tweets ordinaires.

Plusieurs types de cartes existent, selon vos besoins :

- Ma préférence va à la « Summary with large image ». Elle permet d'accorder une importante surface d'affichage à une image, avec un ratio 1,9:1 (format paysage). Or, l'impact visuel est essentiel sur Twitter. De plus, le titre de votre page web et un petit descriptif s'affichent sous l'image, apportant des informations à l'internaute.
- Si vous disposez de nombreuses photos, utilisez la carte *galery*, qui comporte quatre illustrations.
- La *product card* est idéal pour mettre en avant votre catalogue, car elle affiche le prix et les caractéristiques du produit.

- Si vous proposez au lecteur de télécharger une application, sélectionnez... *app card*! Un lien de téléchargement sera directement visible, facilitant le téléchargement.

Demandez à votre webmaster de mettre en place les Twitter cards. Si vous utilisez WordPress, regardez en bas de l'écran, à la suite de votre article: vous pouvez les configurer. Si comme moi vous avez le malheur de travailler essentiellement sur Drupal, l'opération sera plus compliquée. Mais votre tâche consistera à choisir le type de carte, le nom du titre, la description et l'image de votre choix.

Tout cela est bien sûr théorique, et il est toujours souhaitable de vérifier que tout correspond à vos attentes. Pour être sûr, vous disposez d'un outil de prévisualisation: https://cards-dev.Twitter.com/validator. Il ne vous reste qu'à tester le résultat avant de publier!

Astuce

Épingler une Twitter card en haut de votre profil est une excellente idée, car cela permet de donner davantage d'informations aux personnes qui consultent votre profil, et qui, par conséquent, semblent intéressées.

Publiez de grandes images

Depuis une mise à jour en 2021, Twitter affiche désormais les photos dans toute leur hauteur, au lieu de les tronquer au format horizontal. Il est donc possible de publier de belles photos verticales. L'intérêt n'est pas seulement esthétique, pour diffuser par exemple un cliché de la Tour Eiffel: vous pouvez surtout occuper une plus grande partie de l'écran de l'internaute, et donc capter plus facilement son attention lorsqu'il scrolle son flux d'actualité Twitter. C'est pourquoi je vous recommande de publier en priorité des photos au format paysage, plutôt qu'au format portrait. Sur les réseaux sociaux, la guerre pour occuper l'espace est essentielle!

Attention, cette technique n'est pour l'instant valable que pour l'affichage sur smartphone. Sur desktop, vos photos continuent à être recadrées, pour respecter un format d'affichage paysage proche d'un ratio 2:1. Néanmoins, la majorité des utilisateurs consultent Twitter sur mobile, et je suis persuadé que ce petit inconvénient ne doit pas vous dissuader de publier de belles et grandes photos verticales!

Retweetez vos propres messages

Ce conseil peut paraître surprenant: quel est l'intérêt de retweeter ses propres publications? N'est-ce pas une fonction de partage destinée à relayer le tweet d'un autre utilisateur? Pas seulement.

Par expérience, j'ai remarqué que retweeter ses messages était un excellent moyen de leur donner une seconde vie, afin de toucher vos followers qui ne les auraient pas déjà vus. En effet, la durée de vie d'un tweet est très faible, c'est pourquoi cette pratique offre de bons résultats.

Je vous recommande d'utiliser cette technique à deux conditions :

- Attendez un laps de temps suffisant avant de vous retweeter, afin d'éviter de passer pour un spammer auprès de votre communauté. Si votre retweet intervient 10 jours après la première publication, cela constituera au contraire une bonne piqure de rappel, et personne ne s'en offusquera.
- Repartagez seulement vos meilleurs messages, c'est-à-dire ceux qui ont obtenu de nombreux likes ou retweets. Votre objectif est bien de prolonger leur succès, et non de revenir à la charge avec un message ayant fait un flop.

Cette technique a aussi le gros avantage de ne demander aucun temps de travail : vous n'avez qu'à identifier vos bons messages publiés quelques semaines auparavant, et le tour est joué.

Mémento : Bien commencer sur Twitter

- Sur Twitter, votre objectif sera de publier régulièrement du contenu intéressant, afin de générer de l'engagement (*likes*, retweets, commentaires), qui garantissent à vos messages une bonne visibilité.
- Avant de publier, commencez par bien compléter votre profil qui est votre vitrine.
- Ouvrez le plus possible vos comptes en acceptant les messages privés, même des internautes que vous ne suivez pas. Votre but est de nouer des contacts.
- Ne cédez pas à la tentation des messages de 280 caractères, et essayez le plus possible de faire bien plus court.
- Variez au maximum vos types de messages : photos, vidéos, sondages... vous n'avez que l'embarras du choix pour ne pas lasser vos followers.

Dans ce mémento figure un conseil important : vos messages doivent être courts. Mais toute bonne règle comporte ses exceptions ! Nous allons voir maintenant comment créer la surprise chez vos lecteurs en prenant complètement à contre-pied la philosophie de Twitter, qui repose sur le micro-blogging.

Libérez-vous des contraintes de Twitter

Le passage de 140 à 280 caractères sur Twitter fut pour beaucoup un soulagement, car écrire devient moins contraignant (du moins jusqu'à ce que l'on s'habitue aux 280 caractères !). En réalité, vous disposez de plusieurs moyens pour « filouter » et publier un texte beaucoup plus long.

Faire un tweet de plus de 280 caractères

Réussir à faire tenir son message Twitter en seulement 280 caractères est un drôle d'exercice. Plus facile à dire qu'à faire ! Généralement vous y arriverez avec un peu de pratique, cela devient même un petit jeu amusant entre vous et Twitter. Mais parfois, vous aurez désespérément besoin de publier un texte plus long.

Je n'aime pas trop la technique qui consiste à envoyer plusieurs tweets d'affilée avec la mention (1/4) puis (2/4), etc. Je trouve que cela ne colle pas avec l'esprit de ce réseau social. Le risque de passer pour un *flooder* est réel, car personne n'aime lire dix messages de suite de la même personne. Après tout, il s'agit d'un site de micro-blogging, et vous y allez pour lire des messages courts. Cette technique du découpage doit donc rester exceptionnelle. Si vous souhaitez vraiment le faire, adoptez plutôt la technique du *thread* que nous verrons juste après.

Sinon, la solution la plus simple est de publier un tweet accompagné d'une image qui contient votre texte. Oui, c'est aussi bête que ça, mais je suis maintenant convaincu que c'est la meilleure façon de faire. Si vous souhaitez publier un document, faites-en une capture d'écran. Ou créez votre image de texte de toutes pièces, bien souvent Paint ou Word suffisent à faire le job.

Voici un exemple tiré du compte l'Histoire en citations que je gère. Impossible de publier dans un tweet la citation, l'explication et le lien vers le site. La seule solution est logiquement de placer la citation dans l'image.

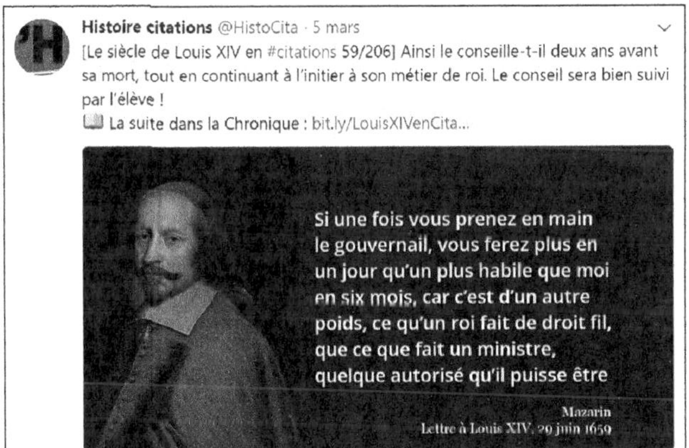

Tweet du 5 mars 2018 par l'Histoire en citations (https://twitter.com/HistoCita)

N'oubliez pas que publier un texte intégral avec cette technique est plutôt dommage pour le trafic de votre site Web. La bonne pratique consiste toujours à publier le texte entier sur votre site Web, et de placer dans votre tweet un lien vers celui-ci. Dans votre image, choisissez un passage choc ou une citation percutante, qui donnera envie de lire la suite.

Contournez la limite des 280 caractères sur Twitter avec les threads

Le principe même de Twitter est la brièveté. Le relèvement de la limite à 280 caractères (au lieu de 140) n'a pas changé fondamentalement la donne, vous ne pouvez pas écrire un roman... Quoique! La créativité naît généralement des contraintes, certains twittos ont eu l'idée de créer des *threads* – fils de discussion – sur Twitter afin de s'exprimer longuement. Le principe est simple: vous publiez un premier tweet, puis vous continuez votre propos en répondant à votre propre tweet.

Voici un exemple de *thread* historique, qui à première vue de présente rien de particulier.

Message Twitter de Mathilde Larrere du 31 juillet 2017 (https://twitter.com/LarrereMathilde)

Mais une fois que vous avez cliqué sur le tweet, on s'aperçoit que l'auteur se répond à elle-même, créant une sorte de long monologue, permettant d'approfondir le sujet et de s'émanciper des 280 caractères.

Message Twitter de Mathilde Larrere du 31 juillet 2017
(https://twitter.com/LarrereMathilde)

Dans ce cas précis, l'auteur enchaîne plus de 50 messages !

L'intérêt d'utiliser les *threads* est évident :

- Sur la forme, votre contenu sort du lot. Rares sont ceux qui utilisent cette technique, et vous le savez, se distinguer est essentiel pour que les lecteurs s'attardent sur votre contenu.
- Sur le fond, vous pouvez publier des idées plus complexes qu'en un seul tweet.
- Vous pouvez aussi raconter une histoire (je n'ai pas choisi un *thread* d'histoire par hasard...), la vôtre.

Dans votre premier message, précisez bien qu'il s'agit d'un *thread*. Comme tout le monde ne sait pas de quoi il s'agit, vous pouvez dire avec une phrase qu'il faut cliquer sur le tweet pour voir la suite. L'ajout d'un *émoji* de flèche pointant vers le bas est recommandé, afin de bien montrer la direction au lecteur. Demander explicitement à vos lecteurs de « dérouler » est aussi une bonne idée, afin de les inciter à lire le thread en entier.

Enfin, vous pouvez indiquer sur chacun de vos tweets un numéro, comme pour les pages d'un livre. Par exemple, votre tweet initial comportera [1/6], si votre thread comporte 6 messages. Sur le deuxième tweet, précisez [2/6], et ainsi de suite jusqu'au dernier tweet. Cette numérotation est une convention largement adoptée, qui permet au lecteur de comprendre immédiatement qu'il s'agit d'un thread. De plus, cette pratique facilite la lecture.

Demandez-vous surtout quelle est la valeur ajoutée de votre *thread*: avez-vous quelque chose d'intéressant à raconter? Une histoire originale? Un contenu qui en vaut vraiment la peine?

Autre condition: votre *thread* ouvre-t-il la porte à des échanges avec les internautes? Car si ce n'est pas le cas, vous auriez tout intérêt à placer un simple lien vers un article sur votre site Web. Publier un très long message sur Twitter n'a de sens que si vous espérez nouer des liens avec les twittos.

Enfin, comment réaliser un bon *thread*?

- Au moment de rédiger votre tweet, cliquez sur le bouton + qui se situe juste à gauche de « Tweeter ». Cela ouvre un espace pour votre 2e tweet. Reproduisez l'opération autant de fois que nécessaire.
- N'oubliez pas de préparer votre texte intégral à l'avance, en le travaillant avec soin et en essayant de donner du rythme, chaque tweet apportant un élément important. L'improvisation n'est jamais bonne dans un récit à l'écrit.
- Une fois le texte préparé, pensez aux illustrations que vous allez utiliser, et essayez d'en placer dans de nombreux tweets.

L'atout principal d'un *thread* est de sortir du lot. Car face aux millions de tweets envoyés chaque jour, vous allez devoir vous distinguer des autres pour être lu.

Limitez les trolls

Face au flot de réponses agressives, Twitter vous permet désormais de cacher certaines réponses à vos tweets. Pour ce faire, cliquez sur les trois petits points de suspension à droite du message en question, puis sur « Masquer cette réponse ».

Mais vous n'avez pas forcément le temps de guetter les messages haineux toute la journée. C'est pourquoi, au moment de diffuser votre tweet, vous pouvez sélectionner l'option « Qui peut répondre? Uniquement les personnes que vous suivez » ou « uniquement les personnes mentionnées ». En fermant ainsi la porte aux commentaires, vous limiterez les risques de débordement, en particulier pour vos messages abordant des sujets potentiellement polémiques.

Il n'est cependant pas recommandé d'utiliser systématiquement cette technique. En effet, Twitter est un réseau social, et par conséquent entraver le dialogue n'a pas beaucoup de sens. Un tweet sans commentaire sera naturellement pénalisé par l'algorithme, qui affiche en priorité les messages générant de nombreuses interactions.

Être visible sur Twitter

Comment trouver les meilleurs hashtags sur Twitter ?

Sur Twitter les hashtags ont un rôle crucial et bien connu : ils permettent d'une part de faciliter la recherche par mot-clé, et d'autre part de définir en un mot de quoi parle votre tweet. Très pratique car avec seulement 280 caractères à votre disposition, le plus court est toujours le meilleur.

Si votre message utilise le bon hashtag, il sera sans doute vu par des personnes intéressées par le sujet. Surtout, en utilisant un hashtag populaire, il sera vu par davantage de personnes. Il faut donc les choisir avec un soin tout particulier.

Le plus simple pour trouver les hashtags les plus populaires est le menu des *trending topics* dans le menu de gauche de Twitter. Mais vous le saviez sans doute déjà ! Le problème est que cette liste ne présente que quelques hashtags, y compris ceux qui sont sponsorisés. Ils concerneront rarement votre secteur d'activité. Bref, il faut aller plus loin.

Pour ma part j'utilise le site http://hashtagify.me/ qui permet de faire une recherche bien plus approfondie. Vous pouvez réaliser un tri par zone géographique, par langue. Autre avantage, vous obtenez la tendance de popularité du hashtag, ce qui est très utile pour savoir si le mot-clé en question est moribond ou si au contraire sa popularité augmente.

Autre atout de hashtagify, vous disposez d'une sélection de hashtags en lien avec votre recherche. Testez avec #reseauxsociaux, vous verrez que le hashtag le plus populaire en lien est #socialmedia, suivi de #Facebook, #Twitter et #cm. Très utile pour sélectionner les hashtags les plus performants et ainsi augmenter la visibilité de ses messages !

J'utilise cette fonctionnalité pour savoir quel est le hashtag le plus utilisé sur une thématique précise. Prenons le cas tout bête du Tour de France : faut-il utiliser #TDF, #TourDeFrance, ou #TDF2022 ? Hashtagify vous donne la réponse : choisissez celui qui est le plus populaire.

Cette recherche peut aussi vous donner d'autres idées : si votre message est en anglais, pourquoi ne pas placer le hashtag plus général mais très populaire #cycling ? Et si votre compte s'adresse aux francophones, changez vos critères de recherche pour trouver l'équivalent le plus utilisé dans notre langue.

Hashtagify.me est payant, c'est pourquoi je souhaite vous proposer une alternative gratuite, même si évidemment beaucoup moins efficace. Le site https://www.tagsfinder.com/fr-fr/ permet de générer des hashtags en lien avec un mot-clef proposé, afin de vous donner une bonne dose d'inspiration.

Monitorez un hashtag avec Tweet Binder

Difficile de savoir quels sont les hashtags les plus utilisés, et d'évaluer leurs performances dans le temps. Or, au moment de rédiger votre tweet, vous allez devoir choisir. Le mieux pour prendre la bonne décision est de vous aider d'outils, dont hashtagify déjà évoqué. Mais pour une analyse plus fine, et pour identifier les influenceurs actifs et les hashtags qu'ils utilisent, je vous recommande Tweet Binder (https://www.tweetbinder.com/).

Cet outil est très simple à utiliser, il suffit de faire une recherche sur le hashtag de votre choix. Cet outil est gratuit pour un usage limité, mais vous devrez payer pour profiter de l'ensemble de ses fonctionnalités. Et c'est bien normal !

Découvrez les hashtags populaires près de chez vous

Les *trending topics* de Twitter sont un bon moyen de savoir de quoi parlent les internautes, afin de surfer sur les sujets populaires. Néanmoins, vous pouvez avoir intérêt à cibler les tendances locales, surtout si vous êtes un commerçant ou une association locale.

Il est possible de trier géographiquement les tendances affichées sur Twitter en cliquant sur « Modifier », à côté des « Tendances pour vous ».

Malheureusement, seul le filtre géographique est possible, mais cela reste très utile pour surfer sur l'actualité qui compte vraiment pour vos lecteurs.

Repérez les tweets qui plaisent dans votre secteur d'activité

Il existe de nombreuses techniques pour repérer les tweets les plus partagés, mais bien souvent ils ne concernent pas votre secteur d'activité. Difficile donc d'en tirer profit.

Avec TweetDeck (https://tweetdeck.twitter.com/), il est possible d'afficher uniquement les tweets populaires sur un sujet qui vous intéresse. Commencez par ajouter une colonne de recherche. Indiquez le hashtag pertinent, puis fixez un seuil d'engagement minimum, par exemple dix retweets.

N'hésitez pas à faire plusieurs recherches de ce type si plusieurs hashtags sont utilisés dans votre secteur. Vous devriez aussi modifier vos seuils de popularité au bout de quelques jours, en fonction des résultats obtenus. Car si les résultats sont trop nombreux, il faut sans doute relever le seuil de retweets dans vos critères de recherche.

Astuce

Si vous êtes un commerce local, utilisez la localisation comme critère de recherche. Vous obtiendrez alors tous les messages intéressants près de chez vous, ce qui facilite l'ancrage dans la vie locale.

Une fois la liste des tweets obtenus, comment l'exploiter ?

- Vous pouvez le retweeter : partager un message qui plaît est une bonne idée, car votre audience devrait l'apprécier.
- Vous pouvez vous en inspirer : pourquoi fonctionne-t-il aussi bien ? Quel est le principal ressort de ce succès ? Si vous le découvrez, alors cela vous aidera à rédiger des bons messages à l'avenir.
- Réagissez sur ces tweets : comme ils sont très lus, votre présence dans la discussion est un bon moyen de se faire connaître.

J'insiste sur ce dernier point : participer à des échanges est essentiel pour se faire remarquer. Vous ne pouvez pas réussir sur Twitter en vivant en autarcie. Or, échanger efficacement avec les autres twittos est tout un art.

Un bon hashtag doit être lisible

Parfois, un hashtag comporte plusieurs mots, qui sont attachés. Or, cela peut rendre la lecture difficile ou provoquer des contresens. La bonne pratique est de commencer chaque nouveau mot du hashtag par une majuscule, afin de compenser l'absence d'espace entre les mots. Quel est le plus facile à lire entre #Coupedumonde et #CoupeDuMonde ? En lisant les deux, vous avez déjà la réponse...

Placer une majuscule ne change rien à la prise en compte du hashtag, il n'y a donc pas à hésiter.

Cela semble évident, mais j'ai trouvé dans un article l'exemple de #nowthatchersdead, utilisé pour parler de la mort de Margaret Thatcher, ancien Premier ministre britannique. Mais du fait de l'absence de majuscules, certains internautes ont cru que la chanteuse Cher était morte ! Avec des majuscules, cela aurait été évité. Oui, l'exemple est tiré par les cheveux, je sais.

Mémento: Être visible sur Twitter avec les hashtags

- Habituez-vous aux hashtags et utilisez-les, même s'ils peuvent sembler rebutants au début.
- Vos tweets doivent comporter plusieurs hashtags sur les mots essentiels, afin de les rendre plus facilement visibles des internautes.
- Hashtagify est le site idéal pour mesurer la popularité d'un hashtag: vérifiez les vôtres!
- Utilisez TweetDeck pour faire des recherches poussées sur les hashtags, et ainsi trouver les plus performants.
- Si vous décidez de créer votre propre hashtag, faites simple et choisissez-en un lisible.

Entrez dans l'arène et créez des liens avec d'autres twittos

Comment et qui taguer dans vos tweets?

Les tweets sont tellement nombreux qu'ils ont tendance à se perdre. Les personnes qui pourraient être intéressées par vos tweets ne les verront que rarement, surtout si elles suivent un grand nombre de comptes. Et c'est bien dommage!

En taguant des comptes Twitter au moment de rédiger votre message, vous êtes sûr que les personnes concernées recevront une notification. Avec à la clé, la possibilité qu'elles lisent votre tweet, voire qu'elles le retweetent. Taguer ne vous coûte pas un centime, et amplifie la puissance de votre message.

Pour taguer quelqu'un, une fois l'image intégrée à votre tweet, cliquez sur « Qui apparaît sur cette photo? » Dans la barre de recherche, indiquez son nom ou son alias Twitter, puis sélectionnez son compte. Vous pouvez taguer jusqu'à dix personnes, et il faudra généralement essayer d'atteindre ce nombre.

Na taguez pas Emmanuel Macron ou Donald Trump! Il ne sert à rien de taguer quelqu'un de très influent, mais qui n'a aucune chance de lire ou de partager votre tweet. Privilégiez toujours le ciblage plutôt que la notoriété.

Par expérience, je sais qu'un petit compte aura beaucoup plus de chances de voir effectivement votre message, car il reçoit moins de notifications. Les petits seront bien davantage honorés d'être tagués, là où les grands croulent sous les alertes. Une personne ayant un nombre limité de followers est donc une personne qu'il est très intéressant de taguer (cela vaut aussi pour les relations avec les blogueurs et les influenceurs, viser les « petits » permet généralement d'obtenir un retour sur investissement bien plus élevé...). En résumé, *small is beautiful*!

N'oubliez pas que le principal critère est le ciblage, même restreint: taguez les personnes qui peuvent s'intéresser à votre sujet, et qui peuvent le retweeter auprès d'une communauté qui sera sensible à votre message.

Gagnez du temps lorsque vous taguez, et faites une liste

Nous avions vu précédemment qu'il était très important de taguer d'autres utilisateurs lorsque vous publiez sur les réseaux sociaux. Que ce soit sur Facebook, Twitter, Instagram ou LikedIn, il est possible de taguer quelqu'un en écrivant son nom précédé de l'arobase. Une fois le message publié, la personne en question reçoit une notification.

Mais taguer peut prendre du temps, car il faut à chaque fois trouver les personnes concernées. Souvent, les mêmes situations se représentent, d'où l'intérêt de compiler dans un bête fichier Word la liste des personnes que vous taguez régulièrement. Vous êtes ainsi sûr de n'oublier personne, et vous gagnez du temps car un copier-coller suffira.

Je travaillais pour un client dont les activités se situaient dans une trentaine de villes, presque toujours les mêmes. Pour chaque ville, j'ai identifié et noté dans mon document Word entre dix et vingt comptes Twitter d'influenceurs locaux. Au moment d'envoyer un tweet, je ressortais cette liste et le tour était joué!

Pour un autre client, il était plus difficile de classer les influenceurs: un seul domaine, et pas vraiment de critères pour les distinguer. Et à la clé une liste d'une centaine de personnes! Cela n'est pas un problème: j'en taguais dix, puis dix autres, etc. et lorsque j'atteignais la fin de ma liste, je reprenais à zéro. Il ne s'agit pas de harceler ces personnes bien sûr! Le tag doit être utilisé avec parcimonie, disons de façon mensuelle. Mais ce petit document Word m'a fait gagner beaucoup de temps.

Surtout, le plus dur sur les réseaux sociaux est de penser à tout: choisir la bonne image, la mettre à la bonne dimension, trouver le bon *émoji* tout en réfléchissant à l'heure optimale de publication... Bref, l'esprit sature et on oublie souvent des éléments importants. Avec ce document « tag.doc » sur mon bureau que je lançais le matin, j'ai beaucoup moins souvent oublié de le faire.

Diffusez directement votre tweet aux personnes intéressées par un message privé

Certains de vos tweets ont pour vocation d'attirer l'attention d'acteurs précis: les médias locaux, un influenceur, ou encore un partenaire impliqué.

Une première bonne façon est de taguer cette personne, comme nous l'avons déjà vu. Mais si vous souhaitez être vraiment sûr que la personne voie votre message, voire qu'elle y réponde, vous pouvez lui envoyer directement par message privé en cliquant sur la petite flèche en bas à droite du tweet.

Vous pouvez choisir plusieurs destinataires et ajouter un commentaire spécifique afin d'expliquer la raison de votre message.

Cette pratique peut être jugée intrusive, trop *push*. Mais si vous le faites intelligemment, cela peut payer :

- Ne le faites pas trop souvent, sinon le destinataire risque de ne plus vous suivre bien longtemps, agacé par les messages à répétition.
- Le contenu envoyé va-t-il l'intéresser ? Il s'agit de la question fondamentale, et si vous hésitez cela signifie sans doute qu'il faut s'abstenir.

Personnellement, j'aime beaucoup recevoir ce genre de messages privés, car ils me donnent généralement du contenu pour alimenter mes comptes Twitter. Par contre, ils sont trop rarement accompagnés d'un message explicatif, ce qui semble être le minimum pour justifier l'envoi, voire pour amorcer un échange fructueux. Car la grande différence entre cette technique et le simple tag, c'est la discussion possible avec la personne contactée. Votre objectif est bien ici de nouer le contact, tout autant que de diffuser l'information.

Sur Twitter, il ne faut pas faire que des tweets

Sur les réseaux sociaux, la règle générale est de produire un contenu régulier et de qualité pour voir ses communautés grandir. Mais il ne faut pas oublier non plus de se faire remarquer plus directement des autres acteurs en présence.

Concrètement, pour gagner des followers, pensez à :

- Suivre toutes les personnes de votre secteur.
- *Liker* les tweets en lien avec votre secteur.
- Ajouter à des listes ces mêmes personnes.

L'idée étant qu'à chacune de ces actions, la personne en question recevra une notification. Et chaque notification est pour elle l'occasion de découvrir votre existence et de suivre votre compte. Car vous aurez beau publier des tweets de qualité, si la personne ne vous connaît pas, elle ne risque pas de les lire !

Pour identifier les tweets et les utilisateurs, rien de plus simple : un Twitter Search (https://twitter.com/search-home) par hashtag, dans l'idéal intégré à TweetDeck. Prenez deux minutes par jour et vous verrez le résultat !

Ces conseils marchent aussi pour Instagram et Pinterest.

Rejoignez les échanges sur Twitter pour gagner en visibilité

Les discussions sont l'âme des réseaux sociaux, dont la nature même est de favoriser les échanges entre internautes.

Il ne s'agit pas seulement d'échanger sur vos tweets : il est bien évident que si un internaute prend la peine de commenter un de vos messages, vous allez réagir. Je parle ici de rejoindre des conversations tierces, qui partent d'autres comptes Twitter. Au minimum, *likez* la réponse à votre tweet, pour montrer à la personne que vous avez bien lu son message.

Pourquoi rejoindre des conversations ? Car cela vous donnera une belle visibilité. Si vos propos sont intéressants, l'internaute curieux pourrait bien décider de vous suivre.

Des centaines de milliers de tweets sont publiés toutes les heures, comment dès lors savoir quelle conversation rejoindre ? Voici mes deux conseils :

- Participez aux échanges de votre domaine d'activité : faites une recherche sur le hashtag pertinent, puis regardez les messages qui génèrent de l'interaction, ou qui sont tout simplement intéressants. Réagissez, répondez. Il s'agit d'une bonne façon d'affirmer son expertise, de rappeler son existence dans ce domaine et éventuellement de nouer de nouveaux liens avec vos cibles.
- Rejoignez les conversations à très fort potentiel de visibilité : essayez de cibler quelques comptes avec un grand nombre de followers, et répondez de temps en temps à leurs messages. Imaginez que seulement 1 % des 7,5 millions de followers du Monde.fr lisent votre réponse : voilà d'un coup 75 000 personnes qui vous découvrent. Les grands sites d'actualité sont parfaits pour ce type d'opération, car ils abordent des sujets tellement variés que vous finirez bien par trouver votre bonheur.

La bonne attitude lors des échanges est toujours de vous montrer sous un bon jour : aimable, apportant des réponses et des liens utiles. Intégrer une image dans sa réponse est une bonne idée, car grâce à la place occupée, elle sera beaucoup plus visible et sortira du lot. Surtout, ne faites pas d'autopromotion, vous passerez au mieux pour quelqu'un d'impoli, au pire pour un spammeur. Pensez toujours à vos (futurs) followers !

Soyez à l'écoute de vos followers

Donnez la parole à vos lecteurs sur Twitter

Sur Twitter, vous pouvez poser une question à vos lecteurs en utilisant l'option de sondage, située en bas de la fenêtre du tweet. Cette possibilité est vraiment sous-exploitée, alors même qu'elle permet de varier ses types de publications et surtout de créer un lien direct avec les internautes.

Quelles sont les possibilités d'utilisation des sondages Twitter?

- Cocréation: vous pouvez demander l'avis à votre communauté, par exemple sur le choix de votre prochain article de blog.
- Le quiz: posez une question sur votre secteur d'activité, et laissez les internautes répondre. Le mieux étant de choisir une question originale ou un piège.
- Le pronostic: avant un événement sportif, une élection politique, demandez à vos lecteurs quel est leur pronostic. On pense souvent que cela est réservé aux matches de football, mais c'est faux. Avec un peu d'imagination, n'importe quel événement à venir peut faire l'objet d'un sondage.
- L'humour: être drôle avec un sondage est plutôt facile.
- Soyez créatif! Un sondage peut servir à faire passer à peu près n'importe quel message. Imaginez, vous poussez un coup de gueule sur votre site contre les moustiques: créez un sondage: « Que pensez-vous des moustiques » dont les trois réponses possibles seraient: « Je déteste », « Je n'aime pas » et « Ils sont le diable ». Mon exemple n'est certes pas génial, mais il a pour but de vous montrer qu'on peut réaliser des choses assez inattendues à première vue.

N'oubliez pas qu'un sondage Twitter n'est pas une fin en soi, et qu'il peut devenir un outil pour générer du trafic vers votre site Web. Reprenons l'exemple du pronostic sportif: placez à la fin de la question un lien précédé de « Découvrez notre pronostic », qui renvoie vers votre article présentant l'événement. Ou si vous posez une question de culture générale, un lien vers une page qui contient la réponse est une bonne idée.

Vous pouvez aussi donner une seconde vie à votre sondage: une fois les résultats définitifs obtenus au bout de 24 h, vous pouvez vous servir du résultat pour faire un autre message. Par exemple: « Vous êtes 62 % à avoir eu faux à notre question d'hier, vérifiez la réponse ici » + lien vers votre site. Pour augmenter l'impact visuel, accompagner le tweet avec une capture d'écran du résultat du sondage est une bonne idée.

Montrez à vos clients que vous êtes sur Twitter pour les aider

Twitter est devenu en quelques années un élément important du service après-vente des entreprises. Ce réseau social permet en effet de contacter rapidement et facilement n'importe quelle entreprise. Le client attend désormais une réponse, rapide si possible. Avez-vous déjà remarqué ces tweets du genre « salut @sfr_SAV, ma box ne fonctionne plus tu m'aides en DM*? »

Il s'agit là d'une tendance lourde, les consommateurs le font de plus en plus. Vous n'avez donc pas le choix, il faut déployer votre SAV sur Twitter!

Si vous gérez une grande entreprise qui reçoit de nombreuses demandes de service après-vente, créer un compte Twitter dédié est généralement la bonne méthode. Cela évite que votre compte principal ne soit noyé sous les demandes d'aide des internautes. SFR a fait ce choix avec son compte *SFR_SAV*, pour éviter que le compte principal ne soit engorgé avec des demandes techniques. Le profil indique clairement la vocation du compte, et rappelle les bonnes pratiques pour faciliter la prise en charge des difficultés de l'utilisateur (par exemple « envoyez-nous votre numéro de ligne par message direct », ce qui fluidifie le processus).

Attention, en créant un compte dédié au SAV, vous créez des attentes élevées chez les internautes. Ils espèrent obtenir une réponse rapide et efficace. Si votre organisation n'est pas prête à cela, mieux vaut rester sur la bonne vieille hotline avec des horaires de bureau, car rien n'est pire que de ne pas tenir ses promesses.

Valorisez partout votre compte Twitter

Tout le monde ne va pas sur Twitter. Qu'à cela ne tienne, Twitter peut quand même aller à eux! L'intérêt d'animer un compte Twitter est que vos publications peuvent se retrouver ailleurs, grâce à l'intégration directe sur votre site Web.

Intégrez vos tweets sur votre site Web

Le saviez-vous? Vous pouvez afficher directement un tweet sur votre site Internet. Mais quel est l'intérêt? tout simplement de donner aux visiteurs la possibilité d'interagir directement avec votre compte Twitter, que ce soit un follow, un *like* ou un retweet.

Par expérience, placer le tweet à la fin de l'article est la meilleure approche, un peu à la façon d'un *call to action*. La personne qui va au bout de l'article l'a lu et sans doute apprécié, donc elle aura tendance à retweeter.

Plus généralement, intégrer un tweet est essentiel car votre communication numérique ne doit pas fonctionner en silos. Au contraire, tous vos supports doivent être au maximum interconnectés et travailler ensemble à votre visibilité.

Reste à savoir comment intégrer un tweet. C'est très simple:

- Choisissez le tweet désiré.
- Cliquez sur la petite flèche en haut à droite.
- Cliquez sur « Intégrer le tweet ».

Vous obtenez alors un petit bout de code qu'il suffit de copier-coller sur votre page Web.

Twitter, un outil qui ne se limite pas à la twittosphère!

Certaines entreprises sont réticentes à l'idée d'investir Twitter, car elles considèrent qu'il s'agit d'un microcosme assez restreint, et incapable de toucher un large public. Une objection parfois fondée, mais qu'il est possible de contourner en intégrant directement ses tweets à son site Internet.

Capture d'écran du site du championnat de France d'échecs Agen 2017 (https://agen2017.ffechecs.org/)

Voici l'exemple du site du championnat de France d'échecs, sur lequel je travaillais l'an dernier. On voit dans la partie droite de la *home page* les tweets publiés par le compte Twitter de l'événement, qui s'affichent automatiquement à chaque nouveau message publié. Les avantages sont immenses:

- La visibilité du compte Twitter est démultipliée. Même les internautes qui n'ont pas de compte Twitter peuvent lire les messages.
- Le site est mis à jour plusieurs fois par jour grâce aux tweets publiés. Être actif sur Twitter, c'est aussi apporter une réelle fraîcheur au site Internet.
- Les internautes qui ont un compte Twitter peuvent en un clic suivre le compte Twitter, ou retweeter.

Il n'y a donc que des avantages à le faire, je vous conseille donc d'intégrer au plus vite vos tweets à votre site Web. Sauf bien sûr si vous n'êtes pas très actif, car il se dégagerait alors une impression d'immobilisme.

Intégrer ses tweets à son site est très simple: rendez-vous sur https://publish.twitter.com/# puis indiquez l'adresse de votre compte Twitter. Choisissez « embedded timeline », pour obtenir un code html clef en main à copier-coller dans votre site Internet.

N'oubliez pas de personnaliser vos options (*set customization options*) afin de choisir la couleur, la taille de la fenêtre et la langue. Le site présenté en exemple plus haut n'affiche que le dernier tweet car la fenêtre est de petite taille, souvent une fenêtre plus haute affichant deux voire trois tweets est une bonne idée.

Cette astuce est essentielle, car les réseaux sociaux étant chronophages vous devez toujours essayer d'obtenir un maximum de visibilité pour chacune de vos actions.

Autre technique: au moment de créer votre widget, vous avez remarqué que plusieurs options s'offraient à vous. Il est possible d'intégrer à votre liste non seulement vos tweets, mais aussi vos messages favoris, vos listes, vos collections ou vos recherches. Je vous invite à tester ces options qui peuvent se révéler utiles.

Prenons un exemple: vous êtes une association qui tisse des liens avec de nombreux partenaires. Vous avez constitué une liste, disons « Les amis de notre association ». Afin de les valoriser, vous pouvez aussi intégrer leurs tweets sur votre site.

Autre exemple: vous souhaitez muscler le contenu présent sur votre site Web. Vous avez intégré vos tweets, mais vous pouvez en plus intégrer ceux que vous aimez. Une bonne façon très simple et rapide d'animer votre site Internet, de montrer votre ouverture et de partager vos goûts. Un simple *like* et le tweet en question s'affichera automatiquement sur votre site Web!

Créez facilement un QR code pour votre compte Twitter

Je ne suis pas vraiment convaincu par l'utilité des QR codes, qui renvoient à une page Internet si on les scans avec son smartphone. Ils sont rarement utilisés, car assez peu pratiques à utiliser.

Néanmoins, on doit fréquemment l'ajouter sur un support de communication, « parce que cela fait moderne ». Sachez qu'il est possible d'en générer un très facilement sur Twitter, via son mobile (l'option n'est pas disponible sur *desktop*). Dans le menu de votre compte, tout en bas à droite se cache une petite icône.

Cliquez sur cette icône et vous obtiendrez un QR code qui pointe vers votre compte Twitter. L'avantage de cette méthode est que votre photo de profil figure au milieu du code, ce qui le rend plus attractif.

Vous pouvez l'enregistrer (pour l'imprimer sur une affiche par exemple), ou le partager par mail ou via les réseaux sociaux.

Cette technique simple vous fera gagner du temps, et c'est loin d'être la seule. En effet, de nombreux outils se sont créés autour de Twitter pour vous aider dans vos tâches et publications quotidiennes et faciliter votre organisation.

Organisez-vous pour être plus efficace

TweetDeck, outil indispensable pour préparer vos tweets à l'avance

Sur Twitter, votre rythme de publication doit être soutenu. Vos tweets ont en effet une durée de vie très courte, vous pouvez envoyer plus de dix messages par jour. Encore faut-il qu'ils soient espacés dans le temps, pour ne pas passer pour un *flooder* (vous savez, ces gens qui vous inondent de messages dans un laps de temps très réduit).

Pour réussir à déployer efficacement votre ligne éditoriale sur Twitter, pas besoin d'être devant votre ordinateur 24 h sur 24. Utilisez TweetDeck, qui vous permet de programmer à l'avance tous vos messages.

TweetDeck n'est pas parfait, car certaines fonctionnalités manquent :

- Sur l'image en question, vous ne pouvez pas taguer des utilisateurs.
- Programmer un sondage est impossible.

Malgré ces limitations, TweetDeck va totalement changer votre façon de travailler sur Twitter. Votre contenu sera plus régulier, ce qui vous permettra de fidéliser votre audience et de toucher tous vos followers, sans pour autant renoncer à toute vie personnelle !

La recherche avancée, votre allié pour retrouver des tweets

Twitter est un océan dans lequel on se perd très facilement. Heureusement, il existe une option de recherche avancée qui propose de nombreux filtres afin de trouver la fameuse aiguille dans la botte de foin : https://Twitter.com/search-advanced

Les critères sont variés : par mot, par hashtag, par compte, par date, par lieu... vous pouvez croiser ces filtres selon vos besoins.

J'utilise régulièrement cette fonction pour retrouver mes anciens tweets, afin de recycler mon contenu déjà publié. Le tri par date permet aussi de savoir ce que vous avez publié il y a un an, afin de faire un message de type anniversaire (« c'était il y a un an, souvenez-vous... »).

Ne ratez aucune publication d'un compte Twitter

La version mobile de Twitter propose une option très pratique, qui vous permet de recevoir une notification à chaque fois qu'un compte publie un nouveau message. Allez sur le compte que vous souhaitez suivre à la trace, puis cliquez sur la petite cloche à côté du bouton « Abonnements ».

Cette technique est importante, car il est très fréquent de passer à côté d'un tweet important d'un influenceur, d'un partenaire ou d'un compte essentiel pour son travail de veille sectoriel. Vous pouvez aussi l'utiliser pour suivre un collaborateur important de votre entreprise ou un concurrent.

Pas besoin d'avoir une adresse mail pour chacun de vos comptes Twitter

Vous ne souhaitez pas créer une adresse mail différente pour chaque compte Twitter dont vous vous occupez ? Car cela peut vite aboutir à un grand n'importe quoi, avec des comptes mail à droite à gauche, et des notifications oubliées.

Il existe une astuce très simple pour contourner l'obligation Twitter d'avoir une adresse mail spécifique pour chaque compte : à la fin de l'adresse mail que vous donnez à Twitter, ajoutez + suivi d'un texte. Par exemple monmail@gmail.com peut devenir monmail+Twitter@gmail.com

Il n'y a pas de limitation dans le nombre d'adresses mail réalisées de cette façon. Le gros avantage est de centraliser tous vos comptes vers l'adresse mail de base.

Triez, hiérarchisez et surveillez grâce aux listes Twitter

Le gros problème de Twitter, c'est quantité astronomique d'informations qui défilent, sans aucun ordre ni hiérarchie. Cela pose vite un problème : comment isoler le contenu pertinent du contenu parasite ? Et comme sur Twitter il est souvent d'usage de *follow back* (suivre en retour), on obtient très vite une sorte de bazar sans nom.

La meilleure méthode consiste à créer des listes Twitter. Pour cela, il suffit de cliquer sur votre avatar, puis sur « Liste ». Là, vous pouvez facilement créer une ou plusieurs listes, pour classer de façon thématique les comptes que vous suivez… ou pas, comme nous allons le voir !

Voyons maintenant comment exploiter au maximum le potentiel des listes Twitter :

Listes de veille : intégrez à votre liste l'ensemble des comptes sur une thématique précise. Vous vous rendrez vite compte que Twitter est un puissant outil de veille.

Listes des comptes à retweeter : si vous avez identifié plusieurs entreprises ou influenceurs dont vous souhaitez attirer l'attention, regroupez-les dans une liste (privée). Vous verrez ainsi en un coup d'œil leurs tweets, ce qui facilitera grandement votre stratégie auprès d'eux.

Surveillez vos concurrents : pas besoin de suivre un concurrent sur Twitter pour voir ses messages. Créez une liste qui regroupe tous les comptes de vos « rivaux », en faisant bien attention à ce qu'elle soit privée. En effet, vos listes publiques peuvent être consultées par tout le monde (CQFD !).

Suivez vos collaborateurs : en créant une liste avec vos collaborateurs et même avec l'ensemble des personnes qui gravitent autour de votre entreprise, vous faites d'une pierre deux coups. D'abord en surveillant leurs messages, qui peuvent nuire à votre réputation numérique. D'autre part en ayant du contenu à retweeter.

Utilisez TweetDeck pour afficher de façon lisible vos listes : c'est gratuit, et vous pourrez réunir dans une seule colonne tous les tweets d'une liste. Pour être honnête les listes sont vraiment inutilisables avec l'outil natif de Twitter, car elles sont mal organisées pour un usage quotidien.

Parfois, même en vous organisant bien et en utilisant les bons outils, vous aurez malgré tout l'impression de ne pas obtenir assez vite des résultats sur Twitter. Comme sur tous les autres réseaux sociaux, il existe un raccourci : payer.

Faites de la publicité

Boostez votre compte Twitter avec de la publicité

Sur Twitter comme ailleurs, il est possible d'utiliser le pouvoir magique de sa carte bleue afin d'obtenir de meilleurs résultats, via la publicité.

Je vais commencer par une remarque générale : la publicité sur Twitter donne souvent des résultats moindres que sur Facebook. Le nombre d'utilisateurs y est moins élevé, le ciblage est plus rudimentaire et surtout j'ai l'impression que la conversion y est plus délicate.

Cela tient à la nature même de Twitter, réseau social moins peuplé, mais davantage réservé aux influenceurs, aux journalistes, aux prescripteurs d'opinion. On vient y chercher des informations, débattre, mais pas vraiment acheter. C'est pourquoi je crois – mais je me trompe peut-être – que les messages publicitaires à objectif de conversion directe y sont moins efficaces.

Ceci étant dit, payer pour rayonner davantage sur Twitter est une bonne idée si vous menez une stratégie de notoriété, d'influence et d'image. Vous pourrez alors toucher des personnes capables de donner un coup de boost à votre entreprise.

Pour créer une publicité Twitter, cliquez sur votre avatar, puis sur « Publicités Twitter ».

Vous avez alors différents objectifs à votre disposition, les plus classiques étant la notoriété (diffuser largement votre tweet), le nombre d'abonnés pour avoir plus de followers, et la conversion.

Le fonctionnement est intuitif, et si vous maîtrisez le gestionnaire de publicité de Facebook celui de Twitter vous semblera enfantin, c'est pourquoi je ne vais pas entrer dans les détails. Voici néanmoins quelques conseils:

- Avant de vous lancer dans la création de votre publicité, réfléchissez à votre objectif et à vos cibles. Le contenu du tweet et le choix de la publicité doivent découler de cette stratégie initiale.
- Ciblez au maximum votre publicité, même si elle ne touchera qu'un nombre restreint de personnes. Il est préférable de faire de la publicité pour dix tweets différents, qui ciblent chacun un groupe de personnes spécifiques, plutôt que « d'arroser » à l'aveugle.
- Placez un *call to action*: vous devez obtenir un avantage grâce à votre publicité, que ce soit du trafic Web ou des followers. Demandez aux internautes de vous suivre: ce conseil un peu bête marche étonnamment bien.
- Votre tweet ne doit comporter qu'un seul message. Essayer de réaliser plusieurs objectifs dans une seule publicité par souci d'économie est le meilleur moyen de n'en atteindre aucun.
- Soyez clair et définissez votre proposition de valeur: avec la publicité, des non-followers verront votre tweet. Partez donc du principe qu'ils ne vous connaissent pas.
- Si cela est possible, rendez votre message percutant en le rattachant à l'actualité et en utilisant un hashtag populaire.
- Faites de la publicité prioritairement pour vos Twitter cards, plus jolies et qui comportent davantage de contenu.
- Si votre publicité ne marche pas, stoppez-la. Les *analytics* doivent vous aider à arrêter ce qui ne marche pas, et à amplifier ce qui fonctionne.

En résumé, une bonne publicité Twitter combine deux choses: un bon tweet (et je vous ai déjà donné de nombreux conseils à ce sujet) et une bonne utilisation de l'outil publicitaire (et les bonnes pratiques ne sont guère différentes de celles de l'outil publicitaire Facebook).

Surveillez attentivement les résultats de vos publicités Twitter afin de ne pas jeter de l'argent par les fenêtres. D'ailleurs, vous devez aussi analyser les performances de vos messages non-payants, car dans ce cas le risque est de jeter votre temps par la fenêtre.

Analysez vos performances

De la bonne utilisation des Twitter analytics

Une bonne utilisation des réseaux sociaux passe par trois étapes : la préparation, la publication, et enfin l'analyse. Cette dernière est parfois oubliée, par manque de temps ou d'intérêt. Pourquoi irai-je mesurer l'efficacité de mes messages, ce qui est fait est fait ? Ce raisonnement est inexact, car en tirant les leçons de vos messages déjà publiés, vous allez pouvoir en tirer d'importantes leçons pour l'avenir.

Pour réaliser la phase d'analyse, Twitter propose un outil statistique natif plutôt performant. Pour y accéder, cliquez sur « Statistiques ».

L'écran d'accueil vous propose immédiatement des éléments intéressants, sur une période d'un mois :

- « Impressions du tweet » correspond au nombre de fois où vos tweets ont été affichés sur l'écran d'un utilisateur. Cela vous donne une petite idée de l'impact quantitatif de vos publications. Attention, 1 000 impressions ne signifie pas que votre tweet a été lu attentivement 1 000 fois, la plupart du temps l'utilisateur le zappe rapidement.
- L'évolution du nombre d'abonnés permet de mesurer la croissance de votre compte.
- « Meilleur tweet » : observez attentivement quel message a remporté le plus de succès. Est-ce dû à son image, à l'horaire de publication, à la formulation ? Essayez de repérer la recette du succès...

Cliquez ensuite sur l'onglet « Tweet » en haut de l'écran. Outre l'évaluation du nombre d'impressions mensuelles, cette page vous permet d'obtenir des statistiques détaillées par tweet (nombre d'impressions et engagements, c'est-à-dire le nombre de *likes* et de retweets). Vous pouvez même changer l'ordre des tweets, en les classant selon le succès obtenu. Là encore, une belle occasion de voir ceux qui ont bien fonctionné.

Passons enfin à l'onglet « Audiences », qui vous aidera à connaître vos followers : âge, centres d'intérêt, pays de résidence, sexe... Pour produire un contenu pertinent, il est indispensable de savoir à qui vous vous adressez : soyez donc attentif aux grandes caractéristiques de vos lecteurs. J'apprécie particulièrement la rubrique « Centres d'intérêt », car elle m'aide à déterminer quels sont les sujets dont je peux parler sans faire fuir mes followers.

En résumé, Twitter analytics offre des statistiques basiques mais largement suffisantes dans la plupart des cas. Elles vont droit au but, ce qui vous évite de vous perdre dans des données complexes et pas forcément utiles. Rappelez-vous que l'analyse des *analytics* doit vous permettre de :

- Vérifier si votre stratégie fonctionne bien.
- Déterminer quels sont les meilleurs messages, afin d'essayer de les reproduire.
- De mieux connaître votre audience afin d'adapter votre ligne éditoriale.

Après ces deux chapitres sur Facebook et Twitter, vous connaissez à présent très bien les réseaux sociaux. Car la plupart des techniques et réflexes que vous venez de lire sont transposables aux autres réseaux: c'est pourquoi la suite du livre sera plus concise. Je ne m'attarderai que sur les astuces vraiment spécifiques, à commencer par celles que vous pouvez utiliser sur Instagram.

Chapitre 5

Réussir sur Instagram

Alors que Facebook ressemble de plus en plus à un réseau social payant et que Twitter stagne, Instagram ressemble de plus en plus à un *eldorado* pour dynamiser sa présence sur les réseaux sociaux. Instagram connaît une croissance rapide, et la portée des messages y est encore plus forte que sur Facebook. C'est pourquoi prendre du temps pour publier des photos sur ce réseau social semble être une excellente idée. Encore faut-il bien le faire !

Partir sur de bonnes bases

Le principe d'Instagram est simple : des photos, accompagnées d'un petit texte. En apparence rien de bien sorcier, mais vous le savez, les réseaux sociaux sont faciles à utiliser, mais compliqués à maîtriser !

Quelques conseils pour que votre compte Instagram plaise

La plupart des conseils pour Facebook ou Twitter valent aussi pour Instagram : publiez du contenu de qualité et régulièrement, soyez créatif et à l'écoute de votre communauté, ne parlez pas que de vous… Voici pour compléter quelques règles de bonne conduite spécifiques à Instagram :

- Ayez une ligne éditoriale : oui, même pour un réseau social visuel, vous devez définir qui vous êtes et les sujets sur lesquels vous allez publier. Respectez votre territoire de marque, afin de renvoyer une image claire à vos lecteurs sur votre identité.

- Variez le type de contenu en utilisant les possibilités d'Instagram : une photo, plusieurs photos, avec ou sans filtre, une vidéo, des *stories*...
- Variez vos photos : publier toujours le même type de clichés est idéal pour lasser les internautes.
- Répondez aux commentaires pour nouer des liens avec votre communauté.
- *Likez* et commentez les photos des autres, afin d'affirmer votre présence et gagner en visibilité.

Enfin, *last but not least*, publiez de jolies photos ! Je sais que cela ne se fait pas sur commande, car nous ne sommes pas tous doués pour prendre de beaux clichés. D'ailleurs personne n'attend de vous une qualité professionnelle. Mais ne partagez pas les photos de mauvaise qualité (flou, cadrage bancal...) ou qui ne présentent aucun intérêt visuel. Avant de publier sur Instagram, demandez-vous simplement : est-ce que j'aimerais la voir s'afficher sur mon smartphone en ouvrant Instagram ? Si la réponse est oui, foncez, sinon, abstenez-vous.

Ceux qui vous font miroiter des techniques secrètes et redoutables pour briller sur Instagram vous mentent. Utilisez votre bon sens et posez-vous des questions simples avant de publier, et vous réussirez.

Instagram trie les photos, mais comment ?

Désormais, les personnes qui vous suivent sur Instagram ne verront plus automatiquement vos photos, car un tri est réalisé pour sélectionner les meilleures photos, qui seront affichées en priorité.

L'algorithme réalise ce tri selon des critères proches de ceux de Facebook ou Twitter :

- Le nombre d'engagements sur la publication : plus votre photo obtient de *likes*, plus elle aura de chances de s'afficher tout en haut.
- La date : les publications récentes sont favorisées.

On note une convergence des algorithmes de tous les réseaux sociaux, qui favorisent toujours la popularité du message. Votre objectif est donc clair : générer des interactions, car sinon personne ne verra vos messages.

Enfin, une étude a révélé en 2021 qu'Instagram donnait un énorme coup de boost aux comptes qui utilisent toutes les fonctionnalités du réseau social. Par conséquent, il est recommandé de publier régulièrement des stories avec des stickers, ainsi que des vidéos reels et IGTV. Il s'agit d'une contrainte importante, car pour tenir cet impératif vous devrez consacrer beaucoup de temps pour préparer des publications dans les différents formats disponibles. Mais retenez ce conseil, car il s'applique très probablement à tous les réseaux sociaux. Choisissez avec soin deux ou trois réseaux sociaux sur lesquels vous concentrerez vos actions, en utilisant toutes les fonctionnalités, afin de ne pas être pénalisé par les algorithmes.

Enregistrez vos photos préférées sur Instagram, puis classez-les

Instagram n'échappe pas à la règle : le flux de publications est gigantesque, et il est bien difficile de garder une trace des photos qui vous plaisent. Heureusement, il est possible de les enregistrer, voire de les classer.

Première étape, repérer une photo qui retient votre attention. Puis cliquez sur le petit signet en bas de la photo. Il s'agit de l'icône la plus à droite. Elle est alors automatiquement enregistrée. Il ne vous reste plus qu'à créer des collections qui fonctionnent sur le principe de l'album photo.

Une fois la collection créée, vous pouvez y déplacer la photo sélectionnée.

Cette fonctionnalité est très intéressante pour faire votre veille sur Instagram. Sauvegarder les images intéressantes depuis votre smartphone vous permet ensuite de les étudier ou de les réutiliser à tête reposée, chez vous, depuis votre ordinateur de bureau. De quoi retenir les bonnes idées, plutôt que de les laisser filer...

Autre raison de mentionner cette astuce : Instagram copie très souvent les fonctionnalités des autres réseaux sociaux. Or, les collections font étrangement penser à Pinterest. La différence étant que les tableaux Pinterest sont publics, là où les collections Instagram sont privées. Mais qui sait, un jour Instagram ira peut-être au bout de cette démarche en proposant à ses utilisateurs de rendre publiques ses collections.

Mettre en place des commentaires semi-fermés sur Instagram

Face à l'afflux de robots qui commentent automatiquement vos messages Instagram, ou en cas de dérapage de certains lecteurs, il est possible de mettre en place un filtrage des commentaires sur vos publications Instagram.

Dans votre profil, sélectionnez « Commentaires », puis « Options des commentaires ».

Vous avez alors la possibilité d'ouvrir les commentaires à tous, ou de les réserver à vos followers, ou aux personnes que vous suivez.

Cette fonctionnalité me semble intéressante à la fois pour vous mâcher le travail de modération, mais aussi pour inciter les gens à vous suivre. Par exemple s'ils tombent sur votre photo, l'apprécient et souhaitent la commenter, mais qu'il faut vous suivre pour le faire...

Astuce

Vous avez sans doute remarqué dans la première photo l'existence d'un « filtre manuel »: vous pouvez y définir certains mots-clés qui seront bannis des commentaires. Très pratique pour faire le ménage!

Publier sur Instagram directement depuis votre ordinateur

Jusqu'en 2019, publier sur Instagram était assez compliqué pour les professionnels, puisqu'il fallait généralement le faire directement depuis son smartphone. Pire, la programmation de messages était impossible. Nous devions donc toujours garder notre téléphone sous le coude, et ne pas oublier de diffuser le contenu prévu…

Mais il est désormais possible de publier et même de programmer des publications Instagram depuis votre ordinateur! Pour cela, vous devez vous connecter au Studio Creator de Facebook, accessible sur https://business.facebook.com/creatorstudio/

Pour rappel, Facebook a racheté Instagram et souhaite faire travailler ces deux réseaux sociaux de concert, ce qui explique que tout passe par le Studio Creator de Facebook, et non par une interface spécifique à Instagram.

Une fois sur la page du Studio creator, connectez vos pages Facebook si ce n'est pas déjà fait, puis vos comptes Instagram en cliquant sur le logo situé en haut de l'écran. Vous pourrez ensuite accéder à toutes les fonctionnalités d'Instagram sur desktop, et même planifier plusieurs jours à l'avance vos messages. Cette technique vous soulagera au quotidien, tout en facilitant le respect de votre calendrier éditorial.

Profitez-en pour explorer le Studio Creator, qui constitue sans aucun doute l'interface de demain pour toutes les personnes qui travaillent régulièrement sur Facebook et Instagram. Elle permet en effet de centraliser la gestion de toutes vos pages Facebook et de vos comptes Instagram, générant un gain de temps important. Seul regret: impossible pour le moment de publier des stories par ce biais. Mais je suis persuadé que cela viendra très prochainement…

Soignez votre profil Instagram

Passez en compte pro sur Instagram

De nombreuses entreprises et commerces locaux intègrent Instagram à leur stratégie de communication, et c'est une très bonne idée. Le taux d'engagement est élevé, et il est très simple de publier une photo mettant en valeur les services et produits offerts. Avec un simple hashtag il est possible de retrouver les photos publiées et de les partager à l'aide d'un outil comme Instarepost.

J'ai pourtant constaté que ces mêmes entreprises font rarement basculer leur compte Instagram en mode pro. Car tout nouveau compte Instagram est par défaut un compte personnel, et une manipulation est nécessaire.

C'est pourtant gratuit et utile pour plusieurs raisons :

- Votre profil est plus complet et comporte un bouton de contact.
- Vous pouvez y faire mentionner votre adresse mail, votre numéro de téléphone ou votre adresse physique.
- Vous avez l'accès aux statistiques de vos messages.
- Vous pouvez lancer des campagnes publicitaires via l'interface de Facebook.

Bref, aucune raison de ne pas prendre trois minutes pour profiter de ces avantages !

Comment transformer mon compte Instagram perso en compte pro ?

- Allez sur votre profil Instagram et cliquez sur l'icone en forme de rouage (le rond cranté, désolé je n'arrive pas à mieux la décrire !)
- Cliquez sur « Passer au mode professionnel ».
- Cliquez sur « Connecter votre compte Facebook » et choisissez la page Facebook qui lui correspond. Car oui, Facebook et Instagram travaillent main dans la main.
- Complétez les informations demandées, cliquez sur « Terminé ». Et voilà, votre compte Instagram est désormais en mode pro.

Comment réaliser une belle biographie Instagram ?

En l'absence de *call to action* sur vos publications Instagram, votre biographie joue un rôle essentiel. Elle comporte un lien cliquable, et toutes les informations pour vous présenter. Elle constitue en cela votre vitrine, c'est pourquoi vous devez la soigner.

Comme vous ne disposez que de 150 caractères, il faut faire bref et bien.

Voici quelques conseils :

- Expliquez clairement qui vous êtes, et mettez en avant le positif ou les raisons de vous suivre. En résumé, votre « proposition de valeur ».
- Utilisez les *émojis*, qui permettent de remplacer plusieurs mots par une seule image. Gain de place, mais pas seulement : ils donnent un effet visuel beaucoup plus percutant.

- Placez, comme toujours, un *call to action*. Dans l'idéal, la fin de votre biographie doit être « Visitez notre site » ou « Découvrez notre site », car le lien cliquable apparaît immédiatement après.
- Sautez des lignes pour aérer le texte et bien distinguer les différents éléments de votre biographie.
- Utilisez quelques hashtags représentatifs de votre activité.

Biographie Instagram de Michel et Augustin (https://www.instagram.com/micheletaugustin/)

La biographie Instagram de *Michel et Augustin* est un modèle du genre. Elle joue bien avec les *émojis*: des pâtisseries, où comment résumer l'entreprise en seulement trois petites images, sans oublier le texte court mais percutant. Chapeau!

Faire des retours à la ligne dans votre biographie Instagram

Si vous modifiez directement votre biographie Instagram, la mise en forme risque d'être décevante : les retours à la ligne disparaissent... Il existe pourtant une méthode simple pour résoudre ce problème. Rédigez votre biographie sur Notepad (ou un autre logiciel de traitement de texte), puis copiez-collez dans votre biographie. Comme par magie, les retours à la ligne apparaissent. Vous pouvez aussi utiliser cette méthode pour centrer des éléments, simplement en utilisant la barre espace à plusieurs reprises.

À noter que cette astuce marche aussi pour faire des retours à la ligne dans vos messages.

Intégrer plusieurs liens dans votre bio Instagram

Le plus gros problème rencontré sur Instagram est la difficulté de placer des liens cliquables, et donc des *call to action*, pour déclencher le tunnel de vente. Cela est possible avec les messages sponsorisés, mais pas le reste du temps. Le potentiel d'Instagram est énorme, puisque l'engagement y est sensiblement plus élevé qu'ailleurs, mais l'absence de liens freine les retombées directes.

Le seul lien figure dans votre profil. Vous pouvez donc demander, dans votre message, au lecteur de cliquer sur le lien de votre profil. Mais s'il s'agit d'un message en lien avec un produit ou un événement spécifique, ce lien unique risque de ne pas être vraiment adapté.

Heureusement, il existe une méthode pour intégrer dans la bio de son profil des liens supplémentaires. Il faut pour cela passer par https://linktr.ee/

Ce site gratuit permet de réaliser une *landing page* (page d'atterrissage) totalement personnalisée, et donc d'y intégrer différents liens.

Les possibilités sont nombreuses : créer des liens vers vos produits, vers une page d'inscription à votre newsletter, voire vers vous autres réseaux sociaux. À vous de réfléchir à la meilleure façon d'utiliser ces liens en fonction de vos objectifs !

Mémento : Partir du bon pied sur Instagram

- Sur Instagram comme partout ailleurs, l'aventure commence avant même de publier !
- Commencez par définir une ligne éditoriale cohérente, et très visuelle.
- Essayez d'avoir des photos ou des images de qualité : demandez à votre entourage de vous y aider.
- Remplissez soigneusement votre profil.
- Configurez votre compte en mode pro, et ouvrez-le au maximum aux interactions avec les internautes.
- Prenez dès à présent l'habitude d'utiliser le Creator Studio pour programmer vos publications sur Instagram.

Soignez la forme de vos messages

Nous venons de voir comment partir sur de bonnes bases, mais le plus difficile reste à venir : vous devez maintenant publier des messages ! Voici quelques astuces qui vous aideront dans cette tâche pas si compliquée que cela.

Quels hashtags utiliser sur Instagram ?

Les hashtags sont essentiels sur Instagram, car ils sont le meilleur moyen de faire connaître ses messages. N'hésitez donc pas à en placer beaucoup ! Encore faut-il savoir lesquels choisir...

Le premier outil pour vous aider est https://www.all-hashtag.com/ Indiquez dans la zone de recherche le mot-clé de votre publication, et ce site vous proposera automatiquement un grand nombre de hashtags en lien avec votre thématique. De quoi vous donner des idées, et éviter d'oublier un hashtag important.

Enfin, revenir aux fondamentaux est toujours une bonne idée. Identifier manuellement les mots-clés qui permettent de bien définir votre activité ou votre message. Faites ensuite une recherche manuelle pour chaque hashtag, afin de découvrir les résultats. S'ils vous semblent pertinents, alors utilisez-le.

Le but n'est pas d'utiliser les hashtags les plus populaires et utilisés par des millions de personnes : vous risquez alors d'être noyé dans la masse, et surtout de ne pas toucher vos cibles. Un hashtag qui génère peu d'activité, mais qui vous permet d'atteindre les personnes ciblées est un bon hashtag pour vous.

Sur Instagram, la photo ne fait pas tout

Vous venez de publier une bonne photo sur Instagram ? Bravo, vous avez fait l'essentiel du travail. Pourtant, il reste à soigner la légende, ce petit texte qui l'accompagne.

- Posez des questions : comme sur Facebook, la forme interrogative incite vos followers à commenter. Or, plus une publication est commentée, plus l'algorithme d'Instagram va la favoriser.
- Les premiers mots sont essentiels : pour lire votre légende en intégralité, l'internaute devra cliquer sur « lire la suite ». Il faut donc aller tout de suite dans le vif du sujet.
- Conséquence logique du conseil précédent, vous placerez votre liste de hashtags à la fin du message. Peu importe qu'ils ne soient pas visibles, ils vous servent surtout à obtenir de la visibilité pour ceux qui font une recherche par mot-clé.
- Placez des *émojis* au début de votre message. Ils remplacent bien souvent plusieurs mots et facilitent la contextualisation, tout en étant agréables visuellement.

Quel contenu publier ?

Variez vos types de publications

Les principaux types de publications sur Instagram sont :

- **La photo :** c'est évidemment la publication reine sur Instagram, et même sa raison d'être. Mais ce n'est pas la seule…
- **Les photos :** on ne le sait pas toujours, mais Instagram permet de publier jusqu'à 10 photos sur un même message.
- **Les vidéos :** tous les réseaux sociaux se mettent à la vidéo, et Instagram ne fait pas exception. Filmez une vidéo avec votre smartphone, et ajoutez-la comme vous le feriez pour une photo.

- **Les stories:** il s'agit d'images ou de vidéos qui n'apparaissent que pendant 24 h, avant de disparaître. Une façon de concurrencer Snapchat, dont le succès est né avec des photos éphémères. Principaux avantages: les *stories* sont affichées tout en haut sur Instagram, vous pouvez réaliser une *story* en direct, et agrémenter vos photos d'émojis et de texte. Un outil largement sous-exploité mais avec un énorme potentiel...

Deux chapitres sont consacrés aux stories dans ce livre: je vous invite d'abord à lire celui sur les stories Facebook, qui constitue une introduction générale pour comprendre ce nouveau format. Puis consultez le chapitre spécialement dédié aux stories Instagram, dans lequel vous apprendrez des techniques spécifiques pour ce réseau social.

Comment publier un GIF animé sur Instagram?

Les GIFs animés – petites animations souvent drôles – ont la cote. On les retrouve désormais sur Facebook et Twitter, mais pas sur Instagram. Cela peut être frustrant, car les GIFs remportent souvent un grand succès, et permettent d'apporter facilement un peu de légèreté.

La technique pour contourner ce problème est simple: transformez le GIF en vidéo. Pour cela, une simple recherche *gif to video* sur Google vous offrira un grand nombre d'outils qui permettent de réaliser cette opération.

Autre solution: passer par le site Giphy, gigantesque base de données d'images GIF. Une fois le GIF idéal repéré, cliquez sur l'icone Instagram. Vous devrez alors donner votre adresse mail pour recevoir la vidéo. Vous n'avez plus qu'à l'*uploader*!

Un panorama de photos sur Instagram

Instagram vous permet d'ajouter jusqu'à 10 photos dans votre message, l'internaute pouvant alors passer de l'une à l'autre horizontalement. Pour exploiter au maximum cette possibilité, il faut connaître l'astuce du panorama: placez côte à côte des photos qui forment ensemble une fresque.

Message Instagram du Musée d'Orsay du 12 novembre 2017
(https://www.instagram.com/museeorsay/)

Le musée d'Orsay a exploité avec brio cette technique pour une de ses collections photographiques. Notez que le message explique bien qu'il faut *swipe left* (c'est-à-dire balayer sur la gauche avec son doigt) pour découvrir la photographie dans son ensemble.

Cette méthode n'est pas réservée aux œuvres d'art, mais aussi aux paysages, à votre commerce local, à un événement qui rassemble de nombreuses personnes, à un dessin original... Bref, tout ce qui est au format paysage peut être exploité. Avec un peu d'imagination, on peut même surprendre le lecteur avec la dernière photo, ou lui proposer un petit parcours avec des devinettes.

Pour réaliser les photos, je vous recommande de prendre une photo à 180 ou 360°, puis de la découper avec un logiciel comme Photoshop (théoriquement Paint peut aussi le faire...). Il ne vous reste plus qu'à *uploader* les photos, sans vous tromper dans l'ordre! Pour obtenir un effet de panorama visuellement très agréable.

Les quatre formats vidéos d'Instagram

Sur Instagram, le format vidéo est très populaire, mais il est parfois difficile de s'y retrouver. En effet, en fonction de la durée de votre vidéo, vous devrez la publier de façon différente.

Pour y voir plus clair, voici une classification :

- Votre vidéo fait moins de 15 secondes : elle peut être diffusée comme story. Un chapitre entier de ce livre est consacré aux stories, et vous y trouverez des explications détaillées. À noter que vous pouvez découper une vidéo plus longue, et la diffuser dans votre story en « morceaux » de 15 secondes. Pour cela, utilisez une application comme Story Cutter.
- Votre vidéo fait moins d'une minute : vous pouvez la partager dans votre flux classique, ou sur Instagram Reels. Ce dernier est une tentative de concurrencer le format de TikTok, et l'avenir nous dira s'il s'agit d'une réussite. Attention, les vidéos Reels sont au format 9/16e, comme les stories. Mon conseil : créer une vidéo est un investissement, qui demande du temps. Par conséquent, diffusez votre vidéo à la fois dans votre flux et sur Reels. Pour cela, uploadez votre vidéo sur Reels, et au moment de la publier cochez la case « Partager aussi sur le fil ».
- Votre vidéo fait plus d'une minute : il faut alors se tourner vers IGTV, plateforme dédiée aux vidéos longues.

Dans tous les cas, pensez à intégrer de nombreux hashtags dans la description de votre vidéo, afin de gagner en visibilité.

Enfin, utiliser les différents formats vidéo proposés (story, reels et IGTV) est très bénéfique pour votre compte. En effet, l'algorithme d'Instagram accorde un bonus aux comptes qui publient avec tous les formats disponibles.

Instagram shopping

Un des défauts d'Instagram est de ne pas pouvoir proposer de liens cliquables aux internautes, par exemple pour les orienter vers votre site web. C'est pourquoi le réseau social propose désormais un système de shopping, qui permet d'afficher sur votre publication le ou les produits qui y figurent. Vos lecteurs pourront ainsi cliquer dessus, et découvrir directement l'article au sein de votre catalogue en ligne. Cette technique est idéale si vous êtes un vendeur en ligne.

La mise en oeuvre est plutôt longue, c'est pourquoi je vous invite à lire le guide d'installation détaillé sur https://www.facebook.com/business/instagram/shopping

Notez que le processus sera moins festidieux si votre boutique passe par l'un des partenaires de Facebook, par exemple Shopify ou BigCommerce.

Mon conseil est de ne pas utiliser cette technique pour transformer votre compte Instagram en page purement commerciale. Soyez subtil, personne n'aime les sollicitations commerciales frontales. Par exemple, si vous vendez des vêtements, continuez à diffuser de belles photos, et taguez simplement l'habit de la personne qui y figure. L'idée est d'offrir à vos lecteurs intéressés par le style de la personne photographiée la possibilité de retrouver en un clic la référence de son vêtement, et non de les harceler avec votre catalogue en ligne.

Faire grandir votre communauté

Vos photos Instagram ont leur place sur votre site Web

Il faut penser votre communication numérique de façon interconnectée, et non pas en silos. Les réseaux sociaux doivent travailler de concert avec votre site Web, votre newsletter, vos mails, etc. Intégrer vos messages Instagram est dans cette optique une très bonne idée, mettant en réseau vos contenus, dont la portée augmente de façon significative. Pensez aussi aux nombreuses personnes qui ne sont pas sur Instagram, mais qui pourraient apprécier vos photos!

Pour intégrer une photo Instagram sur votre site Web, cliquez sur les trois points de suspension en bas à droite de votre message. Puis sur « Intégrer »: vous obtenez ce code html, à copier-coller sur votre site Web.

Il s'agit d'une bonne façon d'agrémenter vos articles avec des photos de qualité.

À noter que vous pouvez aussi intégrer des photos d'autres comptes Instagram, afin d'enrichir le contenu.

Vous pouvez aussi directement intégrer à votre site Web votre fil de publication Instagram, afin de lui donner une place de choix. Demandez à votre webmaster de le faire, ce n'est pas très compliqué. Je travaille sur WordPress, et une simple recherche Instagram me donne une liste de plugins afin d'intégrer mon compte Instagram de façon totalement personnalisée à mon site.

Les avantages sont les suivants:

- *A bigger bang for a buck*: prendre du temps pour alimenter en contenu votre compte Instagram aura un effet qui dépasse largement ce réseau social, puisque tous les Internet verront vos photos.
- Votre compte Instagram est mis en avant, ce qui donne l'opportunité à de nouvelles personnes de le suivre.

Je vous conseille donc de le faire, sauf si vous mettez rarement à jour votre compte Instagram.

Créez des liens avec d'autres utilisateurs

Sur Instagram, impossible de vouloir simplement publier des messages dans son coin. Vous entrez dans un espace communautaire, et il faudra être sociable pour réussir.

Sur Instagram, il faut se faire aimer

La grande différence entre Instagram et les autres réseaux sociaux est l'absence de viralité. Sur Twitter, il suffit parfois de publier un bon message, qui sera partagé en masse, pour gagner de nouveaux followers. Mais sur Instagram, il n'existe pas d'équivalent du retweet.

Il semblerait qu'Instagram y réfléchisse, ce qui changerait les règles du jeu : n'oubliez pas d'aller sur la page http://votrecm.com/maj/ pour être informé des mises à jour concernant les techniques présentées dans ce livre.

Le partage n'étant pas possible, la meilleure façon de se faire remarquer est de jouer le jeu :

- Suivez tous les comptes en lien avec votre thématique : celui qui l'a posté recevra une notification, et sera donc tenté de vous suivre.
- *Likez* les photos des autres utilisateurs : votre nom apparaîtra alors sous la photo (XXXX aime ça), ce qui donne une occasion à de nouvelles personnes de vous suivre.
- Commentez les publications, là encore pour gagner de la visibilité.
- Faites des recherches par hashtag, et découvrez ainsi de nouvelles publications à *liker* et de nouvelles personnes à suivre.

Bref, jouez le jeu de ce réseau social en l'utilisant, ce qui reste la meilleure façon de faire grandir sa communauté.

Plusieurs logiciels vous proposent d'automatiser ces actions, parfois de façon très agressive (en suivant des dizaines de comptes, puis en ne les suivant plus). Je ne vous le conseille pas car vous prenez le risque de suivre un compte douteux ou d'aimer une image provocante.

Taguer sur Instagram, pour attirer l'attention

Si votre photo comporte une personne inscrite et active sur Instagram, vous pouvez la taguer, c'est-à-dire l'identifier.

Cette technique est moins redoutable que sur Twitter ou Facebook, dans la mesure ou il n'est pas possible de partager une publication Instagram (du moins sans avoir recours à un logiciel tiers). L'intérêt est donc d'obtenir de la part de la personne taguée un *like*, un commentaire, ou un follow si elle ne vous suit pas encore.

Pour ce faire, cliquez sur les trois petits points à côté de votre image, puis sur « Modifier ». Instagram vous proposera alors d'identifier les personnes.

Profitons-en pour mentionner une autre astuce : au moment de modifier votre photo, il est possible de préciser le lieu d'envoi. Cliquez sur « Ajouter le lieu », ce dernier figurera ainsi sur l'entête de votre message. Une façon simple d'ajouter un élément contextuel parfois important. Je vous recommande de le faire aussi souvent que possible, car le lieu fait partie de tous ces petits éléments supplémentaires qui sortent de l'ordinaire, et qui peuvent donc attirer l'attention.

Utilisez vos messageries privées Instagram sur votre ordinateur

En nouant des liens avec d'autres utilisateurs sur Intagram, vous allez forcément débuter des conversations par message privé. Or, je trouve le système peu pratique: d'abord car entre ma boîte mail et les messageries Facebook et Twitter, je commence à m'y perdre. Je ne souhaite pas vraiment devoir garder une attention régulière sur une messagerie supplémentaire. De plus, je trouve très peu pratique les messageries sur smartphone, en particulier dans le cadre d'une relation-client dans laquelle je suis régulièrement amené à envoyer des liens hypertextes. Le téléphone est peu adapté à ce type d'usage.

Heureusement, il est désormais possible d'accéder aux messages directs Instagram sur son ordinateur, via Facebook. Pour cela, rendez-vous sur la page Facebook que vous gérez, puis cliquez sur l'onglet « Boîte de réception ». Dans le menu de gauche apparaît « Instagram ». Cliquez dessus, puis connectez votre compte Instagram au compte Facebook. Vous pourrez désormais gérer tous les messages privés Instagram de cette façon. Cerise sur le gâteau, cette technique vous offre même la possibilité de répondre aux commentaires laissés par les internautes sous vos publications.

Faites de la publicité sur Instagram

Payer est un moyen efficace de développer son compte Instagram. Avec un budget limité, vous pourrez afficher vos messages auprès d'utilisateurs qui ne suivent pas votre compte, et si vos publications sont intéressantes, ils pourraient bien décider de vous suivre.

Bonne nouvelle: mener des campagnes publicitaires sur Instagram ne vous prendra pas une seule minute supplémentaire si vous le faites déjà sur Facebook. En effet, les deux réseaux sociaux appartiennent à la même entreprise, et disposent d'une plateforme publicitaire commune, gérée avec le même outil.

Par conséquent, lorsque vous lancez une campagne publicitaire sur Facebook, vous pouvez décider, parmi les placements possibles, d'intégrer ou non Instagram. Ainsi, votre campagne publicitaire Facebook se déploiera aussi sur Instagram, de façon automatique.

Chapitre 6

Les stories sur Instagram

Note préliminaire : si ce n'est pas déjà fait, je vous invite à lire le chapitre consacré aux stories sur Facebook. Vous y trouverez une présentation générale de ce nouveau format et des techniques utiles pour votre activité. Ici, nous évoquerons seulement les possibilités supplémentaires offertes par les stories sur Instagram, plus avancées et aux fonctionnalités plus puissantes que sur Facebook.

Vous publiez régulièrement sur Instagram ? Bravo, vous avez senti que ce réseau social avait le vent en poupe ! Mais depuis 2018, les publications Instagram classiques sont concurrencées par les stories, à tel point qu'il devient crucial de s'approprier ce format pour sa communication numérique.

Les stories sont l'avenir d'Instagram

Au début de l'année 2019, les stories Instagram ont dépassé les 500 millions d'utilisateurs quotidiens. Cela signifie qu'environ une personne sur deux utilise son compte Instagram pour les consulter. L'impact est donc énorme, et la tendance se confirme mois après mois. D'ici peu, je suis persuadé que les stories seront davantage consultées que les publications traditionnelles. D'ailleurs, la portée gratuite des messages Instagram est en forte baisse, et comme pour Facebook les stories constituent votre meilleure chance de conserver une bonne diffusion auprès de votre audience.

Par leur format 9/16e immersif, les stories proposent en effet une expérience utilisateur agréable. Instagram redouble d'efforts pour rendre ce format encore plus attractif, d'abord en faisant figurer les stories tout en haut de l'écran, de façon très visible. Ensuite, en proposant de nombreux stickers qui permettent de nouer des contacts forts avec vos lecteurs. Enfin, en proposant à certains comptes la possibilité d'ajouter des liens pointant vers leur site web, ce qui constitue une petite révolution dans l'univers d'Instagram.

Pour toutes ces raisons, il est déjà nécessaire de corriger le titre précédent : les stories ne sont pas l'avenir d'Instagram, mais déjà son présent !

Partagez les publications dans votre story

Si le format des stories est récent sur Facebook, ce n'est plus le cas sur Instagram : les utilisateurs ont l'habitude de les utiliser, ce qui pousse l'application à proposer des possibilités beaucoup plus nombreuses. Voici un tour d'horizon des techniques à exploiter dans votre communication.

Partagez vos publications classiques dans votre story

Si vous manquez de temps pour réaliser des stories sur-mesure, vous pouvez tout simplement reprendre vos publications Instagram classiques et les intégrer dans votre story. Pour ce faire, rendez-vous dans votre publication, puis cliquez sur la flèche qui figure sous la photo, puis cliquez sur « partagez dans votre story ». Vous aurez ensuite la possibilité d'ajouter du texte et des stickers.

Cette technique n'est jamais idéale, car vos publications Instagram classiques ne respectent jamais les proportions 9/16e des stories. Cet inconvénient est particulièrement visible si la photo de votre publication Instagram était à l'origine au format paysage. Essayez par conséquent de réserver cette pratique à vos photos au format portrait.

Partagez les publications d'autres comptes dans votre story

Instagram ne permet pas de partager les messages publiés par d'autres comptes... sauf sur votre story ! Pour relayer une photo d'un compte tiers sur votre story, réalisez la même opération que celle exposée ci-dessus.

Je trouve cette possibilité vraiment utile, car elle permet d'alimenter rapidement sa story en contenu de qualité. Mais le partage favorise aussi les liens avec d'autres comptes, toujours dans la logique du don/contre-don : la personne dont vous partagez les messages recevra une notification, ce qui l'incitera à se rapprocher de vous.

Astuce

Pour recueillir facilement du contenu de qualité à partager dans votre story Instagram, vous pouvez vous abonner à un hashtag.

Pour cela, rendez-vous dans la partie « hashtag » du moteur de recherche d'Instagram, indiquez le mot-clé de votre choix, puis sur la page de résultats cliquez sur « s'abonner ».

Ainsi, certains messages en lien avec le hashtag en question s'afficheront désormais dans votre fil d'actualité Instagram, même si vous ne suivez pas les comptes qui les publient. Il ne vous reste plus qu'à identifier les plus pertinents pour votre communauté, et à les partager dans votre story.

Favorisez l'engagement des utilisateurs avec les stickers

Nous avions déjà évoqué les stickers dans le chapitre sur les stories Facebook. Il est néanmoins nécessaire d'y revenir ici, car Instagram propose plusieurs stickers supplémentaires Vous remarquerez par exemple la possibilité d'intégrer un GIF animé, à partir d'une large base proposée par Instagram. De quoi égayer vos stories et les rendre plus dynamiques! Mais surtout, Instagram propose des stickers redoutablement efficaces pour interagir avec vos lecteurs.

Le sticker quiz

Le principe est simple: vous allez afficher dans votre story une sorte de question à choix multiple, dans laquelle l'internaute peut choisir la réponse de son choix. Vous avez ensuite la possibilité de préciser quelle était la bonne réponse, et si l'internaute l'a choisie, une petite animation le lui fera savoir.

Ce sticker est idéal pour proposer des quiz à vos lecteurs, toujours dans l'optique d'accroître votre notoriété de façon ludique, presque sans en avoir l'air. De nombreux musées l'utilisent pour faire connaître leurs œuvres (« Qui a réalisé cette œuvre que vous pouvez découvrir dans notre musée? »), ou pour mettre en avant leurs atouts (« Combien de visiteurs sont venus dans notre musée l'an passé? »). Tout le monde aime jouer, et sans même s'en rendre compte vos lecteurs vont ainsi apprendre à vous connaître, ce qui augmentera leur intérêt à votre égard. Ici encore, l'imagination est au cœur de votre stratégie: un restaurateur peut par exemple demander combien de calories contient son plat, afin de vanter les vertus diététiques de son menu. Dans le cas d'une citation ou d'un portrait, vous pouvez demander quelle est l'identité de la personne à vos lecteurs. Une technique simple, mais efficace.

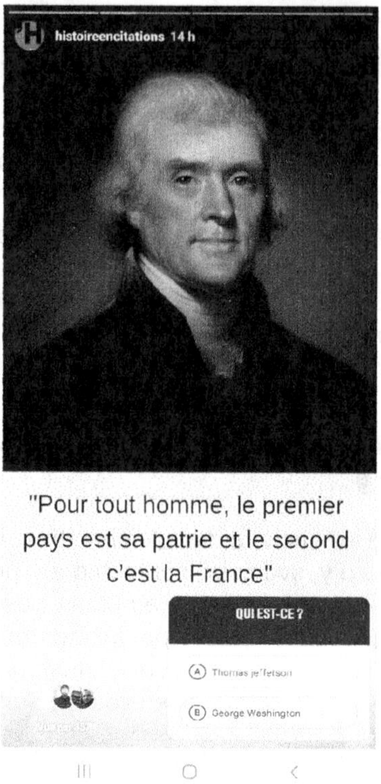

Story de l'Histoire en citations https://www.instagram.com/histoireencitations/

La barre de satisfaction

Ce sticker permet à l'internaute de déplacer un curseur sur une barre : soit à gauche s'il n'aime pas, soit à droite s'il aime. Cela permet aux internautes de donner une réponse nuancée, contrairement au sticker sondage.

Cet outil favorise l'engagement des internautes, mais il est aussi très utile pour analyser les résultats d'un grand nombre de réponses. En effet, Instagram vous permettra de voir la réponse moyenne des lecteurs. Ce sticker est donc utile lorsque vous sollicitez l'avis de votre communauté, par exemple avant le lancement d'un produit, d'une offre, ou plus simplement si vous leur annoncez votre intention de repeindre votre boutique en rouge fluo. Le résultat obtenu pourrait bien vous inciter à un choix plus classique...

Partagez les résultats ou les réponses

Les stickers dont nous venons de parler permettent de recueillir l'avis de vos lecteurs. Mais votre travail ne s'arrête pas là, car vous devez aussi partager les résultats obtenus ! Pour ce faire, rendez-vous sur la story qui contient le sticker, puis « swipe up » (glissez vers le haut), et enfin cliquez sur « partager les résultats ». Instagram va alors vous proposer de créer une nouvelle story qui contiendra les résultats des votes. Comme d'habitude, vous pouvez ensuite ajouter du texte pour commenter le résultat en question.

Prenons un exemple basique : vous avez utilisé le sticker sondage pour demander aux internautes s'ils préfèrent voir dans votre bar un concert de rock ou de jazz la semaine prochaine. Le résultat penche en faveur du rock : partagez ce résultat, en annonçant dès maintenant la tenue du concert, et pourquoi pas avec un petit commentaire léger comme « Rock is not dead ! ». Cette façon de communiquer peut sembler triviale, mais elle est au contraire très actuelle : vous posez une question à votre communauté, vous tenez compte de son avis, puis vous réagissez en conséquence. Un véritable concentré de communication du XXIe siècle, loin des spots télé... Le ton léger et le format spontané ne font que renforcer l'impact de votre message, qui paraît authentique et non pas purement commercial. Pourtant, tous vos fans seront au courant pour le concert, bien mieux qu'avec une publicité classique...

La publication des résultats est aussi une façon d'impliquer le lecteur. Prenons le cas d'une association dans le domaine de la santé. Elle propose dans sa story un sticker quiz à propos des gestes de premier secours. Si les résultats montrent que beaucoup d'internautes se sont trompés, elle peut publier les résultats avec un texte qui apporte une solution : « Moins de 30 % d'entre vous connaissent les gestes qui sauvent, mais pas de panique nous vous les rappelons tous sur notre site ».

Le sticker question

Avec ce sticker, vous allez permettre à vos lecteurs de donner une réponse argumentée à votre question, par le biais d'une boîte de dialogue. La réponse ainsi envoyée arrivera dans votre boîte de messages privés, et elle peut constituer le point de départ d'une véritable discussion avec les internautes.

Ce sticker vous est utile dans de nombreuses situations :

- Pour renforcer votre relation client : « Quel est selon vous le point à améliorer dans notre bar ? Dites-le nous ici ». Rassurez-vous, si les réponses peuvent évoquer des points négatifs, elles ne seront pas rendues publiques, sauf si vous le décidez !

- Pour découvrir les attentes de vos clients : « Quel est l'intervenant que vous souhaiteriez voir cette année dans notre salon de la BD ? »
- Et même pour collecter des informations de façon coopérative : par exemple, « Je cherche un bon artisan pour rénover mes locaux commerciaux, avez-vous une recommandation ? »

Attention, lire et surtout répondre à tous les internautes peut rapidement devenir chronophage, en particulier si votre communauté est dynamique. Or, rien n'est pire pour un de vos fans que l'absence de réponse de votre part, alors même qu'il avait fait l'effort de vous envoyer un message.

C'est pourquoi je vous conseille d'utiliser avec modération ce sticker, qui est potentiellement le plus puissant, car il génère des liens directs avec vos lecteurs. Réservez-le pour vos stories vraiment originales, et qui soulèvent une réelle interrogation.

Sticker compte à rebours

Avec ce sticker, vous définissez une date et une heure précise, qui marque le début d'un événement. L'effet visuel qui en résulte est percutant, créant un sentiment d'urgence ou d'impatience chez le lecteur.

Ce sticker est idéal pour organiser un teasing de votre événement, par exemple avant une rencontre sportive ou un spectacle. Mais soyez créatif : pourquoi ne pas utiliser le compte à rebours pour annoncer l'ouverture d'une boutique, l'anniversaire d'un produit, ou encore le retour de vacances et donc la réouverture ?

De plus, ce sticker est réutilisable : une fois le compte à rebours créé, vous pouvez le repartager dans d'autres stories, afin de faire une piqûre de rappel.

Lorsque l'internaute clique sur le sticker, il peut soit programmer un rappel lorsque l'événement commence, soit le partager avec ses amis. Dans les deux cas, l'impact est très positif pour vous : le rappel pourrait bien remobiliser l'internaute qui avait oublié votre événement, et le partage en augmente la notoriété.

Le sticker discussion

Dernier né de la famille des stickers, la « discussion » permet à l'internaute qui clique dessus de rejoindre un groupe de discussion sur Instagram. À la façon d'un chat, les échanges n'y sont pas publics, mais réservés aux personnes qui l'ont intégré.

Il s'agit d'une bonne façon d'approfondir les échanges avec les personnes vraiment intéressées par la thématique mise en avant dans votre story. Par exemple, si vous évoquez un concert à Nantes mais que votre audience est nationale, alors ajouter le sticker discussion est une bonne idée. Cela vous permettra de parler de cet événement aux Nantais, sans risquer d'ennuyer les autres membres de votre communauté. De plus, en restreignant l'audience et en lui apportant des informations via ce canal original, vous augmenterez le sentiment de proximité et donc l'implication de vos lecteurs. Les échanges par messages privés sont bien plus qualitatifs que de simples publications.

Cette technique est idéale pour constituer un groupe de bêta-testeurs, pour votre future application comme pour élaborer le prochain dessert que vous servirez dans votre restaurant. Mais les possibilités sont presque infinies : pourquoi ne pas utiliser ce sticker pour tenir informés les participants à votre événement, et leur communiquer des horaires ou des détails pratiques ? L'important est de se demander quels pourraient être les groupes de discussion utiles à votre communauté, et qui réuniraient un segment bien précis de votre audience globale, afin de lui apporter des informations très ciblées et donc pertinentes.

Enfin, rassurez-vous : les internautes qui souhaitent rejoindre ce groupe de discussion devront obtenir votre autorisation. Vous gardez donc la main sur la composition de ce chat.

Dopez votre visibilité avec les hashtags

Le système des hashtags n'est pas aussi développé dans les stories que sur Twitter, mais il existe, et peut vous permettre de toucher de nouveaux lecteurs.

Pour ajouter un hashtag, vous pouvez utiliser le sticker « Mot clic », qui permet à l'internaute de découvrir d'autres stories sur la même thématique que la vôtre. Le gros avantage, en plaçant un mot clic, est d'être indexé dans le moteur de recherche : si des internautes font une recherche sur ce mot, ils peuvent tomber sur votre story, même s'ils ne suivent pas votre page. Cela permet de vous faire connaître, exactement comme on utilise les hashtags dans ses publications Instagram classiques pour attirer de nouveaux lecteurs.

Vous pouvez aussi placer des hashtags en utilisant l'outil de texte des stories, et donc sans passer par un sticker. Cette solution permet d'ajouter plusieurs hashtags, là où le sticker mot clic se limite à un seul. Je vous recommande d'utiliser cette technique, car les hashtags ainsi créés sont plus discrets, et évitent de parasiter votre story.

Cependant, les hashtags présentent un inconvénient : ils risquent de faire partir des lecteurs de votre story, s'ils cliquent dessus. Or, votre objectif n'est pas de faire fuir les internautes, au contraire ! Pour éviter ce problème, vous pouvez cacher les hashtags, par exemple derrière un sticker plus gros placé au premier plan. Si vous réalisez vos hashtags avec l'outil de texte, choisissez une couleur identique à celle du fond de votre story : ainsi, ils deviendront invisibles.

Augmentez la durée de vie de vos stories

Instagram vous donne la possibilité de conserver vos stories les plus importantes, en les laissant visibles via votre profil. Pour ce faire, rendez-vous dans votre story, puis cliquez sur l'icône en forme de cœur située en bas de l'écran, qui comporte la mention « mettre à la Une ».

Les stories à la une sont idéales pour :
- Présenter sa gamme complète de produits.
- Intégrer des informations pratiques : les horaires et la localisation de votre boutique.
- Partager les avis positifs de vos clients, et ainsi renforcer la confiance et la preuve sociale.

En résumé, elles constituent ainsi une sorte de super-profil qui intéressera forcément vos lecteurs. En effet, comme vos stories à la Une figurent dans votre profil, il y a fort à parier que les internautes qui les consultent sont déjà proches de votre entreprise, et qu'ils veulent obtenir des informations supplémentaires.

Je souhaite clore ce chapitre en évoquant une technique redoutable : l'intégration de liens dans votre story Instagram. Comme pour les stories Facebook, vous avez en effet la possibilité d'y placer un lien pointant vers votre site internet. Il s'agit là de la seule façon – à l'exception du lien qui figure dans votre profil – pour faire basculer vos lecteurs d'Instagram vers votre site web. Mais si j'évoque cette technique essentielle seulement maintenant, c'est parce qu'elle est malheureusement réservée à un nombre restreint de comptes. En effet, votre compte professionnel doit disposer d'au moins 10000 fans pour que cette option soit active, ce qui n'est sans doute pas votre cas. J'espère qu'à l'avenir les conditions s'assoupliront, afin de permettre à tous de profiter de cette possibilité très puissante. Si par bonheur votre communauté est assez grande, alors ne vous privez pas d'ajouter des liens dans votre story !

Chapitre 7
Réussir sur Tiktok

Vous avez forcément entendu parler de TikTok, sans toujours bien comprendre ce réseau social qui cartonne depuis 2019. Ce nouveau venu connaît une croissance forte et durable, qui pourrait le rendre indispensable dans votre stratégie de communication numérique. Mais TikTok provoque toujours une certaine méfiance: n'est-ce pas un réseau pour les ados? N'est-il pas trop compliqué à utiliser? Est-ce un effet de mode?

Dans ce chapitre, je vais tenter de vous convaincre de l'utilité de déployer votre communication sur TikTok. Il vous faudra comprendre et maîtriser les codes spécifiques de ce réseau créé pour les jeunes mais qui est en train d'acquérir une réelle maturité...

TikTok, royaume de la vidéo courte et créative

Sur TikTok, les utilisateurs partagent des vidéos courtes (moins d'une minute) au format story, c'est-à-dire vertical, avec un ratio de 9:16e. Le son est activé par défaut, et il est possible d'intégrer à sa vidéo des chansons en piochant dans la vaste banque musicale mise à votre disposition. Cette particularité s'explique par l'histoire de TikTok, qui est à l'origine une application pour mettre en vidéo des séances de play-back endiablées!

D'un glissement de doigt, vous pouvez passer à la vidéo suivante. TikTok en sélectionnera une autre automatiquement, grâce à un algorithme qui identifie vos préférences. L'interface est d'une simplicité enfantine, qui contraste avec l'usine à gaz qu'est devenu Facebook. On regarde la vidéo, on like ou commente, on swipe up pour en regarder une autre, et le tour est joué.

Réseau créé pour les jeunes, TikTok est marqué par une très forte créativité, avec des mises en scène inventives. La tonalité y est souvent décalée et humoristique, la priorité étant donnée au divertissement. Pour autant, ne croyez pas que TikTok soit inutile pour faire passer des messages sérieux, y compris publicitaires.

Ce n'est plus seulement un réseau social pour les ados

Si TikTok ressemblait fort à un simple effet de mode au moment de son décollage en 2019, le temps a prouvé que ce réseau social remporte au contraire un succès durable. Il compte désormais 11 millions d'utilisateurs réguliers chaque mois en France, qui y passent en moyenne une heure par jour! Des chiffres impressionnants, qui font de TikTok un sérieux concurrent pour Facebook.

Désormais, 67 % des utilisateurs de TikTok ont plus de 25 ans. 35 % ont même plus de 35 ans! Bien sûr, ce réseau social n'est pas idéal si votre cible est âgée de plus de 65 ans. Néanmoins, on constate jour après jour que l'audience de TikTok s'élargit à des classes d'âges plus mûres. L'époque où TikTok était réservé aux ados est donc révolue, et vos cibles y sont sans doute déjà présentes. Par des vidéos divertissantes et décalées, vous pouvez ainsi toucher une audience large et atteindre vos objectifs.

Cette transformation de l'audience ne va pas sans chambouler le contenu qui y est partagé, avec de plus en plus de tutoriels ou de vidéos éducatives. C'est pourquoi les votres ont sans doute leur place sur TikTok si elles apportent des réponses aux internautes. En publiant du contenu créatif et récréatif, vous pouvez en profiter pour subtilement faire connaître vos services et renouveler votre image de marque. Ce réseau social est jeune mais son public est en pleine transformation, il offre donc une place à du contenu varié et original, en dehors de toutes normes stéréotypées. Lancez-vous!

Un algorithme alléchant, pour l'instant!

Si TikTok plaît autant, c'est aussi parce que ce réseau social donne sa chance à tous. Sur Twitter, impossible d'espérer avoir une importante visibilité sans avoir une horde de followers. Sur Facebook, la portée est désormais tellement faible que sortir sa carte bleue est devenu un réflexe. Ce n'est pour l'instant pas le cas sur TikTok.

En effet, TikTok permet à tous les comptes, y compris les plus petits, d'espérer une visibilité importante. Même si vous ne comptez que quelques abonnés, votre vidéo peut devenir virale, car l'algorithme de TikTok la proposera alors à un très large public. Plus que la notoriété, la popularité du contenu est le seul juge de paix.

Cette générosité de l'algorithme s'explique sans doute par la jeunesse de ce réseau, qui cherche à attirer des créateurs de contenu en promettant une plus grande visibilité des vidéos aux nouveaux arrivants. De plus, rares sont les entreprises déjà présentes sur TikTok, contrairement à Facebook où les diffuseurs sont légion, provoquant une saturation de contenus. Enfin, le taux d'engagement est très élevé sur TikTok, tout comme le temps moyen passé par les utilisateurs sur l'appli, qui peuvent ainsi découvrir de nombreuses vidéos.

L'avenir nous dira si cet algorithme généreux durera, ou si TikTok, comme Facebook avant lui, se normalisera en évoluant vers un modèle lucratif où la portée gratuite se réduit comme peau de chagrin.

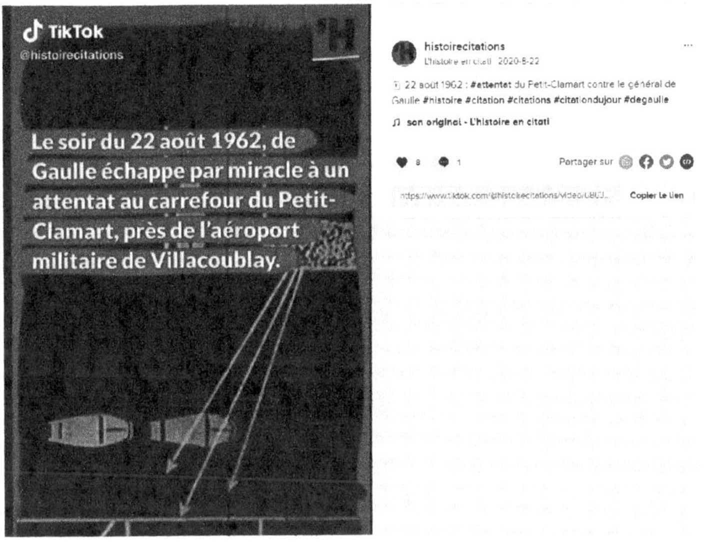

L'une de mes premières vidéos publiées sur TikTok.
J'avais à l'époque moins de 10 abonnés sur mon compte,
et pourtant cette vidéo a obtenu plus de 1 100 visionnages.
Preuve que l'algorithme est généreux, et permet de créer la surprise.

Gérez TikTok sur Desktop

Il est désormais possible d'utiliser TikTok sur votre ordinateur, et plus seulement sur smartphone. Cette fonctionnalité est très pratique, en particulier pour mettre en ligne vos vidéos. Connectez-vous à votre compte TikTok sur téléphone, puis ouvrez la page https://www.tiktok.com/ sur votre ordinateur. Il ne vous reste plus qu'à scanner un QR Code pour vous connecter sur desktop.

Utilisez un logiciel pour concevoir de belles vidéos

Comme tous les réseaux sociaux, TikTok est caractérisé par l'amateurisme. Nul besoin d'être un réalisateur chevronné, les vidéos publiées sont rarement parfaites, et c'est précisément ce qui fait leur charme. Je ne compte plus le nombre de vidéos TikTok qui se déroulent dans une simple cuisine, avec la vaisselle en arrière-plan ! Cela importe peu, et offre au contraire une dose d'authenticité bien souvent absente sur Instagram. Les mises en scène parfaites lassent, les vidéos léchées proposées par les grandes marques manquent de sincérité. TikTok peut être perçu comme une réaction au règne du factice, et donc comme un retour de la réalité dans le monde des réseaux sociaux.

C'est pourquoi un simple smartphone permet de réaliser des vidéos de qualité suffisante pour TikTok. L'appli propose plusieurs options pour dynamiser vos vidéos : des effets visuels et vocaux, des filtres et des stickers. Il est possible de prendre plusieurs petites séquences vidéo, puis de les réorganiser. Enfin, TikTok permet d'ajouter une musique ou des enregistrements vocaux. Ces possibilités nombreuses peuvent dérouter les utilisateurs de Facebook, habitués à simplement écrire un texte et à l'accompagner d'une image ! Mais l'interface est bien pensée, et elle permet de rapidement créer des vidéos efficaces. Je vous invite à tester ces différentes fonctionnalités, qui vous seront rapidement familières.

Les vidéos directement créées avec votre smartphone ne peuvent malheureusement pas dépasser les 15 secondes. C'est pourquoi je préfère utiliser un logiciel spécifique pour réaliser mes vidéos TikTok, pour ensuite les mettre en ligne. Cette technique permet de partager des vidéos plus longues. Le logiciel le plus connu est Funimate, qui permet de concevoir de belles vidéos, avec de nombreuses options pour les rendre uniques : stickers, filtres, transitions, ajout de texte... Tout y est et la prise en main est enfantine ! J'ai aussi évoqué à plusieurs reprises dans ce livre le site Animoto pour concevoir des vidéos : depuis sa dernière mise à jour, il prend en charge le ratio 9:16e, s'adaptant ainsi au format de TikTok.

Une fois votre vidéo créée, il ne reste plus qu'à la mettre en ligne.

Des codes très spécifiques

Sur TikTok, la tonalité est résolument positive et divertissante. Oubliez les polémiques sans fin de Twitter ou les coups de gueule absurdes de Facebook : sur TikTok, les internautes veulent s'amuser et découvrir. Ainsi, même si votre message est au fond sérieux, vous devez vous efforcer de le présenter sous un jour réjouissant et distrayant. Faut-il y voir une réaction à la sinistrose qui commençait à envahir nos réseaux sociaux? Sans doute!

TikTok est aussi social. Pour développer votre compte, vous devrez suivre d'autres créateurs, et commenter leurs vidéos. En interagissant de la sorte, vous enverrez un signal positif à TikTok, qui vous considérera comme un utilisateur actif, et donc à valoriser. De même, posez des questions dans vos vidéos, comme vous le feriez pour vos messages Facebook: ce faisant, vous incitez les spectateurs à publier un commentaire, ce qui génère de l'engagement, et donc de la visibilité.

Sur TikTok, l'accroche est essentielle. En effet, l'internaute peut décider de passer à un autre contenu dès la première seconde de votre vidéo s'il ne la juge pas assez attrayante. Or, l'algorithme pénalisera les vidéos qui sont rapidement abandonnées. Soignez tout particulièrement le lancement de votre vidéo.

Un autre enjeu est de capter l'attention du spectateur jusqu'au bout. En effet, l'algorithme valorise les vidéos qui sont regardées en intégralité. Il est donc essentiel de ménager une forme de suspense, de dévoiler l'élément clef à la toute fin de votre vidéo. Pensez vos créations à la façon d'un mini-film sur lequel les spectateurs tomberaient par hasard: le début doit capter l'attention, et se terminer par un élément intéressant.

Enfin, TikTok lui-même conseille, dans un guide publié en 2021, de suivre les tendances, et donc de créer des vidéos en lien avec l'actualité. Il peut s'agit de l'actualité générale (un événement sportif) ou l'actualité de TikTok, par exemple si un challenge est particulièrement populaire.

Quels types de vidéo publier sur TikTok?

Bonne nouvelle: sur TikTok, il n'existe pas de règle absolue concernant les types de contenus à publier. Ce réseau social jeune se renouvelle rapidement et s'ouvre à des contenus originaux.

Au-delà des challenges (défis) et des mises en scène musicales, vous trouverez des contenus d'une grande variété:

- Des tutoriels de bricolage: des bricoleurs révèlent comment fabriquer une étagère ou graisser les gonds d'une porte.
- Des mini-reportages d'histoire: il est possible d'aborder rapidement une page de l'histoire, en la racontant tout en affichant des images ou vidéos d'archive.
- Des cours de méditation en ligne: quelle posture adopter pour se détendre ou trouver le sommeil après une longue journée de travail? Les profs de yoga sont eux-aussi sur TikTok.

- Des techniques de cuisine : comment réussir ses œufs brouillés ? En moins d'une minute, un internaute vous donne ses astuces, vidéo à l'appui.
- De l'actualité : *Le Monde* publie des vidéos qui mettent en scène ses journalistes, qui abordent de façon spontanée un sujet d'actualité.
- Des astuces pour améliorer son orthographe : une enseignante filme un cahier sur lequel figure une phrase, et elle explique la règle de grammaire en entourant en rouge les mots qui posent problème.

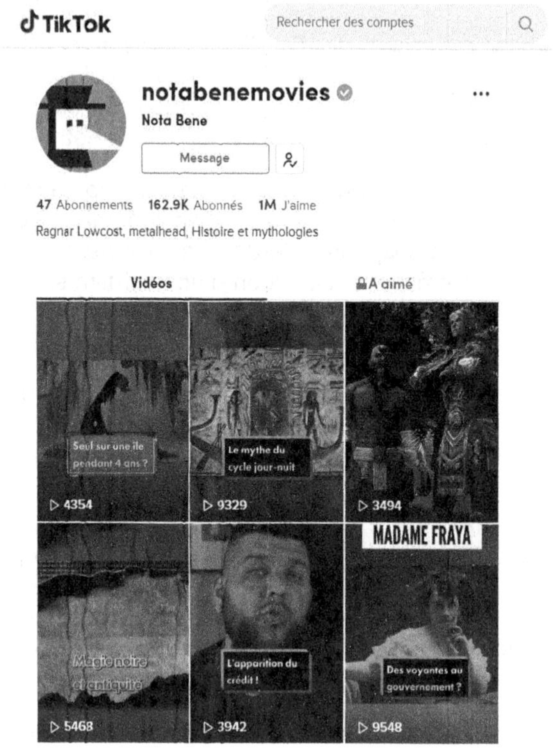

NotaBene, qui anime une chaîne Youtube très populaire consacrée à l'histoire, a trouvé sa place sur TikTok. Par des vidéos courtes, intégrant des images d'archives mais aussi des images décalées, il a parfaitement réussi à adapter ses contenus au format de TikTok. Dans mes exemples, je présente de nombreuses vidéos d'histoire afin de vous prouver que tous les sujets peuvent être abordés de façon performante sur TikTok : ce réseau n'est pas réservé aux défis musicaux ! Si un sujet aussi sérieux que l'histoire a une place de choix sur TikTok, alors vos thématiques trouveront elles aussi leur public.

Impossible de tout lister, tant les thématiques sont variées ! Il est donc certains que vos vidéos ont leur place sur TikTok. Mieux, si votre contenu ne ressemble à aucun autre, il aura sans doute davantage de succès. Pour achever de vous convaincre, pensez aux nombreuses personnalités politiques désormais présentes sur ce réseau, souvent pour y diffuser des messages sérieux.

L'important est de partir des besoins des internautes : que souhaitez-vous leur transmettre, mais surtout que cherchent-ils ? On qualifie souvent les réseaux sociaux de royaume de l'égo, l'individu étant au centre de l'attention. Mais sur TikTok, pensez d'abord aux autres, à ce que vous allez pouvoir leur apporter, l'idéal étant de trouver comment satisfaire leur curiosité de façon divertissante.

Enfin, mon conseil est de passer du temps sur TikTok pour découvrir les différents types de vidéos proposés. Vous allez y puiser de nombreuses idées, vous rendre compte que tout est possible et prendre conscience que vos idées ont tout à fait leur place sur TikTok. Pour éviter de vous noyer dans l'océan de contenus qu'est TikTok, vous pouvez utiliser le site business https://www.tiktok.com/business/fr/inspiration qui présente les vidéos les plus populaires. Un tri par thématique et par pays est possible, afin d'obtenir des résultats vraiment pertinents.

Utilisez les hashtags

Comme sur Twitter ou Instagram, vous devez ajouter des hashtags dans la description de votre vidéo, afin de la faire connaître aux internautes intéressés par vos thématiques. Pour trouver de bons hashtags, je vous invite à lire le chapitre consacré aux hashtags sur Twitter.

Néanmoins, il existe des hashtags spécifiques sur TikTok qu'il est important de découvrir. Par exemple, si votre vidéo a une dimension éducative, ajoutez #LearnOnTikTok. Pour trouver ces fameux hashtags, regardez des vidéos sur des thèmes proches des vôtres et notez-les # qui se trouvent en description.

Attention : la description de votre vidéo est limitée à 100 caractères. Vous devez par conséquent sélectionner avec soin les hashtags, car vous ne pourrez pas en choisir autant que sur Instagram.

Enfin, testez différents hashtags pour vos vidéos, puis comparez les résultats obtenus. Vous allez ainsi identifier rapidement ceux qui permettent d'obtenir la meilleure visibilité.

Mémento: bien se lancer sur TikTok

- Adoptez une tonalité légère et positive.
- Regardez le contenu publié, en particulier dans votre secteur d'activité: inspirez-vous des autres, et adoptez leurs codes.
- Lancez-vous sans crainte, en restant vous-même: vos contenus, même s'ils sont très originaux, ont sans doute leur place sur TikTok.
- Soyez authentique et abandonnez les mises en scène artificielles.
- N'oubliez pas les fondamentaux des réseaux sociaux: ajoutez des hashtags, des stickers et publiez régulièrement en posant des questions.

En résumé, TikTok est un territoire nouveau, dont les règles ne sont pas gravées dans le marbre. À partir d'une application très simple s'ouvrent des possibilités intéressantes, qu'il ne vous reste plus qu'à exploiter! Testez, tentez, essayez et le succès sera au rendez-vous.

Ce chapitre est court, et contient peu de règles à respecter impérativement. Je m'en réjouis! TikTok permet en effet de renouer avec la fraîcheur des premiers temps des réseaux sociaux. Plus que la maîtrise de techniques réservées à une poignée de spécialistes, c'est bien votre authenticité et votre créativité qui vont faire la différence.

Chapitre 8

Réussir sur Pinterest

Tout comme Instagram, Pinterest est un réseau social basé sur les images. Mais ici, elles sont épinglées et classées sur des tableaux virtuels. Vous pouvez accrocher sur votre tableau n'importe quelle image trouvée sur Internet, et même reprendre une épingle d'un autre utilisateur.

Pinterest est devenu une sorte de banque d'images et surtout un réservoir à idées, certaines personnes allant même jusqu'à chercher sur Pinterest plutôt que sur Google pour trouver des idées de décoration ou de recette.

Une étude publiée par Shareaholic début 2018 montre même que Pinterest représente désormais 7 % du trafic des sites Web, surtout grâce aux avantages en termes de référencement sur Google et Google images. Pour avoir un point de comparaison, Facebook représente 18 % du trafic et Instagram moins de 1 % !

Si ce réseau social reste relativement confidentiel en France, il pourrait bien décoller dans les années à venir, c'est pourquoi je souhaite vous expliquer les techniques pour bien l'utiliser.

Pour bien commencer

Quelques conseils pour débuter sur Pinterest

Même si les conseils valables pour Facebook ou Instagram s'appliquent aussi à Pinterest (publier régulièrement du contenu de qualité, partager le contenu des autres...), son format est très différent des autres réseaux sociaux. En effet, vous allez épingler sur vos tableaux virtuels les images de votre choix afin de les partager avec les personnes qui vous suivent.

- Partagez des images inspirantes, et non insipides. Cela peut sembler évident, mais certains utilisateurs cèdent à la tentation de tout épingler. Or, vous devez viser la qualité et non la quantité.
- Les images épinglées doivent provoquer une émotion : l'admiration, l'inspiration, la surprise, le rire.
- Si ce n'est pas le cas, alors vos images doivent avoir une valeur informative, apporter des idées ou des solutions pratiques à vos lecteurs. De nombreuses personnes vont sur Pinterest pour trouver des idées, que ce soit de décoration, de cuisine, ou de lecture.
- Vérifiez le rendu de vos images sur vos tableaux, à la fois sur *desktop* et sur smartphone, afin d'être sûr qu'elles apparaissent de façon satisfaisante. Tenez compte de la petite taille des vignettes, qui risque de rendre illisibles certaines images avec du texte.
- Réutilisez les images publiées sur vos autres réseaux sociaux. Pinterest est en effet idéal pour donner une deuxième vie à vos photos diffusées sur Twitter, Instagram ou Facebook. Ce conseil est très important, car la bonne philosophie sur les réseaux sociaux est toujours d'exploiter au maximum un même contenu.
- Séparez clairement vos thématiques dans différents tableaux car sur Pinterest comme ailleurs, la segmentation permet de mieux toucher vos cibles précises.

Épinglez facilement avec le plugin Pinterest

La façon la plus simple d'ajouter de nouvelles épingles à vos tableaux Pinterest est d'ajouter dans votre navigateur Internet un plugin, que vous trouverez sur https://about.Pinterest.com/fr/browser-button

Désormais, dès que vous survolez une image avec le pointeur de votre souris, un bouton rouge « Enregistrer » apparaît. En cliquant dessus, vous pouvez alors l'épingler dans le tableau de votre choix.

Les avantages sont nombreux :

- Vous pourrez épingler tout au long de la journée, ce qui évite d'ajouter dix épingles d'un seul coup, et risquerait de faire trop pour vos lecteurs.
- Vous allez facilement épingler les images d'autres sites Web que le vôtre. Or, partager du contenu tiers est une bonne pratique.
- Cette technique évite aussi d'oublier d'épingler, car elle n'implique aucune manipulation compliquée. Vous continuez à surfer normalement sur Internet, sans quitter le site que vous consultez.

Présentez efficacement votre contenu

Les hashtags débarquent sur Pinterest

Longtemps absents, les hashtags sont désormais sur Pinterest. Ils fonctionnent de la même manière que sur Twitter, permettant à l'internaute de faciliter sa recherche grâce à ce système de mot-clé.

Comme les hashtags sont apparus seulement en 2017 sur Pinterest, rares sont ceux qui ont acquis le réflexe d'en placer sur leurs épingles. Or, c'est une excellente façon de donner à vos pins une visibilité supplémentaire.

Cette astuce est simple comme bonjour, il ne vous reste plus qu'à y penser !

Les stories s'invitent aussi sur Pinterest

Les incontournables stories, présentes sur Instagram, Facebook, LinkedIn et Twitter, sont désormais disponibles sur Pinterest.

Pour ce faire, il suffit de cliquer sur le bouton « Créer une Épingles idées » qui se trouve sur la page d'accueil de Pinterest.

Il est possible d'ajouter des stickers, exactement comme sur Instagram. Je vous invite à lire le chapitre dédié aux stories Instagram pour apprendre comment maîtriser ce format.

Le concept de ces stories Pinterest présente quelques différences avec celles des autres réseaux sociaux. D'une part, leur durée de vie n'est pas éphémère : vos « Épingles idées » resteront visibles longtemps et non pas 24 heures comme sur Instagram. Ensuite, elles permettent de présenter un diaporama de plusieurs épingles au lieu d'une seule. Enfin, il est impossible d'intégrer un lien cliquable dans vos « Épingles idées », ce qui réduit considérablement leur intérêt pour générer du trafic vers votre site Internet.

Il faut donc y voir une vitrine pour votre compte. De plus, Pinterest a sans doute tendance à valoriser les comptes qui utilisent cette nouvelle fonctionnalité.

Au moment de l'écriture de ces lignes, les « Épingles idées » ne sont disponibles que pour les comptes professionnels. Nous verrons un peu plus loin comment opérer ce changement de compte. Il est néanmoins certain qu'il s'agit d'une phase de test, et que cette fonctionnalité a vocation à être utilisée par tous.

Vos tableaux Pinterest doivent être illustrés par une belle photo

Chacun de vos tableaux est illustré par une image de couverture. Qu'elle soit choisie automatiquement n'est pas la meilleure solution, car ce ne sera généralement pas l'image la plus percutante. De plus, la photo de couverture apparaît au format carré, et Pinterest va donc rogner une de vos photos. Si elle est rectangulaire, le résultat peut être désastreux.

Prenez donc quelques minutes pour définir vous-même la photo de couverture, en allant dans les paramètres de chacun de vos tableaux, puis en cliquant sur « Couverture : modifier ».

Vous pourrez sélectionner n'importe quelle image présente dans votre tableau. Choisissez-en une qui illustre bien le thème, avec un joli visuel ou une référence connue.

Vous devrez sans doute recadrer la photo, afin de respecter le format carré. Parfois, obtenir un bon résultat n'est pas possible, je vous conseille donc de choisir une autre photo.

Classez vos épingles dans des sous-tableaux

Si vous êtes actif sur Pinterest, vous allez rapidement faire face à un problème d'organisation. Vos épingles seront partout, et il deviendra difficile de s'y retrouver. C'est pourquoi Pinterest a introduit fin 2017 la possibilité de créer des sections, qui sont des sous-tableaux. Vous pouvez ainsi créer des tableaux sur des thèmes généraux, puis les subdiviser en sections plus spécifiques.

L'avantage est aussi de faciliter la recherche pour les internautes, et de segmenter encore davantage vos épingles, améliorant ainsi le ciblage.

Pour créer une section, allez sur votre tableau, puis cliquez sur « Ajouter une section ».

Créez des liens avec d'autres utilisateurs

Jouez le jeu et socialisez-vous sur Pinterest

Sur Pinterest comme sur tous les réseaux sociaux, votre premier réflexe est de mettre en avant votre contenu, au détriment de celui des autres. Vous allez souvent épingler vos images, et seulement les vôtres. Car en quoi prendre la peine d'épingler celles des autres pourrait vous être profitable ?

C'est une erreur. La clé de la réussite sur les réseaux sociaux est de jouer le jeu, de façon désintéressée et généreuse. Vous ne réussirez qu'avec l'aide des autres, et ce n'est pas en restant dans votre coin que vous allez l'obtenir.

Utilisez donc Pinterest de façon normale, même si vous êtes une entreprise qui cherche à vendre ses produits ou un artisan fier de ses réalisations :

- Suivez de nombreux tableaux. À chaque fois que vous vous abonnez à un tableau, son créateur reçoit une notification qui pourrait bien l'inciter à vous suivre.
- Épinglez des images d'autres sites, pour offrir un contenu varié et ne pas être seulement dans l'autopromotion. Les gens aiment les tableaux Pinterest, pas la publicité.
- Réépinglez les épingles des autres utilisateurs. Ils recevront là encore une notification.

Si vous souhaitez distinguer les épingles de votre entreprise et les autres, vous pouvez créer un tableau spécifique dans lequel vous aller épingler vos coups de cœur.

En résumé, ne soyez pas égoïste, partagez, aidez les autres, et ils vous aideront en retour.

Plusieurs personnes peuvent travailler sur un même tableau Pinterest

L'approche collaborative est à la mode, car elle permet de mettre en commun le travail et les connaissances. Pinterest permet donc de travailler à plusieurs sur un même tableau, ce qui est redoutablement efficace :

- Pour créer une communauté, en créant un tableau réservé aux images des membres.
- Pour mobiliser ses collaborateurs, afin que toute l'entreprise ou l'association travaille ensemble.
- Dans le cas d'un événement, pour inciter les participants à y épingler leurs photos.

Choisissez le tableau de votre choix, puis cliquez sur l'icône en forme de crayon pour modifier ses paramètres. Vous pouvez alors inviter par email les personnes à qui vous souhaitez donner la possibilité d'épingler sur ce tableau.

En tant que créateur du tableau, vous gardez un certain contrôle de la situation, par exemple en retirant de la liste des collaborateurs une personne qui n'aurait pas bien agi.

Programmez vos épingles

La programmation des épingles était une fonctionnalité très attendue sur Pinterest. Elle est désormais opérationnelle, et vous pouvez à présent planifier jusqu'à deux semaines en avances vos épingles. Cela simplifie considérablement le travail éditorial, et permet d'étaler dans le temps la publication des épingles.

Créez des liens entre vos tableaux, votre site Web et vos autres réseaux sociaux

Choisissez-les meilleurs liens pour vos images sur Pinterest

Un des avantages de Pinterest est de générer du trafic votre site Web. En effet, les images épinglées sont cliquables, et renvoient vers le site d'origine. Mais il est possible de personnaliser l'URL de destination, ce qui est très pratique si vous épinglez depuis votre compte Twitter, mais que vous souhaitez plutôt orienter les internautes vers votre site.

Pour ce faire, il suffit de cliquer sur l'icône en forme de crayon en haut à gauche de votre image. Une fenêtre de modification de l'épingle s'affiche, avec la possibilité de modifier le site Web de destination.

Notons aussi la possibilité de modifier la description de l'épingle, ce qui constitue une bonne occasion d'améliorer son référencement en plaçant des mots-clés pertinents et quelques hashtags...

Liez votre site Web à votre compte Pinterest

Il est possible, et même recommandé, de confirmer votre site Web sur votre compte Pinterest. Cela vous permettra d'obtenir dans vos *analytics* des statistiques à propos des personnes qui épinglent des images depuis votre site Internet. De plus, une petite icône indiquera que votre site est certifié, ce qui rassure les utilisateurs et pourrait vous donner un petit coup de boost au niveau du référencement.

Rendez-vous dans « Paramètres » puis « Profil », et enfin « Confirmer le site Web ». Pinterest affiche alors un petit code html à placer sur votre site Web. Si vous ne savez pas le faire vous-même, envoyez ce texte à votre webmaster, l'opération est très simple.

Réutilisez votre contenu

Vos photos Instagram méritent d'être sur Pinterest

Cherchez toujours à réutiliser le plus possible votre contenu : vous publiez une photo sur Instagram, alors vous devez la publier aussi sur Pinterest. D'ailleurs ces deux réseaux sociaux très visuels se complètent bien et fonctionnent de façon similaire. Une photo appréciée sur Instagram le sera généralement aussi sur Pinterest.

Allez sur Instagram, choisissez la photo que vous souhaitez, puis cliquez sur les trois petits points de suspension en haut à droite. La fenêtre suivante s'ouvre. Cliquez sur « Copier le lien ».

Puis rendez-vous sur Pinterest, et collez le lien obtenu dans la fenêtre « Enregistrer à partir d'un site Web ».

Analyser vos performances sur Pinterest

Transformez votre compte Pinterest perso en compte pro

De base, votre compte Pinterest ne vous donne pas accès aux *analytics*. Vous ne pouvez donc pas mesurer son audience réelle et son efficacité. Pour le faire, vous devez passer en compte professionnel.

La transformation en compte pro est gratuite, et s'effectue très simplement depuis la page https://www.Pinterest.fr/business/convert/

Facile, rapide, mais encore faut-il le savoir !

Mesurer l'efficacité de votre compte Pinterest

Une fois votre compte Pinterest pro obtenu, vous aurez accès aux *analytics*. Ils vous offrent une présentation générale de votre audience et de la portée de vos épingles.

Plus intéressant encore, vous disposez de la liste des épingles ayant obtenu les meilleurs résultats le mois dernier. Comme toujours, essayez de repérer les clés du succès, et s'il existe un point commun entre ces épingles à succès, vous tenez sans doute un indice.

Enfin, les *analytics* vous apportent aussi des informations sur votre audience. Et ce n'est pas inintéressant, car Pinterest étant un réseau social très visuel et donc peu impacté par la langue, vous ne pouvez jamais deviner à l'avance d'où proviennent vos lecteurs.

Chapitre 9

Réussir sur LinkedIn

Pour compenser la baisse d'activité sur Facebook, de nombreuses entreprises et associations se tournent vers LinkedIn. La masse d'informations publiée y est moindre, et par conséquent vos messages seront moins concurrents par ceux d'autres acteurs. Aller sur LinkedIn est donc une bonne idée pour obtenir une bonne visibilité. Néanmoins, ce réseau social professionnel est régi par des règles particulières, liées à sa nature plus sérieuse.

Partir sur de bonnes bases

Votre entreprise mérite une page sur LinkedIn

Les pages entreprises sont l'équivalent des pages Facebook : elles permettent de communiquer au nom de votre entreprise.

Créer une page est facile, rendez-vous dans « Produit » tout en haut à droite. Puis cliquez sur « Créer une page entreprise ». Le processus de création est simple et ne vous surprendra pas. Vous devrez néanmoins certifier avoir le droit de créer la page de cette entreprise.

Une fois la page créée, vous pouvez publier des messages en son nom en cliquant sur votre photo de profil, puis sur « Entreprise XXX ». LinkedIn passera en mode entreprise, et il ne vous reste alors plus qu'à publier.

Mais le plus important est de bien remplir l'onglet « Présentation » de votre page. Sorte de biographie, elle contient une section « À propos », votre spécialisation, votre adresse ainsi que la taille de votre structure. Prenez le temps suffisant pour bien présenter votre entreprise, car des prospects ou des futurs collaborateurs pourraient bien la visiter. Votre image est donc en jeu.

Désignez des administrateurs sur votre page

Rendez-vous sur votre page, cliquez sur « Outils d'administration », puis sur « Administrateurs ». Vous pouvez alors désigner de nouveaux administrateurs, qui possèdent tous les droits sur la page. Vous devez être connecté aux personnes à qui vous souhaitez donner ce rôle, ce qui est plutôt logique.

Vous voilà prêt à publier. Reste à savoir quoi !

Que faut-il publier sur sa page entreprise LinkedIn ?

La plupart des conseils et astuces présents dans ce livre s'appliquent à tous les réseaux sociaux, qui partagent un grand nombre de règles. Néanmoins, LinkedIn est un peu à part car il s'agit d'un réseau social strictement professionnel, qui s'adresse à des personnes cherchant des informations sur leur secteur d'activité, ou de nouvelles perspectives de carrière. Commençons par présenter ce qui ne change pas sur LinkedIn.

Les points communs avec les autres réseaux sociaux

De nombreux conseils valables pour Facebook, Twitter et Instagram s'appliquent aussi à LinkedIn :

- Publiez du contenu de qualité, et régulièrement, en espaçant vos publications dans le temps.
- Cela nécessite d'avoir une stratégie (Quelle est votre cible ? Quels sont vos objectifs ? Quel est votre message ?) et donc un calendrier éditorial adapté.
- Demandez à vos collaborateurs de suivre votre page LinkedIn, mais aussi de l'ajouter dans la rubrique « Employeur » de leur profil et de partager régulièrement vos messages.
- Mentionnez votre page LinkedIn sur votre site Internet, mais également sur tous vos supports, y compris offline.
- Soignez les informations de votre page entreprise (et tout particulièrement la rubrique « À propos ») et mettez-les à jour régulièrement.
- Variez vos types de messages, en alternant entre les liens, le texte, les photos et les vidéos.

- Ne parlez pas que de vous, mais partagez des informations en lien avec votre secteur d'activité. Une page LinkedIn n'est pas un support d'autopromotion, mais bien d'échanges sur vos thématiques. Partager du contenu tiers de qualité est une façon de mettre en avant vos expertises et d'intéresser vos lecteurs.
- Générez de l'engagement. Comme ailleurs, l'algorithme fait le tri et n'affiche sur le fil d'actualité des internautes que les messages les plus populaires.

Les spécificités de LinkedIn

Gardez à l'esprit que LinkedIn est un réseau social professionnel, ce qui implique deux différences majeures :

- Les thématiques concernent le travail ou l'entreprise, ce qui restreint forcément votre territoire éditorial. Vous pouvez avoir une vision large de ces sujets, ou tenter de rattacher même de façon un peu acrobatique vos messages aux thématiques du monde de l'entreprise. Un article de presse à votre sujet a tout à fait sa place sur votre page LinkedIn, car il concerne votre entreprise. Idem pour des photos de votre équipe, par exemple si un nouveau collaborateur vous rejoint.
- La tonalité est beaucoup plus rigoureuse qu'ailleurs. Exit les *émojis* et le registre familier !

Pour plaire à votre audience, vous devez donc vous demander en premier lieu qui elle est. Sur LinkedIn, les internautes recherchent des informations pertinentes qui peuvent les aider dans leur travail, des opportunités d'emplois (pour eux ou à partager) et des informations sur le monde des entreprises.

Le principe même d'une communication réussie est de diffuser un message qui intéresse votre interlocuteur. Ici, vous faites face à des professionnels. Voici quelques thématiques qui peuvent les intéresser, tout en valorisant votre entreprise ou votre projet.

Les offres d'emplois

LinkedIn est devenu une plateforme d'offre et de recherche d'emplois très dynamique. Les entreprises peuvent déposer une offre en cliquant sur « Emplois », qui se situe dans la barre d'outils tout en haut. Une fois l'offre créée, elle intégrera la base d'offres d'emplois LinkedIn, et les candidats la découvriront si les critères de recherches concordent.

Comme LinkedIn a pour objectif d'ouvrir de nouveaux horizons professionnels, ce type de contenu sera hautement apprécié. Il peut à lui seul justifier que l'on suive votre page entreprise. Elles sont virales, car très souvent partagées. De plus, les utilisateurs ont tendance à « taguer » une personne qui pourrait être intéressée par l'offre, ce qui accroît votre notoriété.

Mais pour amplifier l'effet positif de ce contenu, n'oubliez surtout pas de partager l'offre par un message classique, qui s'affichera dans le fil d'actualité des personnes qui vous suivent. Et, par la suite, de publier un nouveau message pour souhaiter la bienvenue à votre nouveau collaborateur. Il s'agit d'une façon simple de montrer l'intérêt que porte votre entreprise à ses salariés, avec un bel effet en termes d'image.

Améliorez votre image

LinkedIn est votre vitrine pour tous les professionnels qui la visitent. En lisant vos messages, ils se font une idée de qui vous êtes : êtes-vous un employeur respectable ? Pourriez-vous devenir un partenaire fiable ? Bref, c'est votre image qui est en jeu.

Voilà pourquoi il est essentiel de profiter de la moindre information *corporate* pour présenter aux lecteurs votre meilleur visage. Au-delà du recrutement et des articles professionnels, LinkedIn est le réseau idéal pour dire qui vous êtes.

L'entreprise de grande distribution Carrefour a par exemple récemment publié un message LinkedIn annonçant la fin de la commercialisation des œufs issus de poules élevées en cages. Une façon de rappeler l'engagement en faveur du bien-être animal, ce qui permet à l'entreprise de s'affirmer comme pionnière en la matière. Le message intègre aussi un lien vers la charte d'engagement, ce qui permet au lecteur d'aller plus loin, et éventuellement de découvrir son site Internet.

Ce message ne débouchera sans doute sur aucune opportunité business directe. Mais les retombées indirectes pour son image sont bien plus importantes.

Mettez en avant votre expertise

Le but sur LinkedIn est aussi de présenter votre entreprise et ses collaborateurs comme des experts dans leur secteur d'activité. L'expertise rassure à la fois le prospect qui souhaiterait nouer des relations commerciales, mais aussi un futur collaborateur ou des médias qui écrivent un article.

La vidéo publiée sur la page de *BlaBlaCar*, célèbre entreprise de covoiturage, illustre bien ce propos. Il ne s'agit pas d'une vidéo commerciale à proprement parler, car vous n'êtes pas incité à acheter un produit. Le fondateur de l'entreprise s'exprime simplement sur l'innovation en France, grâce à ses start-up. Le format vidéo est attractif, et l'interview intéressante, même si vous n'êtes pas un adepte du covoiturage. Ce type de message peut donc mobiliser un large public.

Message LinkedIn de BlaBlaCar de septembre 2017 (https://www.linkedin.com/company/2479609/)

Mettre en avant son expertise n'est pas seulement un geste désintéressé, il s'agit d'une véritable stratégie pour augmenter la taille de la communauté et faire du business. Comment ?

Le fait même de donner la parole au fondateur de l'entreprise permet d'associer *BlaBlaCar* à la *start-up Nation*, à la France innovante.

Le message publicitaire « subliminal » est présent, car le nom de l'entreprise revient plusieurs fois, tout comme l'un de ses programmes en faveur des jeunes talents.

J'ai regardé la vidéo avec intérêt, ce qui m'a poussé à suivre la page LinkedIn de *BlaBlaCar*, pour pouvoir profiter à l'avenir d'autres contenus de ce type. Je reçois désormais leurs publications dans mon fil d'actualité, alors même que je n'avais pas prévu de les suivre !

Pour l'anecdote, quelques semaines après avoir regardé cette vidéo j'ai utilisé *BlaBlaCar* pour la première fois de ma vie. Il n'y a sans doute pas de lien direct, mais l'entreprise était quand même restée dans un petit coin de ma tête, et elle en est sortie lorsque j'avais besoin de réaliser un trajet... Cet exemple symbolise bien la nouvelle façon de faire du business sur les réseaux sociaux, loin des logiques traditionnelles et intrusives d'antan, qui ne fonctionnent plus.

LinkedIn, c'est du sérieux !

LinkedIn est le réseau social du sérieux. Mais on emploie souvent l'expression « c'est du sérieux » pour désigner quelque chose d'important. J'ai remarqué par expérience que toutes les nouvelles importantes ont leur place sur LinkedIn, qu'elles soient ou non directement en lien avec le monde du travail.

J'ai publié sur la page de la Fédération française des échecs un lien vers un article de *l'Express* à propos des vertus de ce jeu. Le message a récolté de nombreuses réactions, alors même qu'à première vue il n'est pas dans une thématique compatible avec LinkedIn.

Message LinkedIn de la Fédération française des échecs de décembre 2017 (https://www.linkedin.com/company/10009585/)

On parle de vous dans un journal ? Vous êtes nominé pour un prix ? Une personnalité a parlé de vous ? C'est l'occasion de faire une publication !

Élargissez votre territoire

Bien souvent, vous allez éprouver des difficultés à publier régulièrement des messages en lien direct avec votre entreprise. Après tout, son actualité n'est pas toujours aussi dense que vous le voudriez. Et puis, vous avez déjà l'impression de beaucoup parler de vous... Alors, plusieurs semaines passent entre deux messages, et votre compte manque de rythme.

Une astuce pour éviter ce problème est d'élargir votre territoire éditorial, en y incluant toutes les thématiques qui gravitent autour de votre entreprise, et qui sont à même de générer de l'intérêt de la part du lecteur. L'objectif est de publier du contenu de qualité, ce qui est un prérequis pour créer une communauté autour de votre entreprise.

Une bonne façon de procéder est de partager votre veille sectorielle sur vos thématiques. Sur LinkedIn, les internautes cherchent aussi des informations utiles dans votre secteur d'activité.

Par exemple, une agence immobilière pourra partager des articles sur les changements législatifs qui ont un impact sur l'immobilier. Une façon habile pour l'agence d'aider l'internaute, de lui prouver son sérieux, mais aussi de l'amener sur son site web.

Dans votre secteur d'activité, repérez toutes les informations qui pourraient faciliter la vie de vos lecteurs, et vous serez suivi. Pour vous aider dans cette tâche, relisez le chapitre concernant la veille.

Créez des opportunités business

S'il est mal vu d'utiliser sa page entreprise pour faire systématiquement la promotion de ses produits, vous pouvez néanmoins ouvrir la porte de façon subtile à des opportunités commerciales. Après tout, vos lecteurs font sans doute face à des problématiques pour lesquelles vous pouvez apporter des solutions.

Ce message de *Microsoft* est vraiment un modèle du genre. Il met le lecteur face à un problème et propose de le résoudre simplement, faisant ainsi le lien entre les problématiques d'entreprise et la vente de ses produits. Il propose d'engager la conversation de façon subtile et bienveillante, sur une thématique très concrète et donc vécue, le tout sous la forme de questions (ce qui ne manque pas d'interpeller le lecteur).

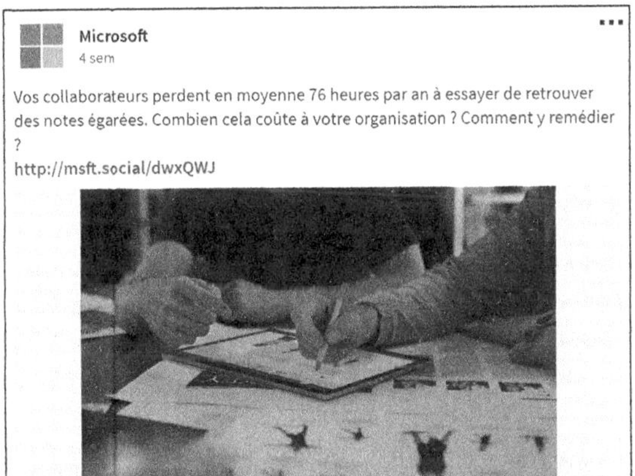

Message LinkedIn de Microsoft de décembre 2017 (https://www.linkedin.com/company/1035/)

Vous devez régulièrement mettre en avant votre entreprise et ses offres, car la finalité de LinkedIn est commerciale. Mais faites-le de façon subtile, en collant aux besoins professionnels de vos lecteurs.

Peut-on publier des informations non professionnelles ?

Si en théorie LinkedIn est un réseau social professionnel, rien ne vous empêche en pratique d'y publier ce que vous souhaitez. Y compris des messages sans aucun lien avec le monde du travail. Faut-il pour autant le faire ?

Tout dépend de la fréquence : si cela reste exceptionnel, alors tout va bien. Même sur LinkedIn, les utilisateurs apprécient de temps en temps un contenu plus léger.

Mais si vous publiez systématiquement du contenu non professionnel, alors l'intérêt de vos lecteurs risque de s'effriter, car n'oubliez pas qu'ils se connectent à LinkedIn pour trouver un emploi ou nouer de nouveaux contacts en *Business to business*.

Optimisez votre présence sur LinkedIn

Sélectionnez l'audience cible selon vos messages LinkedIn

Sur LinkedIn comme désormais partout, un algorithme fait le tri entre les différents messages publiés. Il n'affiche sur votre fil d'actualité que ceux qu'il juge le plus pertinent.

Il est d'ailleurs possible d'abandonner l'algorithme, et de revenir à l'ancien classement anté-chronologique, en cliquant sur « Classer par », juste en dessous du bouton « Publier ».

Mais rares sont ceux qui le font. Pour que vos messages obtiennent la visibilité voulue, il faut donc qu'ils s'adressent aux bonnes personnes, sinon, l'algorithme de LinkedIn ne les affichera pas.

La meilleure méthode est de cibler votre message, pour qu'il touche en priorité les personnes potentiellement intéressées. Il suffit, avant de l'envoyer, de cliquer sur « Préférences du post ». Une fenêtre s'ouvre alors : elle vous propose un grand nombre de critères, de la langue au secteur d'activité, en passant par la taille de l'entreprise.

Si, au moment de rédiger votre message, vous pensez qu'il pourrait ne pas intéresser une partie de votre audience, n'hésitez pas à utiliser cette option.

- Il s'agit de l'annonce d'un événement à Lille ? Alors utilisez le ciblage géographique.
- Vous publiez un lien qui présente des conseils pour les start-up ? Ciblez les petites entreprises des secteurs innovants.

- Vous recherchez un nouveau collaborateur pour votre service marketing? Inutile de diffuser votre message aux logisticiens ou aux commerciaux. Le ciblage par secteur s'impose.

Derrière cette technique se cache la vraie clé du succès sur les réseaux sociaux: le but n'est pas de toucher tout le monde et d'avoir un maximum de vues et de *likes*. Le but est de toucher les bonnes personnes. Ceux qui se plaignent du manque de retombées commerciales des réseaux sociaux font souvent cette erreur...

À noter que cette astuce n'est pas réservée aux publications de votre page: vous pouvez tout à fait l'utiliser pour les messages publiés avec votre compte personnel.

Générez de l'engagement

Obtenir des réactions (commentaires, *likes*, partages) semble plus compliqué sur LinkedIn que sur Facebook. En effet, les thématiques sont moins légères, et l'engouement autour d'une thématique professionnelle est plus rare. Cela n'est pourtant pas impossible, voici quelques exemples:

- S'il s'agit d'une offre d'emploi, demandez aux lecteurs de la partager avec les personnes qui peuvent être intéressées dans leur entourage.
- Dans le cas d'un article de management, demandez à vos lecteurs de partager leurs techniques ou retours d'expérience dans les commentaires.
- Toujours dans le cas d'un article, incitez vos lecteurs à partager en commentaire d'autres articles pour compléter le vôtre.
- Demandez des *feed-back* (retours) sur un événement que vous avez organisé.

Les possibilités sont nombreuses, et dépendent des spécificités de votre message. Avant de le publier, demandez-vous: « Comment puis-je associer mes lecteurs à mon contenu? »

En résumé, générer des interactions sur LinkedIn repose beaucoup sur une tendance à la mode dans l'entreprise: le travail collaboratif. Associez vos lecteurs en leur proposant de participer pour aller plus loin, ensemble. Cette philosophie très en vogue au travail marche aussi très bien sur LinkedIn, sans surprise.

Utilisez les hashtags dans vos messages LinkedIn

Depuis 2018, LinkedIn intègre le système de hashtags dans ses publications. Le réseau social vous proposera même d'en ajouter au moment de rédiger un message. Ne négligez pas cette technique, qui pourrait bien augmenter la visibilité de votre communication, en permettant de faire découvrir votre page entreprise à de nouveaux lecteurs. Une étude menée par AgoraPulse en 2019 a en effet révélé que les messages LinkedIn qui contiennent un hashtag obtiennent 38 % d'impressions supplémentaires.

Comme pour Twitter ou Instagram, identifiez quelques mots-clés génériques liés à votre activité, mais aussi des hashtags spécifiquement adaptés au message que vous publiez. Placez-les à la fin de votre publication, afin de ne pas gêner la lecture, et limitez-vous à un nombre raisonnable de hashtags.

Choisissez les hashtags associés à votre page

Sur votre pager entreprise, vous constaterez à droite de l'écran la rubrique « hashtags de la communauté ». Vous pouvez y choisir jusqu'à trois mots-clés sur des thématiques en lien avec votre activité. Tout l'intérêt sera de pouvoir ensuite voir les publications qui contiennent ce hashtag, et surtout de pouvoir les commenter au nom de votre page. Votre entreprise pourra ainsi intervenir dans de nombreuses discussions, renforçant ainsi sa notoriété et son expertise aux yeux de tous. L'option de partage vous permettra quant à elle de proposer du contenu tiers de qualité aux personnes qui suivent votre page.

Transformez vos collaborateurs en ambassadeurs

Vos collaborateurs sont vos premiers et meilleurs ambassadeurs sur LinkedIn. Pensez à informer les salariés de votre entreprise de l'existence de la page LinkedIn, afin qu'ils l'ajoutent dans la rubrique « expériences » de leur profil personnel, mais aussi pour qu'ils suivent et partagent les messages que votre entreprise y publie.

Afin de faciliter la mobilisation de vos collaborateurs, il est possible de leur envoyer une notification LinkedIn lorsque votre page diffuse un nouveau message. Pour cela, rendez-vous sur votre page entreprise, puis sur le message en question, et enfin cliquez sur les trois points en haut à droite du message. Dans le menu déroulant, cliquez sur « Notifier les employés ». Ainsi, toutes les personnes ayant indiqué dans leur profil qu'elles travaillent pour votre entreprise recevront une notification, avec une incitation à le partager. Une façon simple de renforcer le rôle de prescripteur de vos équipes, et d'amplifier la portée de vos publications. Du point de vue des salariés, cette technique est bénéfique, car elle leur offre du contenu de qualité qu'ils peuvent relayer facilement sur leurs profils personnels.

Publiez des stories LinkedIn

Sans surprise, LinkedIn a mis en place la possibilité de publier des stories, comme partout ailleurs. Le principe est exactement le même que sur Instagram, hormis la tonalité qui reste plus professionnelle. Je vous invite à lire les chapitres consacrés aux stories sur Facebook et Instagram afin de découvrir comment utiliser efficacement ce format.

Pour ajouter une story LinkedIn sur votre profil personnel ou sur votre page entreprise, cliquez sur l'icône ronde correspondante, qui apparaît sur la page d'accueil.

Ce format n'est pour l'instant disponible que sur smartphone.

Les groupes LinkedIn, espaces de discussion entre professionnels

La distinction entre page et groupe, que nous avons vu sur Facebook, se retrouve aussi sur LinkedIn. Les groupes ressemblent à des forums de discussion, dans lesquels les professionnels s'entraident et échangent sur des thématiques variées. La tonalité y est souvent plus libre, les participants ayant davantage tendance à y exprimer leur opinion, là où les pages des entreprises offrent des discussions plus formelles.

Pour vous positionner sur un secteur précis, vous pouvez créer un groupe. Il ne doit pas être au service de votre entreprise, mais bien d'une thématique précise. L'objectif est toujours d'apporter de la valeur aux participants.

L'astuce est alors d'utiliser les groupes pour amplifier la communication de votre entreprise, via sa page. Il existe une option méconnue mais pratique pour créer un lien entre votre page et vos groupes : dans les paramètres de votre page, vous pouvez sélectionner jusqu'à trois groupes, qui seront alors affichés sur votre page.

Enfin, notons que les notifications suite à la publication d'un message dans un groupe LinkedIn ont disparu. Cela en diminue fortement l'attrait, et explique pourquoi de nombreuses entreprises font l'impasse sur les groupes et privilégient leurs pages et vitrines.

Segmentez sur LinkedIn grâce aux pages vitrine

La segmentation est la clé sur les réseaux sociaux. Or, votre entreprise publie sur LinkedIn des messages aux thématiques très variées :

- Des services ou produits spécifiques, qui ne touchent pas les mêmes personnes.
- Le recrutement de nouveaux collaborateurs.
- Des messages B2B d'un côté, et B2C de l'autre.

Les pages vitrine ont été créées afin de disposer, au sein de votre page, de sous-catégories pour segmenter efficacement votre communication. Prenons l'exemple de la page LinkedIn de *Renault* (https://www.linkedin.com/company/2431/).

Elle met en avant plusieurs pages vitrine, en segmentant géographiquement ses publications :

- Renault France ;
- Renault UK ;
- Renault Slovenija ;
- etc.

Le fonctionnement est le même que pour une page : vous pouvez suivre cette vitrine, et ses messages s'afficheront alors dans votre fil d'actualité.

Pour créer une page vitrine, rendez-vous dans les « Outils d'administration », puis « Créer une page vitrine ».

La création de la page vitrine ne pose aucune difficulté technique. En réalité, le plus dur se joue en amont : vous devrez bien définir en amont vos différentes cibles, afin de proposer des pages vitrine qui collent réellement aux besoins des différents types de lecteurs.

Une invitation LinkedIn sur mesure

Terminons avec une astuce qui ne concerne pas les pages entreprises, mais votre compte personnel. Comme sur Facebook, vous devez essayer d'avoir de nombreux contacts, pour ensuite partager avec votre compte personnel les publications de votre page entreprise. Pour faciliter et renforcer la mise en relations avec d'autres membres de LinkedIn, il existe une technique simple.

LinkedIn vous propose d'accompagner votre demande d'ajout au réseau d'un message, afin de personnaliser votre demande. Il suffit pour cela d'aller sur le profil de la personne que vous souhaitez voir rejoindre votre réseau, puis sur « Se connecter ».

S'il s'agit d'un proche ou d'un collègue direct, cela est rarement nécessaire. Par contre, si vous souhaitez vous connecter à une personne plus éloignée, rédiger un texte personnalisé est un vrai plus. Cela prouve l'intérêt porté à la personne : vous avez pris le temps de lui écrire, ce qui montre un investissement supérieur à un simple clic. Ensuite vous pouvez y exposer les raisons qui vous poussent à l'inviter (« Suite au séminaire de la semaine dernière », « Nos thématiques sont proches et je serais heureux de pouvoir échanger avec vous sur ces sujets »). Enfin, un message revient à ouvrir une porte, et donc potentiellement à créer des opportunités intéressantes. Votre interlocuteur sait que vous êtes ouvert à la discussion.

Le message personnalisé représente à mon avis toute la différence entre un réseau quantitatif, où on ajoute tout le monde d'un clic sans que cela ne débouche sur rien, et un réseau qualitatif, avec lequel on prend le temps de discuter. Cette pratique est plus contraignante, votre réseau risque d'être moins étendu, mais beaucoup plus efficace.

Si vous passez par les suggestions d'ajouts (rubrique « Réseau »/« Les connaissez-vous »), vous ne pourrez pas personnaliser votre demande. Le bouton « Se connecter » enverra directement l'invitation, sans vous offrir cette possibilité. Le plus simple est alors de cliquer sur le profil de la personne en question.

Conseil

Si vous recevez une demande personnalisée, répondez-y vous aussi de façon personnalisée.

Vous connaissez maintenant les astuces et techniques importantes pour les principaux réseaux sociaux. Je souhaite terminer ce livre en évoquant une situation un peu particulière et qui modifie drastiquement les règles évoquées : la tenue d'un événement.

Chapitre 10

Les réseaux sociaux lors d'un événement

Ce livre est consacré à la gestion au quotidien des réseaux sociaux de votre entreprise, association ou projet. Pourtant, lors d'un événement, cette « routine » sera bousculée et le rythme s'accélérera. Pour faire rayonner votre événement sur les réseaux sociaux, de nouvelles techniques sont à maîtriser.

Préparer sur les réseaux sociaux la mise en valeur d'un événement

La vie d'une entreprise ou d'une association est rythmée par des événements, qui cassent la routine habituelle. Vous organisez un salon? Vous lancez un produit? Vous accueillez une rencontre sportive? Des moments importants à ne pas rater, et que vous devez médiatiser à l'avance sur les réseaux sociaux. Voici quelques conseils avant le jour J.

Communiquez en avance: l'erreur la plus fréquente consiste à lance sa communi cation sur les réseaux sociaux quelques semaines voire quelques jours seulement avant le début de l'événement. Anticipez!

Évidemment, votre communication quatre mois avant l'événement devra respecter certaines règles :

- Ne publiez pas quotidiennement sur le sujet, l'échéance reste éloignée et par conséquent n'intéresse pas encore vraiment vos lecteurs. Sur Internet, l'actualité immédiate prime.
- En amont, votre objectif est surtout d'inciter les internautes à participer à l'événement. Mettez donc en avant les points forts, détaillez les modalités pratiques, incitez à acheter dès maintenant les tickets...
- Surfez sur les éditions précédentes : reprenez les moments forts de l'année passée, afin de permettre aux internautes de se projeter sur l'événement à venir.
- Faites monter doucement la pression, afin de générer petit à petit un sentiment d'urgence chez vos lecteurs, qui les poussera à s'inscrire.
- Mobilisez vos proches et vos collaborateurs : demandez-leur de partager vos messages à propos de l'événement, afin d'en augmenter la portée. Un ou deux mails suffisent à les sensibiliser.
- Organisez un concours pour décrocher des places gratuites pour votre événement. Cela ne coûte pas très cher, dynamise votre communauté et fait connaître l'événement.
- Changez vos *covers* Facebook et Twitter, pour les mettre aux couleurs de l'événement.
- Épinglez sur Facebook et Twitter un message relatif à l'événement.

Faut-il créer une page Facebook dédiée à l'événement ? La réponse est non, utilisez plutôt l'option « Événement » de Facebook, comme expliqué dans le chapitre consacré à Facebook.

Par contre, si votre événement est récurrent - par exemple annuel - je vous conseille de créer un groupe Facebook autour de cet événement. L'avantage est que vous allez faire grossir d'année en année votre communauté, plutôt que de repartir de zéro à chaque fois.

Faut-il créer un compte Twitter pour l'événement ? Généralement non, car vous repartiriez avec zéro follower. Même en créant votre compte Twitter très à l'avance, sa visibilité serait famélique. Seule exception : si vous réalisez un *live tweet** durant l'événement, le risque est d'agacer vos followers habituels qui ne sont pas habitués à un rythme aussi élevé de publications. Vos lecteurs habituels ne sont d'ailleurs pas tous intéressés par votre événement. Créer un compte Twitter dédié à l'événement et donc au *live tweet* est donc à envisager, quitte à retweeter régulièrement les messages du compte dédié avec votre compte principal.

Faut-il créer un hashtag spécifique? C'est je crois une bonne idée, pour plusieurs raisons :

- Vous donnez une véritable identité numérique à votre événement, qui bénéficie d'une image « moderne » auprès du public et des éventuels partenaires.
- Le hashtag vous permet de récolter plus facilement les messages des internautes.
- Vous pouvez intégrer sur votre site Web un fil Twitter qui reprend tous les messages contenant le hashtag en question. Ainsi, votre site Internet sera automatiquement mis à jour avec toutes les publications relatives à l'événement, ce qui le rendra très vivant. Attention toutefois à le surveiller, des messages négatifs pouvant apparaître...

Comment valoriser ce hashtag ?

- En le faisant connaître sur tous vos réseaux sociaux, et pas seulement sur Twitter.
- Lancez le hashtag bien en amont de l'événement, afin qu'il soit connu à l'avance.
- Vérifiez que le hashtag ne soit pas déjà utilisé pour autre chose ! Une simple recherche du hashtag dans la barre de recherche Twitter vous permettra de savoir si c'est le cas.
- En choisissant un hashtag clair. Faites le choix d'un hashtag court, facile à mémoriser, et qui reflète bien votre événement. Si l'événement est annuel, combiner un mot-clé et l'année est souvent la meilleure chose à faire. Évitez les abréviations dont le sens n'est pas limpide pour qui n'est pas dans la confidence.

Enfin, dernier conseil

Si votre événement implique une installation importante, n'oubliez pas de publier une photo avant, puis une photo après. L'effet est très spectaculaire : imaginez un salon vide et inanimé, puis deux heures plus tard rempli et avec une ambiance terrible ! Vous pouvez placer les deux photos côte à côte afin d'amplifier la comparaison.

Mettez en avant le hashtag de votre événement sur votre site Web

Créer un hashtag spécifique pour un événement est, nous l'avons vu, souvent une bonne idée. Vous pouvez publier automatiquement sur votre site Web tous les tweets qui contiennent ce hashtag, afin de valoriser vos propres tweets, mais aussi ceux des participants qui réagissent en direct.

Pour ce faire, rendez-vous sur https://publish.twitter.com/

Dans le barre de recherche, choisissez « A hashtag », puis indiquez le hashtag de votre choix. Vous obtenez alors un code html à copier-collier sur votre site. Tous les messages publiés sur Twitter avec de mot-clef seront alors automatiquement affichés.

Pour rappel, gardez un œil en permanence sur les tweets publiés, car vous n'en avez pas la maîtrise. Twitter propose un « Mode de recherche sans risque » qui exclut automatiquement les contenus offensants, mais cela n'est jamais fiable à 100 %. Un tweet très négatif avec votre hashtag peut être publié, ou même un tweet offensant. Soyez donc prêt à réagir et à enlever votre widget...

Couvrir un événement en direct avec le live tweet

Un *live tweet* est une couverture en direct d'un événement sur Twitter. Concrètement, vous allez publier minute par minute des tweets avec les dernières informations, lors d'une rencontre sportive, d'une conférence, d'un salon... toutes les occasions sont bonnes.

Préparez à l'avance des visuels: dans un *live tweet*, tout va très vite, et dans le feu de l'action vous n'aurez ni le temps, ni même l'idée de le faire. Essayez par conséquent d'anticiper les situations qui pourraient se présenter, et pour chacune d'elle réalisez un visuel adapté. Pour trouver de l'inspiration, lisez les tweets publiés par le club de football Paris Saint-Germain (https://twitter.com/PSG_inside) pendant les matches, c'est très instructif. Vous remarquerez qu'à chaque but, un très beau visuel est diffusé, avec la photo du joueur: le modèle de l'image est sans aucun doute préparé très à l'avance, et il n'y a plus qu'à ajouter les éléments contextuels (minute à laquelle le but est marqué et score de la rencontre).

Valorisez votre live tweet en l'intégrant sur votre site Web: créez une rubrique « Suivez le direct » et intégrez-y votre *live tweet*. Une façon simple et gratuite d'augmenter votre audience en touchant différents types d'internautes (certains suivent l'actualité via Twitter, d'autres préfèrent visiter un site Internet). Ce n'est pas à vos lecteurs de s'adapter à vous, mais bien l'inverse.

Annoncez votre live tweet: au moins quelques heures à l'avance, afin que les internautes soient au courant. Annoncez-le aussi sur vos autres réseaux sociaux, sur votre site Web, au micro de l'événement... Demandez aussi aux participants de relayer sur leurs comptes Twitter le *live tweet*: l'union fait la force.

Divisez-vous les tâches: un *live tweet* est un exercice haletant et fatigant. C'est pourquoi une bonne répartition des tâches en amont est nécessaire. Une personne peut être en charge des photos et devra se déplacer pendant l'événement pour capter les images fortes à publier. Une autre pourra réaliser des petites vidéos, une autre répondra aux questions des internautes.

Publiez régulièrement: créer *un live tweet*, c'est inviter l'internaute à vivre en direct un événement. Vous lui faites une promesse, celle d'un rythme de publication très élevé, presque minute par minute. Il faut donc tout publier!

Répondez aux questions: car oui, le *live tweet* ne consiste pas seulement à émettre une information! Vous devrez aussi interagir avec les internautes qui vous solliciteront. Si cela alourdit considérablement votre travail, c'est une des grandes forces du *live tweet*, le public n'étant pas passif comme devant une émission de télévision.

Jouez la carte de l'interactivité: l'idéal est de créer une passerelle entre le *live tweet* et l'événement physique. Imaginez une conférence: un internaute pose une question sur Twitter, et vous la relayez en direct à l'intervenant, qui y apporte sa réponse. C'est le scénario idéal, tout étant interconnecté, l'internaute étant valorisé, ce qui incite d'autres internautes à prendre eux aussi la parole. Et pourquoi ne pas afficher, sur l'écran de la conférence, les questions des internautes posées sur Twitter?

Utilisez le contenu généré par les utilisateurs: vous réalisez le *live tweet* d'un salon commercial, alors n'hésitez pas à utiliser les messages postés par les internautes eux-mêmes. Cette approche collaborative est essentielle, car sur les réseaux sociaux l'information n'est jamais centralisée. Ce sont les visiteurs du salon qui produiront les photos les plus insolites, qui publieront les messages les plus drôles, riches en anecdotes. D'où l'intérêt d'avoir, en amont, créé et valorisé un hashtag spécifique pour votre événement, afin de trouver sans peine ces messages. Mettez en avant ce hashtag dans votre communication offline: il devra être bien visible dans les allées du salon et accompagné d'un message incitant à l'utiliser. Si le wifi est disponible sur le lieu de l'événement, faites-le savoir et diffusez les codes s'il y en a.

Et après le live tweet? Tout le monde ne peut suivre votre événement, c'est pourquoi vous devez valoriser votre *live tweet* en aval. Vous pouvez rédiger un compte rendu en y intégrant les tweets les plus importants. Ou même créer un Twitter moment qui permettra de revivre ce live. Moment que vous pourrez... intégrer à votre site Web!

Ne faites pas l'erreur de couvrir un événement en direct avec Facebook: ce réseau social n'affiche pas les messages en direct. Certains fans les verront plusieurs heures après publication. Imaginez que le message sur le but du PSG soit lu trois heures plus tard par un fan... De toute façon, faire un live implique de publier de très nombreux messages. Or, Facebook pénalise un rythme de publication effréné. À oublier donc.

Besoin d'aide ou envie de progresser ?

J'ai essayé de faire figurer dans ce livre un maximum d'exemples, d'idées et de précisions afin de rendre accessibles à tous les bonnes pratiques sur les réseaux sociaux. Toutefois, il est difficile d'être exhaustif et vous rencontrerez parfois des difficultés à utiliser les techniques présentées. De plus, ces techniques peuvent évoluer suite aux mises à jour fréquentes des réseaux sociaux. C'est pourquoi je souhaite que le dernier chapitre de ce livre soit une bouée de secours pour vous aider en toutes circonstances. Souvenez-vous qu'une mise à jour des techniques présentées dans ce livre est disponible sur http://votrecm.com/maj/, page que j'actualiserai régulièrement pour garder le plus frais possible le contenu de cet ouvrage.

En cas de problème

Vous trouverez tout sur Google

Certaines astuces ou techniques présentées sont obsolètes, par exemple suite à une mise à jour de Facebook. Pas de panique, une simple recherche Google vous permettra de trouver la façon actualisée de l'utiliser.

De la même façon, si une technique vous semble compliquée à utiliser, ou si vous bloquez, vous trouverez forcément une explication plus détaillée ou un tutoriel sur Google.

Vous avez une question sur les réseaux sociaux ? Tournez-vous vers la communauté

Vous pouvez compter sur les community managers qui sont généralement pleins de bonne volonté et ravis de vous aider. Et où mieux poser vos questions que sur les réseaux sociaux eux-mêmes ?

Mon conseil du jour est donc tout simple: rejoignez les groupes Facebook suivants.

- Le groupe de *MyCommunityManager*.
- Celui du *Journal du CM*.
- Si vous êtes débutant, commencez par *Community managers en herbe*. Les questions basiques y sont traitées et acceptées.
- *Le groupe pour un CM éthique et intelligent* est très intéressant aussi, quoiqu'un peu moins actif et réservé aux initiés.
- *Le groupe JCM – veille social media* permet de rester au courant des dernières tendances.
- Enfin, il existe un groupe réservé aux offres d'emploi. Les membres de la communauté publient les offres trouvées un peu partout.

Cette liste n'est pas exhaustive, mais c'est déjà beaucoup car votre fil d'actu risque bien d'être vite rempli de messages de community managers.

Vous avez peur de rater des messages intéressants? C'est l'occasion de rappeler qu'il est possible de voir toutes les notifications d'un groupe. Attention, ces groupes sont très animés, donc ce n'est pas forcément une bonne idée.

Voici quelques règles de bonne conduite sur ces groupes:

- Essayez, avant de poser votre question, de voir si la réponse ne se trouve pas en évidence sur Google.
- Idem, utilisez le moteur de recherche du groupe pour vérifier si la question n'a pas déjà été posée il y a 2 heures.
- Participez! L'entraide ne marche que dans les deux sens, renvoyez l'ascenseur dès que vous le pouvez.
- Soyez évidemment courtois, poser une question c'est être en situation de demandeur.

Restez informé des dernières techniques sur les réseaux sociaux

Utiliser scoop.it pour suivre l'actualité des réseaux sociaux

Vous souhaitez être au courant des dernières nouveautés sur les réseaux sociaux? parce que de nouvelles fonctionnalités apparaissent tous les jours. Mais il existe une quantité astronomique de blogs et autres sites sur le sujet. Par conséquent, l'info est éparpillée.

Pour suivre en un coup d'œil les derniers articles sur les réseaux sociaux, j'utilise scoop.it, outil que j'avais déjà présenté pour votre veille sectorielle. Le principe est simple : chaque utilisateur peut faire sa revue de presse Web sur le sujet de son choix. Vous trouvez un article intéressant ? Vous l'ajoutez à votre tableau scoop. it. Le gros avantage est que vous pouvez vous abonner aux revues de presse d'autres utilisateurs. Un moteur de recherche tout bête permet de trouver les sujets qui vous intéressent.

Une fois les sujets choisis, votre tableau de bord ressemblera à quelque chose comme ça :

Utiliser scoop.it n'est vraiment pas compliqué, mais si vous avez besoin d'un coup de main il existe de nombreux tutos comme celui-ci.

Je vous suggère quelques idées pour bien utiliser scoop.it :

- Zappez automatiquement les articles très généraux vus et revus. L'exemple typique est « Oasis, une marque qui cartonne sur les réseaux sociaux ». La stratégie de contenu et les enjeux de référencement poussent de nombreux sites à produire des articles sur ces sujets. Mais ils n'apportent rien. Vous apprendrez vite à les repérer !
- Ajoutez des sujets sur le webmarketing, la communication en général et sur la rédaction Web. Cet élargissement du domaine du CM est mon dada. Nous ne sommes pas là seulement pour poster des messages sur Facebook et y répondre.
- Suivez des anglophones : les tendances apparaissent généralement d'abord dans les pays anglo-saxons. Plutôt que d'attendre deux mois pour avoir une traduction française, allez chercher l'original.

Conclusion

Vous l'avez compris, maîtriser la communication sur les réseaux sociaux est plus compliqué qu'il n'y paraît ! Avec les années, les fonctionnalités s'accumulent, et nous sommes loin de l'époque où la simplicité régnait.

Entre le moment où vous avez lu ce livre et celui où vous le refermerez, de nouvelles techniques sont apparues, car tout va très vite dans le monde des réseaux sociaux. Ce livre n'est donc pas exhaustif, je vous invite à rester curieux et à flâner sur Internet pour rester au fait des dernières techniques.

Le plus difficile n'est d'ailleurs pas forcément de connaître les techniques, mais plutôt de penser à les utiliser. N'hésitez pas à feuilleter une deuxième fois ce livre, à l'ouvrir au hasard pour vous rappeler des différentes astuces proposées, car j'ai bien conscience que tout intégrer dès la première lecture est difficile.

Vous pouvez d'ailleurs vous sentir un peu submergé par cette masse de techniques à maîtriser, mais heureusement elles ne sont pas toutes nécessaires. Le plus important est de trouver votre propre chemin, celui qui vous correspond le plus et qui vous apporte le plus de plaisir au quotidien.

Moi-même je n'utilise pas toutes ces techniques au quotidien ! Certaines ont été utiles une seule fois, d'autres le sont plus régulièrement. Faites le tri, car on ne peut pas tout faire – et encore moins tout bien faire. Sélectionnez les techniques avec lesquelles vous êtes le plus à l'aise, celles qui vous donnent le meilleur résultat en comparaison avec le temps passé et l'effort fourni, et celles qui collent le mieux avec votre stratégie.

Utilisez aussi les techniques qui vous font plaisir, car les réseaux sociaux, c'est beaucoup de travail et de temps passé devant l'écran. Or il faut aimer le faire pour communiquer dans la durée et pour avoir des résultats. Vous n'aimez pas faire de vidéos en direct car cela vous semble compliqué ? Ne le faites pas, ou demandez à quelqu'un de le faire. Vos photos sont médiocres car vous n'avez aucun talent ? Allez piocher dans des banques d'images en ligne ou demandez à un ami photographe. Le format des *stories*, photos qui disparaissent au bout de 24 h, vous semble stupide? Ne vous forcez pas à publier ces images éphémères. Faites-vous plaisir, les réseaux sociaux sont votre reflet. Personne n'aime tout, personne ne fait tout.

Et si les techniques vous semblent trop nombreuses et parfois compliquées, rassurez-vous. La communication sur les réseaux sociaux marque un retour inédit aux fondamentaux. Fini le langage *corporate*, les relations déshumanisées entre des cibles et une entreprise. Les réseaux sociaux marquent le retour de l'humain, de la spontanéité, du discours franc, du langage amical et direct... Bref, ils sont parfaitement adaptés à 99 % des entreprises, associations et projets français, qui n'auront pas d'autres tâches que de désapprendre les techniques de la communication langue de bois très en vogue ces dernières décennies.

Et s'il fallait trouver un dénominateur commun aux différentes astuces proposées dans ce livre, quel serait-il? Sans doute la sincérité: soyez vous-même, tout en pensant aux autres. Cette phrase résume dans l'immense majorité des cas la bonne attitude à avoir, car jamais des astuces techniques ne remplacent les qualités humaines sur les réseaux sociaux. Vous êtes une personne qui s'adresse à d'autres personnes. Adressez-vous aux autres comme vous le feriez avec des connaissances, transmettez votre passion.

J'espère que ce livre vous a aidé à y voir plus clair!

Glossaire

Ambassadeur: internaute particulièrement actif sur vos réseaux sociaux. L'ambassadeur, parce qu'il aime votre entreprise ou le contenu publié, sera particulièrement actif et prêt à prendre la défense de votre entreprise. Il faut l'identifier et le chouchouter, car il diffuse la bonne parole et relaie votre communication.

Avatar: personnage qui représente un utilisateur sur Internet. Désigne aussi la photo de profil sur les réseaux sociaux.

Business to business (B2B): activités entre les entreprises (et non d'une entreprise vers les particuliers).

Business to customers (B2C): activités d'une entreprise en direction des consommateurs.

Buzz: message qui se diffuse de façon virale grâce aux nombreux partages sur les réseaux sociaux.

Community manager (CM): ou gestionnaire de communautés. Ce terme désigne la personne chargée d'animer les communautés sur les réseaux sociaux. Il publie des messages et participe aux discussions avec les internautes.

Cover: image de couverture qui illustre vos comptes sur les réseaux sociaux.

Call to action (CTA): Tout ce qui incite l'internaute à agir est un CTA: formulaire d'inscription à une newsletter, lien vers votre site Web, ajout d'un produit au panier, partage d'un message sur Facebook...

Dashboard: tableau de bord qui compile des informations. On parle par exemple d'un dashboard pour désigner les outils qui permettent de regrouper l'ensemble de vos flux RSS.

Démarche conversationnelle: nouvelle façon de communiquer, née avec les réseaux sociaux. Alors que l'approche *top-down* (du haut vers le bas) était caractérisée par une communication à sens unique de l'entreprise vers le client, la démarche conversationnelle est marquée par des échanges dans les deux sens. Le client s'exprime, parfois même discute avec la marque. Il abandonne par conséquent l'attitude passive d'antan pour devenir un acteur capable d'interagir presque d'égal à égal avec les entreprises.

FAQ : acronyme pour *frequently asked questions*, traduit en français par « foire aux questions ». Une FAQ reprend toutes les questions fréquemment posées par les internautes, afin de leur offrir une réponse claire et centralisée.

Feed-back : retour en français. Toute remarque d'un internaute sur vos produits ou sur vos messages publiés sur les réseaux sociaux est un *feed-back*, un retour qu'il faut analyser et exploiter pour faire mieux à l'avenir.

Hashtag : mot-clé, qui commence par #. Il permet de classer facilement le contenu sur les réseaux sociaux, et de trouver les messages en lien avec le sujet. Les hashtags sont très utilisés sur Twitter et Instagram, mais beaucoup moins sur Facebook. Si vous n'aimez pas les anglicismes, vous pouvez l'appeler mot-dièse, mais on risque alors de ne pas vous comprendre !

Key performance indicators (KPI) : indicateurs clés de performance. Il peut s'agir du nombre de followers, du taux d'engagement, du nombre de clics vers votre site Web... À vous de définir les KPI pertinents en fonction de votre stratégie sur les réseaux sociaux.

Landing page : page d'atterrissage, sur laquelle est renvoyé l'internaute lorsqu'il clique sur votre lien. Il est essentiel de mettre en place des *landing pages* cohérentes avec votre intitulé de votre lien.

Live tweet : couverture en direct d'un événement via Twitter, généralement en utilisant un hashtag spécifique à l'événement.

MP/DM : abréviations de message privé ou *direct message* en anglais. Les réseaux sociaux permettent de s'envoyer des messages qui ne sont pas publiés publiquement.

Newsjacking : fait d'utiliser un événement populaire de l'actualité pour générer de l'engagement et de la viralité sur les réseaux sociaux. Cette technique permet d'augmenter la visibilité de ses publications sans dépenser beaucoup d'argent, même s'il faut parfois avoir de l'imagination pour rattacher son contenu à l'événement en question.

Portée : nombre de personnes ayant vu votre publication. On distingue la portée organique, obtenue sans faire de publicité, et la portée publicitaire. Sur Facebook, seule une petite partie de vos fans verront vos messages : un bon community manager doit donc publier des messages attractifs afin d'obtenir une bonne portée. Plus vos publications génèrent d'engagement (*likes*, commentaires et partages), plus votre portée sera élevée.

Reach : synonyme de portée.

Reporting : document qui permet de rendre compte des performances, généralement à son supérieur. Sur les réseaux sociaux, le *reporting* regroupe l'ensemble des données qui permettent d'évaluer l'efficacité des publications, et en particulier les KPI.

Responsive design : site Web qui s'adapte automatiquement à la taille de l'écran. Le *responsive design* est essentiel, car désormais les internautes n'utilisent plus seulement des ordinateurs, mais aussi des tablettes et des smartphones. La qualité d'affichage d'un site Web doit être garantie, quels que soient les usages.

Retweet (RT) : partage d'un message sur Twitter. Principal indicateur de la viralité d'un tweet, car ce partage permet de toucher des personnes qui ne suivent pas le compte émetteur.

RSS : *Really Simple Syndication*. Fichier qui permet de récupérer automatiquement une partie d'un article publié sur Internet, et donc d'être prévenu de la mise à jour d'un site. L'utilisation des flux RSS simplifie beaucoup le travail de veille, car il évite d'aller quotidiennement sur tous les sites pour vérifier si du contenu a été mis en ligne.

SAV : service après-vente. Le SAV est chargé d'aider les clients à utiliser les produits, ou à les réparer en cas de dysfonctionnement. Avec la montée en puissance des réseaux sociaux, ce service après-vente passe de plus en plus par Twitter, réseau sur lequel les internautes posent leurs questions et attendent des réponses rapides.

Spam : publication indésirable et souvent non sollicitée. Si un spam est d'abord un mail commercial envoyé sans le consentement du destinataire, ce terme convient très bien aux messages de mauvaise qualité à répétition publiés sur les réseaux sociaux.

Storytelling : procédé narratif qui consiste à raconter une histoire, afin de mieux faire passer son message. Plutôt que de mettre en avant des éléments purement factuels, le *storytelling* préfère enrober le message d'histoires pour jouer sur le registre affectif. Attention à raconter une histoire, mais pas des histoires ! Le *storytelling* qui repose sur des mensonges risque de s'effondrer, les internautes étant adeptes du *fact-checking* (vérification des faits).

Tag : mention en français. En taguant un utilisateur dans votre message, celui-ci recevra directement une notification.

Top-down : ou approche descendante. Le message émane de l'entreprise, et le client se contente de le recevoir de façon passive. Avec les réseaux sociaux, le *top-down* est mort : tant mieux !

Troll : internaute dont le principal objectif est de créer des polémiques, par la provocation. Il évoque souvent des sujets sensibles, de façon peu subtile, afin d'enflammer la toile de réactions outrées. Son seul but est de semer la zizanie.

Twittos : nom donné aux utilisateurs de Twitter.

Unsubscribe : désinscription. Désigne le fait qu'un de vos followers sur Twitter ou qu'un de vos fans sur Facebook décide de ne plus suivre votre compte. Sur Facebook, on parle aussi d'*unlike*.

Référence des sites présentés dans cet ouvrage

Les sites présentés dans cet ouvrage sont susceptibles d'évoluer, par conséquent les captures d'écran ayant été réalisées peuvent présenter des différences avec la version disponible au moment où vous lisez l'ouvrage.

Liste des sites qui illustrent le livre :

https://www.facebook.com/

https://twitter.com/

https://www.instagram.com/

https://www.linkedin.com/

https://www.pinterest.fr/

https://www.tiktok.com/

Diplômé de Sciences Po et agrégé d'histoire, **Samuel BIELKA** a enseigné en lycée et dans le supérieur, avant de devenir community manager freelance après avoir achevé la formation de community management de l'EMWeb.

Désormais chargé de communication numérique spécialiste des réseaux sociaux, il accompagne les entreprises qui souhaitent mettre en place une stratégie de communication sur le Web.

Depuis 2014, il a ainsi travaillé sur des opérations événementielles d'envergures pour de grandes entreprises comme sur du suivi et de l'animation à long terme de communautés, notamment pour la Fédération française d'échecs.

Son expérience sur les réseaux sociaux s'étend à de nombreux secteurs d'activité (presse, assurances, fédération sportive, maison de champagne, collection de livres électronique) et à tous les supports Web : blog, sites, forums, et bien sûr, il connaît les réseaux sociaux comme sa poche : Facebook, Twitter, LinkedIn, Instagram, Pinterest...

Ouvrages du même auteur parus aux éditions GERESO :

- *Le guide du Community Manager*, 2e édition 2020.
- *Stratégie digitale et psychologie des internautes*, 2020
- *Dire beaucoup de choses en peu de mots*, 2019.

Site internet : https://votrecm.com/
Twitter : https://twitter.com/SamuelBielka
LinkedIn : https://www.linkedin.com/in/samuel-bielka/

IMPRIM'VERT®

Prépresse : GERESO Édition 2022

Achevé d'imprimer par Présence Graphique - 37260 Monts en décembre 2021
N° d'impression : 122170822 - Dépôt légal : Janvier 2022 - *Imprimé en France*